民國歷史與文化研究

十四編

第 **6** 冊

清末民國時期青島地區宗教變革研究

魏澤吉 著

花木蘭文化事業有限公司

國家圖書館出版品預行編目資料

清末民國時期青島地區宗教變革研究／魏澤吉 著 -- 初版 --
新北市：花木蘭文化事業有限公司，2022〔民111〕
目 2+188 面；19×26 公分
（民國歷史與文化研究 十四編；第6冊）
ISBN 978-986-518-764-4（精裝）
1.CST：宗教史 2.CST：宗教改革 3.CST：山東省青島市
628.08   110022099

ISBN-978-986-518-764-4

9 789865 187644

民國歷史與文化研究
十四編　第六冊　　　　　　　ISBN：978-986-518-764-4

清末民國時期青島地區宗教變革研究

作　　者　魏澤吉
總 編 輯　杜潔祥
副總編輯　楊嘉樂
編輯主任　許郁翎
編　　輯　張雅淋、潘玟靜、劉子瑄　美術編輯　陳逸婷
出　　版　花木蘭文化事業有限公司
發 行 人　高小娟
聯絡地址　235　新北市中和區中安街七二號十三樓
　　　　　電話：02-2923-1455／傳真：02-2923-1452
網　　址　http://www.huamulan.tw 信箱 service@huamulans.com
印　　刷　普羅文化出版廣告事業
初　　版　2022 年 3 月
定　　價　十四編 9 冊（精裝）台幣 30,000 元

清末民國時期青島地區宗教變革研究

魏澤吉 著

作者簡介

魏澤吉，男，1987 年生，復旦大學宗教學博士，現任中共杭州市委黨校（杭州行政學院、杭州市社會主義學院）教師，主要從事宗教社會學方面的教學和研究，主編《民間信仰與鄉風傳承》一書，主持國家社科青年項目「新時代民間信仰創造性轉化的機制和路徑研究」，在《當代宗教研究》《中共杭州市委黨校學報》發表文章多篇。

提　　要

　　本書以清末民國時期（1898 年～ 1949 年）為時間界限，以青島地區的宗教變革為分析對象，按照歷史事件演進順序分為前後四個部分。第一部分是宗教歷史概述，作為分析青島地區宗教變革的背景性知識。第二部分前後劃分為德國殖民時期和日本殖民時期兩個部分，闡述在不同殖民政權統治之下青島地區的宗教演變狀況。第三部分探討在現代思潮和殖民統治衝擊之後，中國的「叢林宮觀」和「幫會道門」所作出的不同應對策略以及變革內容。第四部分梳理了民國政府的宗教政策，以及政策背後的民族主義思潮。總的來說，本書通過對清末民國時期青島地區宗教變革的研究，主要探析從儒釋道三教並立到現代宗教格局的形成原因，並藉此一窺青島所經歷的殖民統治以及殖民地的思想文化交流和碰撞。通過對青島地區宗教變革的研究，本書認為伴隨殖民統治而來的基督宗教文化，改變了地方傳統的宗教生態，塑造了青島城市的宗教格局，並對於青島的城市氣質產生了重要影響。

目次

前　言

　　清末民國時期是中國歷史上的一個動盪不安的戰亂時代，同時也是一個
充滿了爭論與分歧的轉型時代。得益於前輩學者們的詳盡研究，這一時期的
政治、經濟、文化和社會生活等諸多方面得到了較為完整的揭示。目前，關
於清末民國時期宗教問題的研究相對較少，並且呈現出「碎片化」的特點。
有感於此，在總結前輩學者研究成果的基礎上，筆者選擇以前後三度淪為殖
民地的青島地區為對象，綜合利用中外文獻資料，對青島地區的宗教歷史、
殖民宗教活動和現代宗教變革等問題進行多方面的分析研究。

　　本書以清末民國時期（1898 年～1949 年）為時間界限，以青島地區的宗
教變革為分析對象，按照歷史事件演進順序分為前後四個部分。第一部分是
青島宗教歷史概述，作為分析宗教變革的背景性知識。第二部分分為德國殖
民時期和日本殖民時期兩個部分，闡述在不同殖民政權統治之下青島地區的
宗教演變狀況。第三部分探討在現代思潮和殖民經歷衝擊之後，中國的「叢
林宮觀」和「幫會道門」所作出的不同應對策略以及變革內容。第四部分梳
理了民國政府的宗教政策，以及政策背後的民族主義思潮。

　　第一章構成本書的第一部分，介紹青島的宗教歷史。青島位於古齊國東
部，屬於東夷文化圈的一部分。東夷文化具有自然崇拜和神仙信仰的特徵，
孕育了早期的方仙道，這也解釋了青島何以具有悠久的道教文化傳統。清代
之後，青島的道教信仰呈現出明顯的衰敗跡象，宮觀破敗，道士素質下降。
與此同時，外來的基督宗教憑藉不平等條約和西方軍事勢力的保護取得快速
發展。基督宗教在傳播過程中難免會與中國佛道兩教發生衝突，不過基督宗
教面對的直接阻力更多的是來自在民間分布廣泛的多神信仰。

　　第二章和第三章構成本書的第二部分，是德國殖民時期和日本殖民時期

的宗教演變情況。德國和日本在青島採取了不同的殖民統治方式，也貫徹了不同的宗教管理策略。膠澳總督府秉持政教分離原則，雖然大力扶持基督宗教發展，但主要是希望引入基督宗教團體緩和殖民地緊張的統治秩序，並彌補醫療、教育、慈善等社會事業方面的匱乏狀況。雖然宣稱各宗教信仰自由和平等，但因種族主義偏見，膠澳總督府並未給予中國傳統宗教與基督宗教以完全平等之地位。日本殖民政權將明治維新以來日本國內的宗教管理方式帶到了青島殖民地，借助從上而下的宗教團體協會實現對數量眾多，但又布局分散的宗教場所的統一管理。另外，日本國內的各個宗教團體積極響應日本政府「大陸政策」號召，紛紛奔赴青島開教宣道，祈求「國家安寧」，徵請「士兵健康」，淪為對外侵略擴張的工具。

第四章和第五章構成本書的第三部分，在經歷了現代思潮和殖民統治之後，「叢林宮觀」和「幫會道門」所採取的種種變革舉措。清末民國時期，「叢林宮觀」和「幫會道門」既處於危局之中，也迎來了發展機遇。一方面，「叢林宮觀」和「幫會道門」需要面對來自啟蒙思潮與基督宗教的外在挑戰；但另一方面，外敵入侵、內戰頻仍、天災人禍的清末民國又給「叢林宮觀」和「幫會道門」造就了信仰市場。加之，新生的中華民國尚且無力推行全國性的宗教政策在宗教信仰自由的保護下，「叢林宮觀」和「幫會道門」迎來了重要的歷史轉型期。這一時期，「叢林宮觀」和「幫會道門」抓住時機，在教義和教制方面都做出了一些具有現代性的變革舉措，一定程度上扭轉了晚清以來的衰敗局面。

第六章是本書的第四部分，從構建國族之神、規範「叢林宮觀」、規範基督宗教、清理日系宗教、「民間信仰」與破除迷信運動等角度著手，梳理了民國時期的宗教政策。民國時期，政權更迭頻繁，宗教法規的制定過程往往比較匆忙，難免有所疏漏，並且實際的貫徹執行程度不高。總體而言，在此時期，政教分離和信仰自由原則成為社會共識，北洋政府和南京國民政府針對不同宗教團體制定了各不相同的宗教政策，希望借助宗教建構全新的國族認同，以此維繫統治秩序和社會穩定。

總的來說，本書通過對清末民國時期青島地區宗教變革的研究，主要探析從儒釋道三教到現代宗教格局的形成原因，並藉此一窺青島所經歷的殖民統治以及殖民地的思想文化交流和碰撞。通過對青島地區宗教變革的研究，本書認為伴隨殖民統治而來的基督宗教文化，改變了地方傳統的宗教生態，塑造了青島城市的宗教格局，並對於青島的城市氣質產生了重要影響。

導　論

　　清末時期，青島瑞泰商號掌櫃、青島村人胡存約在《海雲堂隨記》中對清末時期天后宮廟會有如下記載：

> 每屆新正，群集天后廟，焚香祝禱，年復一年，代代如此，已成積俗。年除日、正月十五、二月十五，口上商家循例至天后廟上香。叩拜財神、天后、觀音、呂祖諸神像，此時廟中香火最盛，四鄉村鎮民婦人等來者亦多。天后廟則設臺要景。或一臺間或兩臺，多時亦常設於總鎮衙門南側。至三月初，漁航各船雲集口內，許願奉戲，嘗延至四月或端午。

　　然而，在民國十七年（1928 年）膠澳商埠局總辦趙琪主持編纂的青島地方志書——《膠澳志》中，青島宗教已有另番風貌：

> 膠澳一區為外人佔據者二十餘年，比之內地尤形隔閡。市區內以儒釋道之感格遠不如天主堂、耶穌教之有勢力，而在鄉間則一神教更不如多神教之占優勝。〔註1〕

　　上下兩文對比之後可以發現，在短短的二三十年的時間裏，青島的宗教生活已在悄然之間發生改變。一方面，外來的基督宗教〔註2〕取得了快速發展，在市區範圍內大有超越儒釋道三教之聲勢，成為重要的宗教信仰。其實，早在 19 世紀上半葉傳教士們就踏入了這片土地，但是並未取得實質性

〔註 1〕趙琪修，袁榮等纂，膠澳志〔M〕，臺北：成文出版社，1968：367。
〔註 2〕本文中基督宗教（Christianity）是指以耶穌基督為教主的各個教派的統稱，包括天主教（Roman Catholic Church）、東正教（Orthodox Church）和基督教（Protestantism）。

的進展，入教信眾可謂寥寥無幾。德國藉口「巨野教案」出兵強佔青島之後，基督宗教的傳教局面才開始真正打開。天主教聖言會德籍神父韓寧鎬以擔任德國租界的軍事牧靈者的名義來到青島，此後成為山東南界的宗座代牧，代領魯南教區從 2.6 萬名信徒發展為 15 萬名信徒，領洗人數超過 40 萬。基督教長老會、浸信會、柏林會和同善會等差會也趁機加速布局，在青島修築教堂、建造醫院、開辦學校，不斷擴大自身影響力。另一方面，千餘年來充當民眾信仰生活主體的佛道教及民間信仰，卻成了文人們筆下的「幻想」「錯覺」「迷信」，成為有礙「啟蒙」的對象，而屢遭批判。《膠澳志》甚至斷定，佛道教及民間信仰的信眾們僅以「目前福利為目的，求仙學道且不足以動其身心」，根本就比不上「天主、耶穌兩派教會每星期必集會誦禱，又時時分途佈道、朝夕講說中於人心稍有勢力」。所以，「僅以表示迷信無宗教之可言」。〔註3〕

　　一般說來，從事歷史研究方面的學者們往往會特別留意自己身邊熟悉環境曾發生過的重要歷史事件。作為一位土生土長的青島人，清末民國時期青島宗教展現出的巨大變革不免引起筆者的深深好奇，進而引發了一連串的思考：青島地區傳統的宗教格局是什麼樣子？清末民國的宗教變革是由哪些因素而引起？此過程又給不同宗教帶來了怎樣的影響？以及發生在青島的宗教變革是特殊個案還是這一時期的普遍形態呢？

一、問題域

（一）糾纏在現代化以及中央與地方之間的宗教

　　現代化理論（modernization theory）始終是半個多世紀以來貫穿人文社科領域的重大議題。第二次世界大戰之後，伴隨著全球性的民族解放運動高漲，獨立後的各個民族國家開始探索適合自己的現代化道路，現代化理論也正式登上了歷史舞臺。雖然中外學者們對現代化的理解互不相同，但是基本都認為，現代化是隨著工業化和經濟的持續發展而來，並將對政治、社會、文化等諸多方面產生相應的影響。

　　19 世紀中葉開始，中國被動的捲入到全球現代化進程之中。1840 年鴉片戰爭爆發之後，閉關鎖國的晚清政府不得不開始直面一次又一次的來自西方各國船堅炮利的軍事挑戰。在屢戰屢敗之後，一些先進之士開始打破天朝上

〔註 3〕趙琪修，袁榮等纂，膠澳志〔M〕，臺北：成文出版社，1968：368。

國的狹隘思想，逐漸認識到中國的出路在於瞭解西方各國，主動地向西方學習，以此實現強兵富國，進而才能跟西方各國相抗衡。不過，對於滿清統治者來說這卻是一條布滿荊棘的未知之路，「實行現代化和放棄傳統的中國道路將結束滿洲統治者作為外族人統治中國的合法性。這種合法性是建立在超民族的『文化至上論』的基礎之上的。但是，隨著中國文化的變革而必然興起的中國民族主義，不會容忍任何異族統治，無論它是舊的，還是新的，這樣滿洲人作為征服者而建立的王朝就完全成為非法的了。」〔註4〕艱難處境中的清政府雖然有所嘗試——同治中興、戊戌變法和清末新政，但是很難動搖到保守勢力，所以最終也沒有找到一條合適的現代化道路。

　　同軍事方面的威脅相比較，西方思想文化對中國傳統社會的衝擊來的更加徹底。西方漢學家以及傳教士們，對中國民眾日常生活的重要組成部分——傳統宗教信仰表示了強烈的鄙視和不滿。他們大多傾向於認為中國人的信仰是原始的，低級的，有待進一步改造的，「中國人對於宗教概念都非常不清楚：天堂、地域、死後的生命、鬼怪——種種類型的鬼怪、輪迴說或涅槃。這一切在外教人的頭腦中飛來飛去，真是一個混合的思想大雜燴。」〔註5〕與此相對，他們認為基督宗教是真正的宗教，有著邏輯嚴密的神學體系和純潔美善的道德教化，可以拯救中國人的靈魂、也能夠徹底地改造中國社會。較早受到西方思想影響的晚清士人們也傾向於認為中國傳統宗教是阻礙社會發展的重要因素。1898年，康有為在呈光緒皇帝的奏摺中就提出：「查中國民俗惑於鬼神，淫祠遍於天下。以臣廣東論之，鄉必有數廟，廟必有公產。若改諸廟為學堂，以公產為公費，……則人人治學、學堂遍地。」〔註6〕在康有為，張之洞等人的呼籲下，晚清社會興起了一場大規模的「廟產興學」運動，嚴重破壞了中國傳統社會的宗教秩序。民國肇始，接受西方新學的知識分子們則進一步將宗教視為科學的對立面，整個社會形成了一股強大的反宗教思潮。「世界是一個經驗的可測量的世界，一切事物都可以被科學地觀察、分析、預測。因此，現代性不承認那些非經驗、不可測量的存在，不承認形形色色

〔註4〕〔美〕列文森著，鄭大華等譯，儒教中國及其現代命運〔M〕，北京：中國社會科學出版社，2000：153。

〔註5〕〔德〕韓寧鎬，聖言會會士福若瑟神父——其生平和影響及山東南部傳教史〔M〕，兗州：天主教魯南教區出版，1920：54。

〔註6〕康有為，請飭各省改書院淫祠為學堂折（光緒二十四年五月十五日，1898年）〔A〕，湯志鈞編，康有為政論集：上冊〔M〕，北京：中華書局，1981：132。

的神秘主義，人們不再與眾『神』同居。」〔註7〕

　　在中國社會興起一股反宗教浪潮的同時，淪為殖民地的青島反而成為了傳統宗教得以暫時避難的「世外桃源」。德國殖民時期，不僅基督宗教在總督府的支持下得到高速發展，成為市民們的重要信仰對象，就連中國傳統的儒釋道三教和各種「民間信仰」也得到了必要尊重。1938 年，日本捲土重來，再次入侵青島之後，選擇立即恢復被民國政府視為「封建殘餘」而廢棄的祀孔典禮和祀武典禮。當然，德國和日本殖民政權對中國宗教傳統的寬容策略並非隨意為之，而是經過深思熟慮。因種族主義的影響，膠澳總督府希望借助傳統宗教為殖民地華人群體構建一種既有別於德國也不認同中華民國的獨立的地方身份認同。而日本殖民政權則企圖利用中國宗教傳統，改變中國人「狹隘」的國族認同，建設「大東亞共存共榮新秩序」。就此而言，宗教與地方意識（local conscious）、地方身份（local status）和地方認同（local identity）建立了某種內在的聯繫。在許多民族中間，獨特的宗教信仰培育了地方意識，地方信仰成為本地區、本民族的認同標誌。〔註8〕這也就解釋了南京國民政府為何在上臺之初，亟切清理青島殖民時期的政策殘餘，著手塑造一種全國性的現代宗教的新體系。總體而言，南京國民政府在宗教方面的策略是傾向於淡化區域性的宗教信仰，塑造更廣範圍的國族神靈體系，以此提升地方社會對於中央政權的認同度。

（二）青島殖民歷史中的宗教問題

　　青島的殖民地歷史有其特殊性和複雜性。在 1897 年～1949 年，五十餘年的時間裏，青島曾前後三度淪為帝國主義在中國的殖民地。

　　1897 年 11 月 14 日，德國政府以德籍天主教傳教士能方濟（Nies Franciscus）和韓・理加略（Hen Le Ricandus）在山東巨野慘遭殺害為由，派東亞艦隊強佔膠州灣地區，施行軍事報復行為。正如德皇威廉二世信中所言，「艦隊必須採取積極行動報復此事。如果中國政府方面不立即以巨額賠償損失，並實行追緝及嚴辦禍首，艦隊必須立刻駛往膠州佔領該處現有村鎮，並採取嚴重報復手段。」〔註9〕1898 年 3 月 6 日，李鴻章、翁同龢代表清政府

〔註 7〕戴立勇，現代性與中國宗教〔M〕，北京：中國社會科學出版社，2008：15。
〔註 8〕參閱：李天綱，江南鎮鄉祭祀體系中的地方與國家——以上海金澤鎮及蘇、松二府為例〔J〕，華東師範大學學報（哲學社會科學版），2014，4：77。
〔註 9〕孫瑞芹譯，德國外交文件有關中國交涉史料（第一卷）〔M〕，北京：商務印書

同德國駐華公使海靖一起簽訂了《中德膠澳租借條約》，條約議定將膠州灣及南北兩岸租與德國，租期九十九年。租期之內，中國不得治理。如果德國在租期未滿之前，自願將膠州灣歸還中國，則由中國償還德國在此所用款項，並另將較此相宜之處，讓與德國。〔註 10〕然而，德國實際上並未將青島作為一處租借地來對待，而是立志要在遠東打造一片可以展現德國勢力的「模範殖民地」。德國在經營青島的過程可謂全力投入的，總督府使用德國國庫的財力來培植青島而並非以青島租借地的利益來反哺德國。〔註 11〕最終，德國在青島的殖民統治僅僅維持了十七年，不過，德占時期的城市規劃布局改變了青島的面貌，對青島未來發展產生了深遠影響。短短的十七年，青島從即墨縣下屬的一個瀕海偏遠小海口發展成為山東省內最大的通商口岸，也成為全中國最美麗的新式都市之一。

　　佔據青島之後，德國政府進一步深化了同聖言會在山東的合作關係。膠澳總督希望借助聖言會的力量來完善新開闢殖民地的社會配套建設，以此緩和緊張的統治秩序。聖言會也希望依靠德國政府的軍事力量，鎮壓中國民間的各種反教活動，維護海外傳教的順利開展。因為最高利益分歧，「日照教案」爆發之後，德國政府與聖言會在山東的合作宣告破裂。不同於聖言會與中國社會之間的緊張關係，基督教同善會和遜清遺老們在青島展開了各種形式的對話和合作。為了守護儒教文化傳統，他們共同在青島創建尊孔文社，「著書論學，以昌明正學為宗。」傳教士尉禮賢更是和勞乃宣合作翻譯了晦澀難讀的中國傳統典籍《易經》，至今仍是西方學界公認的最好譯本之一。

　　清末民國時期的青島為我們增加了一個看待殖民地宗教問題的新維度。「傳教士是帝國主義侵略的急先鋒」的傳統觀點可以在一定程度上得到修正。應該承認一些傳教士基於文化偏見和傳教利益考慮，在西方帝國主義侵華過程中扮演過不光彩的輔助角色，不過，也要看到還有很多傳教士能夠恪守自己的底線，專注於傳播上帝的福音，為殖民地早期教育、醫療和慈善事業發展做出了重要貢獻。

　　1914 年，第一次世界大戰在歐洲爆發。日本以英日同盟為藉口，對德國發出通牒，要求將膠州灣租借地無償無條件交付於日本帝國官憲。8 月 23 日，

　　　館，1960：144～145。
〔註 10〕參閱：趙琪修，袁榮等纂，膠澳志〔M〕，臺北：成文出版社，1968：30。
〔註 11〕參閱：倪錫英，青島〔M〕，上海：上海中華書局印行，1936：25。

在德國不予回復的情況下，日本正式對德國宣戰，並完成了對青島的佔領。在第一次殖民青島時期，日軍實行臨時軍事管制，將原德占膠澳地區重新劃分為青島和李村兩個軍政署，「並且聲明原有德國當局施行的規章制度，只要它們不妨礙軍事管理工作時，仍可繼續施行有效。」這一時期，青島的日本殖民政權尚未制定專門的宗教團體指導法令，基本沿襲膠澳總督時期的各項規章。其後日本宗教諸團體響應政府號召推行隨軍佈道和海外傳道活動紛紛進入青島，不過，這些日本宗教團體主要面向駐青的日本人群體，華人加入者甚少，對當地宗教生活的影響程度遠不如歐美系基督宗教。

1938 年 1 月，日本軍隊在國民黨政府放棄抵抗的情況下攻佔青島，第二次將青島據為殖民地。此時，日本軍隊已經攻佔了東北、華北、華東等大片地區，並在繼續推進海外擴張計劃。按照計劃，日本方面致力於將青島打造成為東北亞的中心城市和日本對華政策的實驗室。這一時期日本在青島的基本宗教策略是：引入日本宗教文化，控制中國宗教團體，進一步整理歐美基督宗教勢力，以期實現對於殖民地宗教的全面改造。

就青島而言，日系宗教在殖民地的影響力遠遠不及歐美系基督宗教。這可能跟二者不同的傳教策略有直接關係。日本宗教團體的傳教能力極為薄弱，幾乎不會主動向當地華人群體傳播，真正加入的中國信眾可謂寥寥無幾。這種傳教策略上的差異，影響了日系宗教和基督宗教在青島的發展狀況，進而導致了二者在戰後面臨著截然不同的生存境遇。雖然南京國民政府對於基督宗教有著種種限制，但是，基於堅實的本土信眾群體，基督宗教頑強的生存下來，並逐漸實現了本土化。日系宗教則被視為殖民時期的侵略象徵，遭到了徹底取締，在教職人員撤離青島之後，幾乎沒有留存下任何痕跡。

二、學術史回顧

在對學術史回顧之前，首先對本文主要涉及到的重要學術問題做個簡要交代。從本文的題目《清末民國時期青島地區宗教變革研究》便可以發現，本文主要關注近代中國社會的宗教變革問題，這就涉及到了宗教和社會的相互關係的問題，也就是社會的發展給宗教帶來了怎樣的變化？宗教在社會中扮演何種角色？以及宗教在何種程度上可以影響社會的轉型？這些問題都可以歸入宗教社會學的研究領域之內。

（一）宗教社會學研究

宗教社會學在西方有二百多年的發展歷史，最早可追溯到法國學者聖西門（Henri de Saint-Simon，1760～1825）和孔德（Auguste Comte，1789～1857）。「宗教社會學把宗教理解為社會客觀存在。它對宗教的興趣，正是在於宗教乃一社會現象，因為宗教要麼受到社會發展的制約，要麼與社會團體有著一定的關聯。」〔註12〕馬克斯・韋伯（Max Weber，1864～1920）是宗教社會學領域具有里程碑意義的重要學者。韋伯的重大突破在於他對近代工業社會中新教倫理和資本主義精神之興起的比較研究。《新教倫理與資本主義精神》開篇之初，韋伯就拋出了他的重要論題：「在任何一個宗教成分混雜的國家，只要稍稍看一下其職業情況的統計數字，幾乎沒有什麼例外地可以發現這樣一種現象：工商界領導人、資本佔有者、近代企業中的高級技術工人、尤其受過高等技術培訓和商業培訓的管理人員，絕大多數都是新教徒。」〔註13〕導致這一現象產生的原因是什麼？有些人可能將這一現象歸因於歷史因素。因為，在十六世紀，一些經濟最發達，自然資源最優越的地區都轉向了新教，從而使得新教徒在經濟上處於有利地位。但是，為什麼經濟發達地區同時也都特別贊成教會革命呢？

韋伯認為：「新教倫理為資本主義的發展鋪平了道路，塑造了一批批的工商界領導人、資本佔有者、近代企業中的高級技術工人。在構成近代資本主義精神乃至整個近代文化精神的諸基本要素之中，以職業概念為基礎的理性行為這一要素，正是從基督教禁慾主義中產生出來的。」〔註14〕職業（calling）在所有新教教派中得到了肯認，「上帝應須的唯一生存方式，不是要人們以苦修的禁慾主義超越世俗道德，而是要人完成個人在現世裏所處地位賦予他的責任和義務。」〔註15〕這就意味著：一方面，履行職業的勞動是上帝應須的唯一生存方式，勞動本身就是人生的目的，是榮耀上帝的方式，這就鼓勵了大批的新教徒們積極從事世俗職業，為資本主義的發展提供了充足的勞動力

〔註12〕卓新平，西方宗教學研究導引〔M〕，北京：中國社會科學出版社，1990：90。
〔註13〕〔德〕馬克斯・韋伯著，康樂、簡美惠譯，新教倫理與資本主義精神〔M〕，桂林：廣西師範大學出版社，2010：23。
〔註14〕〔德〕馬克斯・韋伯著，康樂、簡美惠譯，新教倫理與資本主義精神〔M〕，桂林：廣西師範大學出版社，2010：144。
〔註15〕〔德〕馬克斯・韋伯著，康樂、簡美惠譯，新教倫理與資本主義精神〔M〕，桂林：廣西師範大學出版社，2010：145。

資源；另一方面，從事世俗社會中的工作是貫徹禁慾主義的一種方式，也是抵禦不潔生活名下的一切誘惑的手段。人從事工作並不是為了追求肉體享樂，「人只是受託管理著上帝恩賜給他的財產，他必須像寓言中的僕人那樣，對託付給他的每一個便士都有所交待。」〔註16〕這種節儉、樸素的生活方式，為資本的原始積累創造了條件。

因此，新教倫理奠定了資本主義精神的核心，促進了現代資本主義經濟的發展。勞動不再只是肉體的事情，更是上帝賦予每個人的責任和義務，「在現代經濟制度下能掙錢，只要掙得合法，就是長於、精於某種天職（Calling）的結果和表現。」〔註17〕而這種天職不一定多麼偉大的，或者多麼渺小的，只要這種天職是上帝安排的，人們就得去踐行。獲取財富並不是一件可恥的事情，相反如果那是上帝賜予你的機會，你就必須全力去爭取，這樣做是為了「增加上帝的榮耀」。如果你沒有爭取這些財富，而是放棄了上帝給予的機會，那就是藐視上帝。但是上帝並不是要求人們去消費這些財富，他要求人們賺錢，但不享樂。

彼得‧伯格（Peter L Berger，1929～2017）是幾乎與韋伯齊名的美籍宗教社會學家。彼得‧伯格的宗教社會學思想的整個體系，是以宗教與人類活動的關係為主要線索，探討宗教對於人類「建造世界」和「維繫世界」的作用以及這種作用的基礎。他還運用這套理論體系，分析了當代西方社會的世俗化現象。這套理論在當代西方宗教學界佔有舉足輕重的地位。〔註18〕

彼得‧伯格在《神聖的帷幕》開篇談到：每一個人類社會都在進行建造世界的活動。宗教在這種活動中佔有一個特殊的位置。〔註19〕人是一種特殊性的動物，生來就是「未完成的」。動物在出生後具有高度特化和穩定導向的趨勢，它們生活在一個由它們的天生結構決定的世界中，例如，貓的世界、魚的世界和鳥的世界。但是人類與動物不同，人天生的結構既是非特化的，

〔註16〕〔德〕馬克斯‧韋伯著，康樂、簡美惠譯，新教倫理與資本主義精神〔M〕，桂林：廣西師範大學出版社，2010：133。

〔註17〕〔德〕馬克斯‧韋伯著，康樂、簡美惠譯，新教倫理與資本主義精神〔M〕，桂林：廣西師範大學出版社，2010：38。

〔註18〕〔美〕彼得‧貝格爾著，高師寧譯，神聖的帷幕：宗教社會學理論之要素〔M〕，上海：上海人民出版社，1991：3。陳洪東，費爾巴哈與貝格爾宗教「異化」說比較研究〔J〕，宗教學研究，2012，4：78。

〔註19〕〔美〕彼得‧貝格爾著，高師寧譯，神聖的帷幕：宗教社會學理論之要素〔M〕，上海：上海人民出版社，1991：5。

又未被導向適合特定物種的特定環境。因此，不存在一個封閉的人的世界，人的世界是開放的世界，是由人自己的活動來形成的世界。「人造世界分為三個階段，分別是外在化、客觀化和內在化。外在化，即人通過其肉體和精神活動，不斷地將自己的存在傾注入這個世界的過程。客觀化，是通過這種（肉體和精神兩方面的）活動產物而達到一種實在，這種實在作為一種外在於其創造者並與之不同的事實性，而與其最初的創造者相對立。內在化，是指人重新利用這同一個實在，再次把它從客觀世界的結構變為主觀意識的結構。」〔註 20〕正是通過外在化，社會變成了人的產物，通過客觀化，社會變為一個特殊的實在，而通過內在化，人則成了社會的產物。

但是，一切由人建造起來的世界都具有不穩定的特點。它們靠人類活動支撐，也就難免會受到人類活動的威脅。因此，為了保證建造起來的世界避免面臨傾覆的風險，社會需要合理化的過程。合理化是解釋和證明社會秩序合理的在社會中客觀化了的「知識」，簡單說就是證明任何社會制度都是合理的。在所有合理化的工具中，宗教一直是歷史上流傳最廣、最為有效的合理化工具，它可以將人類現象「定置」於宇宙參照框架內，人造的法則被賦予了一種神聖地位。

不過，宗教合理化論證的功能在現代社會中卻不斷受到各種挑戰，宗教已經不能再為社會成員提供一套關於世界的完整的解釋，世俗化正在快速蔓延。彼得‧伯格認為世俗化可以界定為：「通過這種過程，社會和文化的一些部分擺脫了宗教制度和宗教象徵的控制。」〔註 21〕世俗化最早發生在經濟領域。現代工業社會是一塊祛除宗教的自由之地，宗教難以在其中尋找立足的機會。繼經濟領域的世俗化之後，政治秩序的世俗化相繼出現，並不斷延伸到社會其他領域。但是，在公共領域世俗化的同時，宗教在家庭私人領域仍然有著巨大的潛力。

如果要追溯世俗化的根源，我們可以從西方宗教傳統中有所發現，是基督教充當了它自己的掘墓人。一方面，上帝是絕對超驗化。上帝創造了宇宙，但是並沒有滲透在宇宙中，任何自然物或者人造物都不能等同於上帝，上帝

〔註 20〕〔美〕彼得‧貝格爾著，高師寧譯，神聖的帷幕：宗教社會學理論之要素〔M〕，
　　　　上海：上海人民出版社，1991：7～8。
〔註 21〕〔美〕彼得‧貝格爾著，高師寧譯，神聖的帷幕：宗教社會學理論之要素〔M〕，
　　　　上海：上海人民出版社，1991：128。

與人的世界並不存在一種不間斷的聯繫，這就給人留下了高度個體化的活動空間。另一方面，基督教教會的社會形式是一種與其他一切社會制度對立的特殊形式。基督教教會將宗教活動和象徵集中在單一的制度範圍內，實際上就是將社會的其餘部分定義為「另一個世界」至少是相對脫離神聖者管轄範圍的世俗領地。只要基督教世界及其在神聖與世俗之間的微妙平衡，還在作為一種社會實在而存在著，那麼這個概念的世俗化潛力就還可能被「遏制」著。但是，隨著這個實在的分崩離析，「這個世界」可能會更加迅速地世俗化，因為它已經被定義為一個在神聖者管轄範圍之外的領地。〔註22〕

不過，隨著全球宗教復興高潮的到來和宗教基要主義運動在各國的興起，彼得‧伯格在晚年卻選擇放棄了他早先提出的世俗化理論。「我的觀點是，那種認為我們生活在世俗化世界中的假設是錯誤的。在當今世界，宗教和它歷史上一樣的興盛，而且在一些地方甚至比它曾經更興盛。這就意味著歷史學家和社會科學家寬泛的定義為『世俗化理論』的理論，在本質上是錯誤的。」〔註23〕彼得‧伯格認為現代化和世俗化的關係非常複雜，現代化推動了世俗化，但是它也引發了對抗世俗化（counter-secularzation）運動。

在利用學界對於宗教與社會關係相關研究成果的基礎上，筆者希望借鑒西方社會學的研究方法，來分析中國社會中的宗教問題。由於行文篇幅的限制，筆者無法將整個中國的宗教狀況納入到本書的研究範圍之內，只能選取具有代表性的個案進行研究，而曾經三度淪為帝國主義殖民地的青島便是一個可供研究的合適對象。

（二）殖民地歷史研究

海外學者關於青島殖民地的研究始於上世紀七十年代。石約翰（John E. Schrecker）的《帝國主義與中國民族主義：德國在山東》〔註24〕（Imperialism and Chinese Nationalism——Germany in Shantung.Harvard University Press，1971.）是這一領域的開局之作。石約翰著眼於德國殖民膠州灣的整個歷程，論述了德國在膠澳地區的軍事、政治、文化活動和中國社會對於「入侵者」

〔註22〕〔美〕彼得‧貝格爾著，高師寧譯，神聖的帷幕：宗教社會學理論之要素〔M〕，上海：上海人民出版社，1991：148。

〔註23〕Peter L Berger, The Desecularization of the world: Resurgent Religion and World Politics〔M〕, Michigan: Wm. B. Eerdmans Publishing Company, 1999: 2.

〔註24〕〔美〕石約翰，帝國主義與中國民族主義：德國在山東〔M〕，劍橋：哈佛大學出版社，1971。

回應，以及德國勢力的最終消解。阿泰爾特（Jork Artelt）在其作品《青島城市與軍事要塞建設研究（1897～1914）》〔註25〕（Tsingtau. Deutsche Stadt und Festung in China 1897～1914）中，結合德國國內的珍貴史料，介紹了德國在攻佔青島之後，將青島作為在遠東的重要軍事要塞的建設活動。托爾斯藤・華納（Torsten Warner）在《近代青島的城市規劃與建設》（Die Planung und Entwicklung der deutschen Stadtgründung Qingdao（Tsingtau）in China：der Umgang mit dem Fremden. Chinese）〔註26〕中，將青島視為一座在亞洲建立的「德國城市」。他考察了德占時期青島在市內交通、衛生保健、綠化住宅等方面的建設情況，並與同時期的香港、天津、濟南和大連等城市作比較，總結出青島在城市規劃和建設方面的獨特之處。柯偉林（William C. Kirby，1950～）的《德國與中華民國》〔註27〕（Germany and Republican China）是研究民國時期中德關係的一部「難以超越」著作。柯偉林研究了第一次世界大戰之後，中德兩國圍繞軍事、政治、經濟等方面的合作和交流，以及這種合作給雙方所帶來的影響。他認為德國不僅在工業和軍事領域給國民黨「國家建設」提供了支持，而且在意識形態也深深的影響了民國政府，這就使得民國時期中國現代化的嘗試打上了德國的烙印。德國學者余凱思（Klaus Mühlhahn，1960～）是研究德占時期青島的另一位專家，他在協助羅梅君（Mechthild Leutner，1948～）編輯了《「模範殖民地膠州」 —德意志帝國在中國的擴張》（「Musterkolonie Kiautschou」. Die Expansion des Deutschen Reiches in China.）之後，於2000年出版了自己的專著《在「模範殖民地」膠州灣的統治與批抗：1897～1914中國與德國的相互作用》〔註28〕（Herrschaft und Widerstand in der "Musterkolonie" Kiautschou. Interaktionen zwischen China und Deutschland，1897～1914）余凱思立足於中國和德國政府所分別持有的不同的立場，圍繞軍事行動、殖民統治和宗教信仰這三個領域，分析了殖民統治者與被殖民統治者之間錯綜複雜的關係，以及跨文化的相互作用對於中國近代歷史的影響和意

〔註25〕〔德〕約克爾・阿泰爾特著，青島市檔案館編譯，青島城市與軍事要塞建設研究（1897～1914）〔M〕，青島：青島出版社，2011。

〔註26〕〔德〕托爾斯藤・華納著，青島市檔案館編譯，近代青島的城市規劃與建設〔M〕，南京：東南大學出版社，2001。

〔註27〕〔德〕柯偉林著，陳謙平等譯，德國與中華民國〔M〕，南京：江蘇人民出版社，2006。

〔註28〕〔德〕余凱思著，孫立新譯，在「模範殖民地」膠州灣的統治與抵抗1897～1914〔M〕，濟南：山東大學出版社，2005。

義。進入新世紀後，碧能豔（Annette Biener）在搜集中文和德文史料的基礎上，出版了《1897～1914 年德國在山東省的租借地青島——殖民地化帶來的社會改變》（Das Deutsche Pachtgebiet Tsingtau in Schantung 1897～1914 ：Institutioneller Wandel durch Kolonialisierung）。金春植則專門就德國在青島殖民時期的教育情況，出版了《德國在中國的文化帝國主義——1989～1914 年德國在膠澳的殖民教育》。

　　國內關於青島殖民歷史的專業研究相對而言起步較晚。八十年代中期以後，隨著國際關係史研究的活躍，青島越來越多的引起了學界的重視。國內學界關於青島殖民地的研究主要可以劃分為論著、論文和資料集三大類。

　　第一類為青島殖民歷史論著。八九十年代的早期作品多為中德、中日國際關係史研究入手，如趙振玫主編的《中德關係史文叢》（中國建設出版社 1987 年）是中德關係史的研究的第一本文集，王守中《德國侵略山東史》（人民出版社 1988 年），劉大可等著《日本侵略山東史》（山東人民出版社 1991 年），劉善章、周荃主編《中德關係史文叢》（青島出版社 1992 年）和《中德關係史譯文集》（青島出版社 1992 年）。世紀交替之後，更多的學者們開始關注青島的城市歷史和文化，如宋連威《青島城市的形成》（青島出版社 1998 年），王守中、郭大松《近代山東城市變遷史》（山東教育出版社 2001 年），陸安《青島近現代史》（青島出版社 2001 年），任銀睦《青島早期城市現代化研究》（三聯書店 2007 年），陳靂《楔入與涵化——德租時期青島城市建築》（東南大學出版社 2010 年），以及青島出版社編輯出版的《人文青島系列叢書》〔註29〕。尤須特別指出的是朱建君所著《殖民地經歷與中國近代民族主義——德占青島（1987～1914）》。朱建君以德占時期的國人作為歷史的主體，考察了生活在殖民地的華籍商人、知識分子、革命黨人和前清遺老對於殖民態度的態度，以及他們活動中所萌發的民族主義。

　　第二類為青島殖民歷史論文。文章呈現出多角度，多層次的特點，研究程度不斷深入。從最初關注殖民時期的社會狀態，如王守中《德占膠澳時期的青島貿易》，孫新興《日本在青島的殖民奴化教育評析》，孫立新、王保寧

〔註29〕 《人文青島系列叢書》包括：魯海《青島舊事》，魯海《老樓故事》，魯海《青島老別墅》，魯海《名人故居》，魯海《作家與青島》，宋連威《青島城市老建築》，魯勇《遜清遺老的青島時光》，王鐸《青島掌故》，陸游《青島老明信片》，薛原《青島記憶》，呂銘康《青島與京劇》。

《德國殖民統治下的青島中國人社會（1897～1914）》，田齡、王忠春《德國佔領青島時期的文化政策及其實施》，羅穎南《德國聖言會在青島的教育事業（1898～1914）》，王琰《膠澳殖民時期「中國連隊」探源》，萬晉《〈膠州報〉所見德占膠澳初期的青島城市商業》，陸安《論日本對青島的「思想戰」》，曲利傑《德占時期日本在青島的活動（1897～1914）》，傅清沛《抗戰時期日本侵略者對青島的殖民統治和掠奪》；到後來研究「去殖民化」努力，如董良保《1922～1937年青島「去殖民化」的努力》，董良保、李永明《本土化與「去殖民化」：近代青島主權收回後的城市發展主題》。隨著城市史研究理論的影響，學者們開始關注青島的城市規劃理論和城市文化空間，如張忠國、呂斌等《近現代青島城市規劃與空間結構轉型》，李東泉《從德國近代歷史進程論青島規劃建設的指導思想》，曹勝《德占時期青島城市建設的特點與啟示》。還有一批的碩博士論文，就城市規劃〔註30〕、報紙傳媒〔註31〕、日本僑民〔註32〕等各領域展開詳細研究。

〔註30〕劉春玲，青島近代市政建設研究（1898～1949）〔D〕，長春：吉林大學，2010。馬樹華，「中心」與「邊緣」：青島的文化空間與城市生活（1898～1937）〔D〕，武漢：華中師範大學，2011。趙洪瑋，德占時期青島城市發展研究〔D〕，太原：山西大學，2008。曹勝，德占時期青島城市建設研究〔D〕，濟南：山東師範大學，2003。袁春曉，青島民國時期的城市規劃與建設（1929～1937）〔D〕，青島：青島理工大學，2016。馬珂，德占時期以來青島城市規劃思想演變研究（1897～1949）〔D〕，西安：西安建築科技大學，2009。楊菁，日本第二次佔領青島時期的都市計劃研究〔D〕，青島：中國海洋大學，2007。李萬榮，膠澳開埠與青島城市的早期現代化（1898～1914）〔D〕，長春：東北師範大學，2002。譚文婧，德占時期青島城市規劃研究〔D〕，青島：青島大學，2009。廖禮瑩，德占時期青島的「華洋分治」與人口變遷（1897～1914）〔D〕，青島：中國海洋大學，2007。楊魯萍，德占時期青島社會治理研究〔D〕，青島：青島大學，2015。鄭權，近代殖民背景下青島城市文化脈絡發展及保護——以萊陽路為例〔D〕，青島：青島理工大學，2014。

〔註31〕林媛媛，青島近代（1897～1919）報業研究〔D〕，濟南：山東大學，2010。祁迎春，《青島新民報》研究〔D〕，青島：中國海洋大學，2009。劉明鑫，青島早期報業研究（1897～1922）〔D〕，濟南：山東大學，2012。王磊，日本第二次佔領青島期間日辦中文報紙研究〔D〕，濟南：山東大學，2014。劉玉福，青島近代民族報業研究（1897～1937）〔D〕，青島：青島大學，2015。

〔註32〕姚新平，青島的日本僑民及其政治活動（1914～1937）初探〔D〕，曲阜：曲阜師範大學，2006。王藝鑈，近代日本在青島的文化活動述論〔D〕，曲阜：曲阜師範大學，2015。單荷君，青島日本人居留民社會的誕生及發展（1898～1922）〔D〕，上海：華東師範大學，2015。趙珊，青島的日僑街區研究（1914～1922）——以新町為中心〔D〕，青島：中國海洋大學，2014。戴淑妮，青

第三類為青島殖民歷史資料集。青島市檔案館利用豐富的館藏檔案文件，編輯出版了一系列檔案文獻類書籍，是研究青島殖民歷史的重要資料。如結集出版的《青島城市檔案文獻叢書》，其中包括：《膠澳志》（青島出版社 2011 年），《膠州灣事件檔案史料彙編》（青島出版社 2011 年），《青島近代城市史論文集》（青島出版社 2011 年），《青島城市與軍事要塞建設研究：1897～1914》（青島出版社 2011 年），《中國收回青島史料彙編》（青島出版社 2012 年），《青島回歸話滄桑》（青島出版社 2012 年），《膠澳商埠檔案史料選編》（青島出版社 2015 年）。此外還有：《帝國主義與膠海關》（檔案出版社 1986 年），《青島開埠十七年：〈膠澳發展備忘錄〉全譯》（中國檔案出版社 2007 年），《青島全書》（青島出版社 2014），《膠澳租借地經濟與社會發展：1897～1914 年檔案史料選編》（中國文史出版社 2014 年），《日本入侵青島檔案》（青島出版社 2015 年）。

三、研究概念與方法

（一）研究概念解析

1. 現代化與現代性

在展開對「宗教變革」「宗教現代化」的討論之前，有必要對「現代化」和「現代性」做初步的解析。據考證，「modern」一詞源於公元 4 世紀出現的一個拉丁單詞「modernus」，後來又起源於拉丁詞「modo」，意思就是「目前（the present）」、「現在（right now）」、「當前（recently）」、「今天（today）」。〔註 33〕「現代性」一詞是以「現代」一詞為詞根加上表示「性質」、「狀態」、「程度」等意義的後綴「-ity」構成的。〔註 34〕「現代化」在英語中對應的名詞是：「Modernization」，意為 to make modern，即「成為現代的」之意。〔註 35〕

涂爾幹在其著作《社會分工論》中提出「機械團結」和「有機團結」來區分傳統社會和現代社會。機械團結的社會是以其成員的相似性為基礎的。在這樣的社會中，沒有複雜的勞動分工，人們為了存活下去，就要做大致相同的事情。這樣他們有著共同的生活經歷、行為規範和價值觀念，共同具有的

島日僑的學校教育（1914～1945 年）〔D〕，青島：中國海洋大學，2011。

〔註 33〕謝立中，「現代性」及其相關概念詞義辨析〔J〕，北京大學學報（哲學社會科學版），2001，38（5）：25。

〔註 34〕謝立中，「現代性」及其相關概念詞義辨析〔J〕，北京大學學報（哲學社會科學版），2001，38（5）：26。

〔註 35〕羅榮渠，現代化理論與歷史研究〔J〕，歷史研究，1986，6：27。

傳統是每個社會成員生活的指南。而現代社會則是一種以「有機團結」為基礎的社會。「有機團結」的社會是以勞動分工為基礎的新型社會。在這樣的社會中，勞動分工導致了勞動的高度專門化，不同的人做著不同的事情。這樣，要生存下去，就必須相互依賴。個人之見的相異性越大，人們彼此相互求助的需要就愈切〔註36〕。

　　漢語中「現代化」一詞該如何定義？著名學者羅榮渠曾將國內外學界對於「現代化」的各種定義歸納為四大類：「1. 現代化是指近代資本主義興起後的特定國家關係格局下，經濟上落後國家通過大搞技術革命，在經濟和技術上趕上世界先進水平的歷史過程；2. 現代化實質上就是工業化，更確切地說，是經濟落後國家實現工業化的進程；3. 現代化是自科學革命以來人類急劇變動的過程的統稱；4. 現代化主要是一種心理態度、價值觀和生活方式的改變過程，換句話說，現代化可以看作是代表我們這個歷史時代的一種「文明的形式」。他認為從歷史角度來透視，現代化可以有廣義和狹義之分。廣義而言，現代化作為一個世界性的歷史過程，是指人類社會從工業革命以來所經歷的一場急劇變革，這一變革以工業化為推動力，導致傳統的農業社會向現代工業社會的全球性的大轉變過程，它使工業主義滲透到經濟、政治、文化·思想各個領域，引起深刻的相應變化；狹義而言，現代化又不是一個自然的社會演變過程，它是落後國家採取高效率的途徑，通過有計劃地經濟技術改造和學習世界先進，帶動廣泛的社會改革，以迅速趕上先進工業國和適應現代世界環境的發展過程。」〔註37〕吉爾伯特·羅茲曼在其主編的《中國的現代化》一書中提出：「我們把現代化看作是一個在科學和技術革命影響下，社會已經或正在發生著變化的過程。業已現代化的社會經驗表明，最好把現代化看作是影響社會各個方面的一個過程，一些社會因素被直接改變了，而其他因素的改變也許更重要，因為引起，甚至是毫無聯繫的新因素，也會改變受歷史因素影響而形成的趨勢。」〔註38〕因此，現代化即是指涉各種經濟的、政治的、社會的以及文化等諸多方面的轉型。

　　「現代性」是一個與「現代化」相近的概念，它們經常相伴出現，也往

〔註36〕孫立平，社會現代化內容芻議〔J〕，馬克思主義研究，1989，4：78。

〔註37〕羅榮渠，現代化新論：世界與中國的現代化進程〔M〕，北京：北京大學出版社，1993：1～17。

〔註38〕〔英〕吉爾伯特·羅茲曼，中國的現代化〔M〕，上海：上海人民出版社，1989：3～4。

往在使用的過程中被混淆化一。然而，實際上講，「現代性」和「現代化」概念在內涵上有不同的側重。「現代性」與「現代化」概念的區別首先在於，現代化主要是一個在經濟學與社會學層面上談論的範疇，現代性則主要是一個哲學範疇；其次，現代性乃是現代化的結晶，是現代化過程與結果所形成的屬性。現代性具有如下三個特徵：「首先，它標誌著從傳統到現代的轉變，表現為與某些傳統的斷裂；其次，自由構成現代性的核心，人的各種權利的保障構成現代性的前提；第三，現代性表現為建立起競爭機制與合理的範疇，即競爭的理性化過程。」〔註39〕也有學者提出：現代性是一個早於現代化出現的概念。「現代性」的概念在 19 世紀就已經出現，現代化一詞則直到 20 世紀 50 年代才被普遍使用。後者在一定程度上是對以歐洲中心主義為基礎的「單一現代性」概念的反撥。〔註40〕可以從社會歷史特徵、文化與哲學的話語、生存處境展開對現代性的考察。首先，現代性意味著公共領域的擴張與「市民社會」的形成，社會結構沿著功能差異和功能合理性的向度不斷分化；其次，現代性意味著以主體為中心的理性和對所謂科學世界觀的擁抱；最後，現代性意味著一種虛化的現代時空觀，為現代交往活動中「在場」和「缺場」的相互交織，提供了可能，並進一步導致現代人生活中被稱作「抽離」（disembedding）的重要現象。

實際上，西方文獻中近年來出現的總體趨勢是越來越多的人希望能夠將「現代」、「現代性」、「現代主義」、「現代化」這些含義相關或相近的詞在詞義上比較明確地加以區分，以避免由於詞義不清而給人們在閱讀和討論是所帶來的那些不必要的誤解或困惑。大體的傾向是將「現代」看成一個比「現代性」、「現代主義」和「現代化」更為一般的概念或術語，而將「現代性」界定為「現代時期」、「現代狀況」，將「現代主義」界定為一種社會思潮或文化運動，將「現代化」界定為實現「現代性」的一種過程。〔註41〕

2. 中國宗教的類型

在西方學界，馬克思・韋伯較早的就宗教的社會組織形態進行類型學的劃分。在其著作《新教倫理與資本主義精神》中，韋伯區分了「教會」（church）

〔註39〕陳嘉明，現代性與現代化〔J〕，廈門大學學報（哲學社會科學版），2003，159（5）：17〜18。
〔註40〕戴立勇，中國宗教與現代性〔M〕，北京：中國社會科學出版社，2008：1。
〔註41〕謝立中，「現代性」及其相關概念詞義辨析〔J〕，北京大學學報（哲學社會科學版），2001，38（5）：27。

與「教派」（sect）兩種不同的組織形態。

　　所有這些教團在歷史上與原則上最為重要的思想，是我們對其萌芽狀態已有所瞭解的「信者的教會」（believers' church），而關於此一思想對於文化發展的影響力，當然得在另外的關聯裏加以討論才能釐清。所謂「信者的教會」意指：宗教共同體，或依宗教改革期間新教各教派的用語來說，「可見的教會」，不再能被理解為一種目的在彼世的信託遺贈基金，或一個必然包括義者與不義者在內的機構——不管是為了增加神的榮耀（卡爾文派），或是為了將救贖財施了人（天主教與路德教）——而全然是個個別再生者信徒的共同體，而且單止於這些人，換言之，它並不是個「教會」，而是「教派」。〔註42〕

　　在韋伯提出「教會」與「教派」兩種不同類型的基礎上，西方眾多學者對於此分類方法進行了補充和發展。霍華德‧貝克爾（Becker 1950）就增加了兩種類型：宗派和崇拜。宗派是指已經「冷靜下來」並且成為制度化實體的教派，而不再是積極對抗的群體。教派在經歷了一段時間存活下來後，不可避免地都會成為宗派。加爾文派和循道派在形成之初，激起信徒的極大狂熱，那時還屬於教派；但多年以後，它們就變得更加「正派」（respectable）了。宗派基本上被教會視為合法的，並與教會並存，還經常和他們合作無間。崇拜跟教派類似，但著重點有所不同，崇拜的成員拒絕接受他們所認為的外部世界價值觀。他們在所有宗教組織中，聯繫最鬆散，形態也最多變；它們關注的是個體經驗，把思維相近的人集合在一起。〔註43〕

　　然而，西方學界提出的教會—教派—宗派—崇拜的宗教社會組織形態類型並能直接用來研究中國的宗教組織。宗教組織在中國社會中並沒有像在西方一樣發展成為一種獨立的因素存在，它們多是融入社會生活的點點滴滴。楊慶堃就中國宗教組織的特點提出了制度性宗教（institution religion）和彌散性宗教（diffused religion）兩種類型。

　　制度性的宗教自身有獨特的神學或宇宙解釋系統，連同形式化的崇拜祭祀系統，由獨立的人事組織進行神學觀點的闡釋，負責祭祀活動。制度性宗教的一個最大特點就是其自身可獨立於世俗體系之外，從而在某種程度上與

〔註42〕〔德〕馬克斯‧韋伯著，康樂、簡美惠譯，新教倫理與資本主義精神〔M〕，
　　　　桂林：廣西師範大學出版社，2010：132～133。
〔註43〕〔英〕安東尼‧吉登斯著，李康譯，社會學〔M〕，北京：北京大學出版社，
　　　　2009：446。

之相分離；而分散性的宗教雖然也有其神學、祭祀與人事的運作系統，但無論是其精神內核、還是形式化儀軌組織均與世俗制度和社會秩序有機地整合在一起，成為結構的一部分，它自身沒有任何獨立的價值和意義。〔註44〕

　　楊慶堃的制度性宗教和彌散性宗教概念提出之後，引起了學界的廣泛關注。雷德菲爾德（Robert Redfield）把楊氏視為「功能分析中國宗教之第一人」，讚揚他的「巨人的成就」，認為楊氏的研究超越其他對中國宗教解釋的形式，是社會學解釋的一個成功，這一點也不誇張。〔註45〕同時，精通中國文化的歐大年在肯定楊氏著作重要性的基礎上提出：「我如今不能同意他使用『分散式』一詞，暗示了鬆散、無組織、無結構，含有劣等的意味。」

　　中國學者戴立勇則認為，楊慶堃所採用的「institution religion」與「diffused religion」的概念區分在社會學方法論上是不可取的。他提出了中國宗教類型學的四個基本類型：「會堂」、「叢林」、「江湖」、「邪教」（或「教門」）。

　　會堂是中國傳統社會中主幹性的公共交往空間，它以儒教的宗法性的「禮制」為主要規範組織並運轉起來，在基層，變現為由家庭、家族、宗族等社會組織所構成的一圈圈放大的初級會堂（以血緣和婚姻關係為主導因素的、地區性的社會結構分化），在它的上部，是一圈圈上升的按照制度化儒家的理念與規範所建構起來的從「縣」、「府」、「省」一直到「朝廷」的次級會堂（以科舉制度為樞紐，政治、文教、祭祀等多功能一體的階層性的社會結構分化），二者相加，形成中國傳統社會中「家」「國」同構的主幹社會體系。

　　叢林是會堂以外，並在一定程度上為會堂所承認的、合法的意義性交往空間，在其中，會堂的社會組織原則與邊界機制不再發揮作用，而是代之以佛教或道教的相應規範，這些規範相對於紅塵中的生活和會堂體系來說，表現出「出離」、「解脫」、「隱逸」、「自然」的性質，並指向「佛」、「道」等超越性的終極實在，從而構成一種獨立於會堂體系之外，合法、專門的宗教性社會組織。〔註46〕

　　江湖是指傳統社會中處於初級會堂間，次級會堂外，不包括叢林在內，離散，灰色的公共交往空間。〔註47〕

〔註44〕〔美〕金耀基、范麗珠，研究中國宗教的社會學範式：楊慶堃眼中的中國社會宗教〔J〕，社會，2007，1：8。

〔註45〕〔美〕楊慶堃著，范麗珠等譯，中國社會中的宗教：宗教的現代社會功能及其歷史〔M〕，上海：上海人民出版社，2006：6。

〔註46〕戴立勇，中國宗教與現代性〔M〕，北京：中國社會科學出版社，2008：400。

〔註47〕戴立勇，中國宗教與現代性〔M〕，北京：中國社會科學出版社，2008：417。

教門（邪教）是指江湖領域中正在發展定型、并開始擁有自己的宗教陳述（寶卷）、教權制較為完整、以俗人為主的宗教共同體。〔註48〕

　　本文具體闡述中，吸收了的以上四種宗教類型劃分思路，並且做了進一步調整，最終形成「壇廟祠堂」、「叢林宮觀」、「幫會道門」、「民間信仰」四種基本類型。首先，用「壇廟祠堂」替換了「會堂」這一稱謂。按照戴論在會堂這一類型分為初級會堂和次級會堂，初級會堂主要是指祠堂，次級會堂包括公所、殿堂、朝堂等議事性場所，也包括天壇、宗廟等祭祀性場所，所以採用「壇廟祠堂」較「會堂」更為合適。其次，「叢林宮觀」和「幫會道門」基本延續戴論中的定義，「叢林宮觀」是指獨立於「壇廟祠堂」體系之外，得到政府管理部門承認，專門的宗教性社會組織；「幫會道門」是指正在發展定型、并開始擁有自己的宗教陳述（寶卷）、教權制較為完整的各種新興宗教。最後，增加了「民間信仰」這一類型。民間信仰是指分布於鄉間的民眾信仰和靈媒與個人主義宗教，既包括得到官方敕封的媽祖信仰，關帝信仰，也包括不在國家祀典範圍內又不屬於叢林的那些地方性廟宇及相關崇拜活動，例如被官方稱為淫祠的五通、五顯、劉猛將、五方寶聖等。

　　當然，本文做出的中國傳統宗教四種類型劃分主要是為了方便研究起見。明清士人眼中的儒釋道三教與我們現今討論的儒釋道三教並不能完全等同，中國傳統宗教本身也並未呈現出涇渭分明的四種不同類型。就儒教而言，「儒教」（Confucianism）一詞是由19世紀傳教士發明的。此時進入中國的傳教士們身處在一種廣闊的宗教、社會語境中，他們能看到一個完整的宗教生活的多棱面，故多將儒教視為一種宗教文化，並將之建構成一個宗教範疇。但是20世紀之後，中國原有的宗教語境被破壞殆盡，將儒教作為宗教文化的看法在這一環境中難以生存。這些因素導致了建構儒教的方式在整個20世紀的根本變化，即將儒教視作一種哲學而建構。〔註49〕在將儒教的宗教性隔離，重新建構儒學過程中，佛教和道教也面臨著同樣的問題。目前的學界傾向於是把儒、釋、道的教義（Dogma）部分提煉出來，作為與基督教神學（Theology）和西方哲學類似的學問，進行比較。剩下非理性的迷信部分，單列為民間宗教。實際上，儒、釋、道三教在下層民眾中往往是混淆在一起的，其中都會摻雜著方術、祭祀和

〔註48〕戴立勇，中國宗教與現代性〔M〕，北京：中國社會科學出版社，2008：447。
〔註49〕〔荷蘭〕田海，中學西傳的典型個案：19世紀「儒教」（Confucianism）一詞的發明〔J〕，上海師範大學學報（哲學社會科學版），2016，45（4）：67。

各種崇拜形式。〔註50〕諸如，佛寺中可能會供奉著香火繁盛的財神，道觀裏也會出現廣受歡迎的觀音菩薩，民間宗教更是不設界限，按需選擇供奉神靈。

3. 青島地區的具體範圍

目前，青島市是山東省轄地級市，全市下轄 7 個區、代管 3 個縣級市，區域總面積 11293 平方千米。本書以現代化進程中的宗教變革為研究主題，書中提及的「青島地區」並不是指青島市的行政區劃範圍，而是以 1898 年《膠澳租借條約》德國租借膠澳之地為主要研究範圍。中德《膠澳租借條約》議定，「茲將所租各段之地，開列於後。一、膠澳之口北面所有連旱地之島，其東北以一線自陰島東北角起至勞山灣為限；二、膠澳之口南面所有連旱地之島，其西南以一線自離齊伯山島西南偏南之灣西南首起往笛羅山島為限；三、齊伯山、陰島兩處；四、膠澳之內全海面至現在潮平之地；五、膠澳之前防護海面所用群島，如笛羅山、炸連等嶼。至德國租地及膠澳周遍一百中國裏界址，將來兩國派員查照地情，詳細定明。」〔註51〕德國租借膠澳面積大概為 551 平方千米，涉及目前青島市轄範圍內的市南區、市北區、嶗山區、李滄區全部以及城陽區、黃島區、膠州市的一部分。

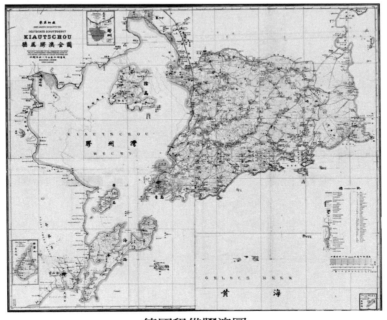

德國租借膠澳圖

〔註50〕李天綱，金澤：江南民間祭祀探源〔M〕，北京：三聯書店，2017：7～8。
〔註51〕張一志編：山東問題彙刊〔M〕，臺北：文海出版社，1921：2。

（二）研究方法與創新之處

作為一種透過不同歷史時期中宗教與社會的相互關係來對現代化進程中的宗教變革的研究，本文嘗試通過借用各個不同學科的理論方法來呈現宗教變革的多樣性與複雜性。這種多學科交叉的研究方法既是當前宗教研究的大勢所趨，也是關於民國社會研究的必然選擇。本文的創新之處也包含在這種多學科交叉的研究之中。

1. 文獻資料的方法

為了研究清末民國時期青島宗教的變革情況，本文搜集了大量的歷史文獻資料，包括政府檔案、文人筆記、報紙刊物、民間寶卷、碑刻拓片、圖片影像等等，力圖完整的呈現這一時期的宗教生活全貌。青島市檔案館保存了眾多民國時期地方宗教檔案資料，包括「華北佛教同願會」、「華北道教總會」、「華北中華基督教團」、「基督教青年會」、「紅卍字會」、「黃道會」、「理門」等宗教團體的組織情況和往來信件，「青島市宗教團體一覽表」、「庵觀寺廟一覽表」、「轄區宗教調查表」、「華北各縣市基督概況一覽表」、「青島信教人數統計表」等各種宗教團體統計資料，以及「華北宗教施政綱要」、「華北宗教行政方針」、「整頓華北各種宗教提案」、「治安強化運動」等日本殖民時期的宗教政策文件。青島市檔案館在利用館藏文獻的基礎上，陸續出版了《青島城市檔案文獻叢書》，使得我們可以接觸到眾多未公開的保密檔案。同時，還有已經公開出版的民國檔案資料《中華民國史檔案資料彙編》、《民國史料叢刊續編》、《政府公報》、《內政年鑒》、《民國法規集成》。以及民國時期出版的多部關於青島地理歷史的書籍，比如葉春墀著：《青島概要》（1922）、魏鏡著：《青島指南》（1933）、中國市政協會青島分會編寫：《青島指南》（1936）、倪錫英著：《青島》（1936）、青島特別市社會局禮教科編寫：《青島指南》（1939）。同時，筆者還實地探訪了青島市現存的各處宗教場所和遺址，在與教內人士的交談中，獲得了更加豐富的歷史細節。

2. 區域宗教研究的方法

區域史研究是當前史學研究的重要方向，「區域史不僅代表了 20 世紀以來史學研究的大趨勢，而且是將中國史學的傳統與新史學的研究理路相糅合，輔以跨學科方法，從而推動關注全面的、整體的社會史研究進一步深入的必

由路徑。」〔註 52〕區域史研究的興起意味著地方文化的復蘇，然而作為最能代表地方文化特徵的區域宗教並未得到宗教學和史學研究者的充分關注。目前，已經出版的區域宗教著作主要以北京、江南和華南的地方宗教作為研究對象，例如韓書瑞著：《北京：寺廟與城市生活》，李天綱著：《金澤：江南民間祭祀探源》，（美）魏樂博、范麗珠編：《江南地區的宗教與公共生活》，康豹、徐宏圖編：《平陽縣、蒼南縣傳統民俗文化研究》，王斯福著：《三個王朝時期臺北的城市廟宇》，康豹、張格物編：《宗教與臺灣身份的形成》，王崗、李天綱編：《中國近世地方社會中的宗教與國家》。應該指出的是，有關山東省的區域宗教研究相對而言還比較薄弱，這也是筆者選擇從事青島區域宗教研究的重要原因之一。

3. 宗教社會學的方法

宗教社會學是利用社會學的理論和方法展開對宗教的分析和研究。宗教社會學對於「宗教」的理解往往是利用一種「功能概念」即所謂「功能主義」（Functionism），強調宗教在社會團體中的功能、作用，而不加以哲學思辨性界說。〔註 53〕本文的研究充分利用了宗教社會學的方法，對於教義發展的基礎和原因作出了深入的分析，並通過「現代性」、「民族性」、「區域性」等概念的考察，全面理解中國宗教變革的本質。例如，從宗教功能的角度出發，可以對於不同時期青島統治政權的宗教策略有著更清晰的認識。德國殖民政權扶持基督宗教發展，立足於利用教會團體改變殖民地初期教育和醫療近乎空白的狀態，並以此緩和與中國百姓之間緊張的統治關係。日本殖民政權恢復中國宗教傳統，組建宗教同盟，著眼於打破民族身份限制，宣揚大東亞共存共榮。而南京國民政府控制外來宗教，清理「民間信仰」，是想消解地域身份差異，構建新型國族認同。

4. 宗教人類學的方法

宗教人類學是宗教學與文化人類學的交叉學科，宗教人類學最初是運用考古學和實地觀察的方法來研究古代宗教。「在此之後，以原始文化為主攻對象的文化人類學家則調整思路，轉而探討宗教傳統的文化功能，特別是在形

〔註 52〕唐力行，從區域史研究走向區域比較研究〔J〕，上海師範大學學報，2008，37（1）。
〔註 53〕卓新平，西方宗教學研究導引〔M〕，北京：中國社會科學出版社，1990：91。

成文化習俗、鞏固文化秩序過程中的重要作用。」〔註54〕宗教人類學從整體出發，認為宗教可以構成對人類生活有意義的文化系統。例如，格爾茨提出的著名觀點「作為文化體系的宗教」：「宗教由相互結合、相互強調的世界觀和精神特質組成。人們對什麼是真是的，存在什麼樣的神等問題有一套自己的信仰（也就是他們的世界觀），這些信仰支持著他們的一套道德價值觀和情感體系（也就是他們的精神特質），而這些東西又在人們的生活中引導他們，從而確認他們的信仰。」〔註55〕宗教人類學可以在對目標群體的信仰生活有了全面瞭解之後，進而深入思考涉及宗教的重大的哲學問題。這就為筆者提供了一種對於不同政權統治之下的青島宗教的全新解讀方式。

〔註54〕張志剛，宗教學是什麼〔Ｍ〕，北京：北京大學出版社，2002：17。
〔註55〕〔美〕包爾丹，宗教的七種理論〔Ｍ〕，上海：上海古籍出版社，2005：355。

第一章　青島宗教文化概述

　　目前，青島市轄範圍在清代主要為萊州府屬地，包括古即墨、古膠州和古平度州大部分區域，以及登州府萊陽縣和青州府諸城縣的部分區域。這片廣闊的地域有著悠久的歷史文化傳統，曾是周朝諸侯國齊國故地，「禹貢青州之域，古東夷地，周為夷國，後入齊」，是神仙信仰的策源地，也是早期道教的重要孕育地。

第一節　古齊地宗教文化傳統

　　「齊魯」二字現今已經成為山東省的代稱，溯其源頭而論：齊、魯分別取自周代山東大地上存在過齊、魯兩個諸侯國。周室平定三監武庚之亂後，分封諸侯，「封師尚父於齊營丘」，「封周公旦於少昊之虛曲阜」，建立了齊國和魯國。在周代，齊國和魯國均為當時文化的高地，「春秋、戰國之世，齊和魯是文化的中心，泰山是這兩國的界牆。」〔註1〕到了戰國後期，齊、魯兩國文化逐漸融為一體，形成統一的齊魯文化圈。齊、魯兩地在地理範圍上比鄰而居，但是，文化內涵上卻有著明顯的差異。齊地培育了以呂尚為代表的道家文化，又吸收了東夷文化並加以發展；而魯地則誕生了以孔子為代表的儒家文化，從而享譽於世。

　　古齊地瀕臨大海，山野綿延，「海洋的浩渺無際，海市蜃樓的奇幻，是觸發齊人富於幻想的自然條件。」〔註2〕因此，古齊地自古便傳為神仙鬼怪的神

〔註 1〕顧頡剛，秦漢的方士與儒生〔M〕，上海：上海古籍出版社，2005：5。
〔註 2〕黃松，齊魯文化〔M〕，瀋陽：遼寧教育出版，1991：42。

秘居所,引得渴求長生的皇帝們紛紛於此求仙尋藥。方及秦時,「齊人徐市等上書,言海中有三神山,名曰蓬萊、方丈、瀛洲,仙人居之。請得齋戒,與童男女求之。於是遣徐市發童男女數千人,入海求仙人。」〔註3〕及至漢朝,「東幸琅邪,禮日成山,登之罘,浮大海,用事八神延年。」〔註4〕齊人長於荒誕之談,《莊子・逍遙遊》就曾提及齊地的早期志怪小說《齊諧》。「《齊諧》者,志怪者也。《諧》之言曰:『鵬之徒於南冥也,水擊三千里,搏扶搖而上者九萬里,去以六月息者也。』」〔註5〕據論,奇書《山海經》中《山經》的作者是戰國時期齊國的東夷族巫史集團,《海經》地圖就是四千二百年前齊地的氏族、部落分布圖。〔註6〕被譽為齊文化結晶的《管子》,包含了豐富的神鬼精怪思想。清代著名短篇小說集《聊齋誌異》就是大量取材於齊地民間流傳的奇聞異事整理而成,其中名篇《嶗山道士》、《沂水秀才》、《濰水狐》廣為流傳。

一、自然崇拜

早在史前階段,東夷文化中便有對「天」的最初信仰。從考古挖掘的材料看,在大汶口文化中已反映出夷人對「天」的崇拜。當時的墓葬出土的陶罐,往往可見到有用朱彩繪的太陽圖案。而在莒縣陵陽河出土的陶尊上,刻有日月山或日雲的圖案。《禮記・郊特牲》說:「郊之祭也,迎長日之至也,大報天而主日。」注曰:「天之神,日為尊。」據此可以推斷,這些陶尊極有可能為祭天之器。〔註7〕這一時期,「天」和人的關係處於變動之中。最初階段,民神不雜,「天」與人之間的溝通全賴覡、巫,「古者民神不雜。民之精爽不攜貳者,而又能齊肅衷正,其智慧上下比義,其聖能光遠宣郎,其明能光照之,其聰能聽徹之,如是則明神降之,在男曰覡,在女曰巫。」〔註8〕第二階段,民神雜糅,人人自為覡、巫,「九黎亂德,民神雜糅,不可方物。夫人作享,家為巫

〔註3〕〔漢〕班固撰,〔唐〕顏師古注,漢書(四)〔M〕,北京:中華書局,1962:
　　　1247。
〔註4〕〔漢〕班固撰,〔唐〕顏師古注,漢書(四)〔M〕,北京:中華書局,1962:
　　　1247。
〔註5〕王叔岷,莊子校詮〔M〕,北京:中華書局,2007:6。
〔註6〕參閱:王寧,《五藏山經》記述的地域及作者新探〔J〕,管子學刊,2000,3。
〔註7〕王克奇,齊魯宗教文化述論〔J〕,東嶽論叢,2003,24(4)。
〔註8〕鄔國義等撰,國語譯注〔M〕,上海:上海古籍出版社,1994:529。

史，無有要質。民匱於祀，而不知其福。烝享無度，民神同位。」〔註9〕第三階段，絕地天通，君主壟斷了「天」與人之間的溝通，「顓頊受之，乃命南正重司天以屬神，命火正黎司地以屬民，使復舊常，無相侵瀆，是謂絕地天通。」〔註10〕絕地天通之後，天神無有降地，地民不至於天，明不相干，祭「天」從此成為一種公共行為，祈求社群福利，私人無權祭「天」。

到了戰國時期，齊地的各種自然崇拜得到了統一梳理，並系統化，形成了齊地八神信仰。

> 於是始皇遂東遊海上，行禮祠名山大川及八神，求仙人羨門之屬。八神將自古而有之，或曰太公以來作之。齊所以為齊，以天齊也。其祀絕，莫知起時。八神：一曰天主，祠天齊。天齊淵水，居臨淄南郊山下者。二曰地主，祠泰山梁父。蓋天好陰，祠之必於高山之下，小山之上，命曰「畤」；地貴陽，祭之必於澤中圜丘云。三曰兵主，祠蚩尤。蚩尤在東平陸監鄉，齊之西境也。四曰陰主，祠三山。五曰陽主，祠之罘。六曰月主，祠之萊山。皆在齊北，並渤海。七曰日主，祠成山。成山斗入海，最居齊東北隅，以迎日出云。八曰四時主，祠琅邪。琅邪在齊東方，蓋歲之所始。皆各用一牢具祠，而巫祝所損益，圭幣雜異焉。〔註11〕

八神是指，天主、地主、兵主、陰主、陽主、月主、日主、四時主。天主、地主和兵主位於山東內陸，陰主、陽主、月主、日主和四時主均位於齊東瀕海地域。除了兵主蚩尤為人格神之外，其他七主都屬於自然神崇拜。君主和八神之間可以相互感應：「日掌陽，月掌陰，星掌和。陽為德，陰為刑，和為事。是故日食，則失德之國惡之；月食，則失刑之國惡之；彗星見，則失和之國惡之；風與日爭明，則失生之國惡之。是故，聖王日食則修德，月食則修刑，彗星見則修和，風與日爭明則修生。此四者，聖王所以免於天地之誅也。」〔註12〕這種神秘主義的天人感應論發展為後世的陰陽五行學說。

〔註 9〕鄔國義等撰，國語譯注〔M〕，上海：上海古籍出版社，1994：530。
〔註10〕鄔國義等撰，國語譯注〔M〕，上海：上海估計出版社，1994：530。
〔註11〕〔漢〕司馬遷，〔宋〕裴駰集解，〔唐〕司馬貞索引，〔唐〕張守節正義，史記（四）〔M〕，北京：中華書局，2014：1644。
〔註12〕李山譯注，管子〔M〕，北京：中華書局，2009：235。

二、神仙信仰

在我國古代，人鬼崇拜的形成是早於神仙信仰的。根據殷商卜辭可知，殷商先民們就已經有了早期的自然信仰和人鬼崇拜。但是，「仙人，是古代所沒有的。古人以為人死為鬼，都到上帝那邊去；活的時候的君臣父子，到了上帝那邊之後還是君臣父子。天子祭享上帝，常常選擇其有大功德的祖先去配享他。所以鬼在人間的權力僅亞於上帝一等，不過在許多鬼中還保存著人間的階級而已。」〔註13〕周代之後，文獻中才開始出現神仙的記載。現存最早關於神仙的描述，應為《史記·封禪書》中：「自威、宣、燕昭使人入海求蓬萊、方丈、瀛洲。此三神山者，其傳在渤海中，去人不遠；患且至，則船風引而去。蓋嘗有至者，諸仙人及不死之藥皆在焉。」據此可知，神仙是長生不死的，他們住在海中的蓬萊、方丈、瀛洲三座神山之上。《莊子》對於神仙有更詳細的描述，「藐姑射之山，有神人居焉。肌膚若冰雪，淖約若處子，不食五穀，吸風飲露，乘雲氣，御飛龍，而遊乎四海之外。」〔註14〕神仙不僅長生不死，而且來去自如、神通廣大。

齊東地域山海交接，神妙莫測，是傳說中神仙們居住的地方。舉世聞名的三座神山——蓬萊、方丈和瀛洲，「其傳在渤海中，去人不遠」。《列子·湯問》也記載渤海中有仙聖居住的神山：

> 渤海之東，不知幾億萬里，有大壑焉，實惟無底之谷，其下無底，名曰歸墟。八絋九野之水，天漢之流，莫不注之，而無增無減焉。其中有五山焉，一曰岱輿，二曰員嶠，三曰方壺，四曰瀛洲，五曰蓬萊。其山高下周旋三萬里，其頂平處九千千里，山中之間相去七萬里，以為鄰居焉。其上臺觀皆金玉，其上禽獸皆純縞，珠玕之樹皆叢生，華實皆有滋味，食之皆不老不死。所居之人，皆仙聖之種，一日一夕飛相往來者，不可數焉。〔註15〕

縹緲的神山吸引來了各地的尋仙求藥者，「自威、宣、燕昭使人入海求蓬萊、方丈、瀛洲。此三神山者，其傳在渤海中，去人不遠；患且至，則船風引而去。蓋嘗有至者，諸仙人及不死之藥皆在焉。」戰國時期，齊威王、齊宣王和燕昭王都曾遣使到渤海一帶尋找神山，這是歷史上第一次大規模的尋仙活

〔註13〕顧頡剛，秦漢的方士與儒生〔M〕，上海：上海古籍出版社，2005：8。
〔註14〕王叔岷，莊子校詮〔M〕，北京：中華書局，2007：24。
〔註15〕楊伯峻，列子集釋〔M〕，北京：中華書局，2010：151～152。

動。秦並六國，一統天下後，齊地的神仙信仰並沒有因此而銷聲匿跡，齊地
反而成了方士〔註16〕的高產地。齊地方士與陰陽家鄒衍有千絲萬縷的聯繫，
鄒衍的「五德終始」和「大小九州」學說為齊地方士們提供了理論基礎，「鄒
衍以陰陽主運顯於諸侯，而燕齊海上之方士傳其術不能通，然則怪迂阿諛苟
合之徒自此興，不可勝數也。」〔註17〕例如，幫助秦始皇尋仙求藥的方士徐
市、安期生，顯赫於漢武帝時期的李少君、少翁、欒大和公孫卿均為齊地方
士。武帝對於尋仙的執著，進一步刺激了齊地方士群體，「齊人之上疏言神怪
奇力者以萬數，然無驗者。乃益發船，今言海中神山者數千人求蓬萊神人。」
〔註18〕但是，這些方士們的尋仙活動終無所獲。浪費了大量的精力和財力後，
漢武帝在臨終之前有所醒悟：「向時愚惑，為方士所欺。天下豈有仙人，盡妖
妄耳！節食服藥，差可少病而已。」〔註19〕

　　齊地的神仙信仰孕育了早期道教，「燕齊一帶的民間信仰不僅為早期道教
的創立提供了豐富的思想素材，而且道教的創立本身就是燕齊神秘文化發展
的直接結果，特別是原始道教，其與齊地的關係確實比其他地域文化更為密
切。」〔註20〕早期道教眾派直接繼承了漢代道家和黃老崇拜的傳統。東漢末
年張陵創立的天師道，張角創立的太平道均衍生自黃老道。陳寅恪在《天師
道與濱海地域之關係》中提出：「自戰國鄒衍傳大九州之說，至秦始皇、漢武
帝時方士迂怪之論，據太史公書所載（始皇本紀、封禪書、孟子、荀卿列傳
等），皆出於燕、齊之域。……神仙學說之起原及其道術之傳授，必與此濱海
地域有連，則無可疑者。」〔註21〕

〔註16〕方士即為有方之士，戰國時已有方士之稱呼。文選宋玉高唐賦：「有方之士：
　　　　羨門，高谿，上成，鬱林，公樂，聚谷。」史記秦始皇帝本紀：始皇三十五
　　　　年，始皇聞侯生盧生亡去，「乃大怒曰：吾前收天下書不中用者盡去之，悉召
　　　　文學方術士甚眾，欲以興太平；方士欲練以求奇藥。」是方士即方術士也。
　　　　至三國時，仍沿用此稱。博物志卷五方士條：「魏武帝好養性法，亦解方藥。
　　　　招引四方之術士，如左元放華佗之徒，無不畢至。」其後載魏王所集方士名。
〔註17〕〔漢〕司馬遷，〔宋〕裴駰集解，〔唐〕司馬貞索引，〔唐〕張守節正義，史記
　　　　（四）〔M〕，北京：中華書局，2014：1646。
〔註18〕〔漢〕司馬遷，〔宋〕裴駰集解，〔唐〕司馬貞索引，〔唐〕張守節正義，史記
　　　　（四）〔M〕，北京：中華書局，2014：1646。
〔註19〕〔宋〕司馬光，資治通鑒〔M〕，北京：中華書局，1956：738。
〔註20〕白奚，齊地的前道教文化傳統〔A〕，見：齊魯文化研究（第二輯）〔M〕，濟
　　　　南：齊魯書社，2003：108。
〔註21〕陳寅恪，金明館叢稿初編〔M〕，北京：三聯書店，2001：1～2。

第二節　清代山東基督宗教

一、鴉片戰爭之後的山東天主教

　　天主教在明清時期再次傳入中國〔註22〕，此次傳入是以十六世紀末耶穌會士來華為標誌。利瑪竇（Mathieu Ricci，1552～1610）、湯若望（Jean Adam Schall Von Bell，1592～1666）和南懷仁（Ferdnand Verbiest，1623～1688）為代表的耶穌會士們採取的是自上而下的傳教策略，他們引介西方最先進的自然科學研究成果，同文人士大夫群體廣泛交流，以此贏得官員們和皇帝的好感，並獲得了進入欽天監參與曆法編修的工作機會。不過，龍華民（Niccolo Longobardi，1559～1654）在接替利瑪竇在華耶穌會會長位置之後，開始推翻「利瑪竇路線」，他認為中國人祭天、祭祖和祀孔儀式是偶像崇拜，天主教徒斷不可為之，從而挑起了歷史上著名的「禮儀之爭」。關於「禮儀之爭」，羅馬教廷作出了裁定：「不能允許祀孔，中國基督徒不應參與祭祖」，這無疑是對中國封建皇權的直接挑戰。作為回應，康熙、雍正、乾隆對於天主教的禁止措施不斷加強，並且一直延續到了嘉靖、道光年間。受此影響，外來傳教士完全撤出了山東範圍，在華傳教工作陷入停頓。

　　1839年，天主教羅馬教廷重新劃分中國教區，拆分原北京主教區，新成立山東宗座代牧區，並任命意大利方濟各會會士羅類思（Ludoricus Maria Besi，1805～1871）為山東代牧區首任主教，主教公署設置在武城十二里莊。此後，因江南教區事務需要，羅類思調離山東代牧區，大部分時間工作於江南地區。「在羅類思主教離開之後，江類思神父（Aloysius Moccagatta，1809～1891）在中國籍教士的大力幫助下，開始訪問山東的基督教社區。據他們1842年底報告，山東的教務情況如下：受洗信徒5020名；一年內施洗了47名異教徒，吸收了67名望道友，為148個婚姻舉行了莊嚴的基督教儀式，為109名臨終者實行了終傅聖事，這一年，他們還開辦了五所學校。」〔註23〕截止到1880年，山東省內的全部天主教事務都由方濟各會負責運行。

　　十九世紀中期，伴隨著兩次鴉片戰爭的接連戰敗，清政府失去了同西方

〔註22〕基督宗教曾先後四次傳入中國，分別是：第一次，以唐朝「景教」為標誌；第二次，以元朝「也里可溫」為標誌；第三次，以明朝天主教為標誌；第四次，以鴉片戰爭前後基督宗教大量湧入為標誌。

〔註23〕〔荷〕申永福，山東天主教傳教史略〔A〕，見：〔英〕法思遠，山東——中國的一個神聖省〔M〕，上海：上海廣學會，1912：164。

各國平等對話的實力。一系列戰後條約的簽訂，大清國除了同意割地、賠款和放棄部分主權之外，還賦予天主教在華傳教的自由。天主教獲得清政府的官方承認和保護，傳教事業有了突破性的進展。1870 年，羅馬教廷任命輔理主教顧立爵（Eligius Cosi）為山東代牧區主教，前主教江類思遷山西代牧區擔任主教。這一時期，山東天主教取得了較快的發展：「受洗信徒 15，000 名，望道友約 5，000 名。1879 年，408 名異教徒受洗，113 個婚姻舉行了莊重的基督教儀式；有 81 所學校，大小 119 處教堂，收養棄嬰或父母出賣的兒童 215 名，雇用 19 名歐洲教士從事傳教和教育工作。」〔註 24〕

山東省天主教教區沿革表（1839～1990 年）〔註 25〕

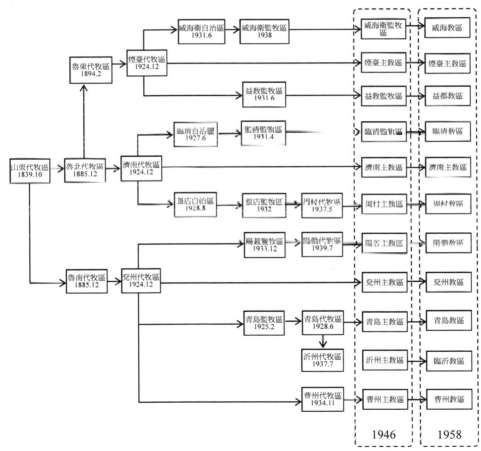

〔註 24〕〔荷〕申永福，山東天主教傳教史略〔A〕，見：〔英〕法思遠，山東——中國的一個神聖省〔M〕，上海：上海廣學會，1912：165。

〔註 25〕山東省地方史志編纂委員會編，山東省志，少數民族志宗教志〔M〕，濟南：山東人民出版社，1998：565。

（一）魯南教區

山東南境代牧區的成立與聖言會〔註26〕在山東地區的活動密不可分。
1879年，聖言會的第一批傳教士安治泰（Johann Baptist Anser，1851〜1903）
和福若瑟（Josef Freinademetz，1852〜1908）在荷蘭斯泰爾被授予聖職之後，
就被派往中國傳教。1879年，他們兩人經過長途跋涉到達香港，在主教神學
院工作並學習漢語。1880年，安治泰首次進入山東地區，在同山東教務負責
方——方濟各會長時間談判之後，聖言會獲得了兗州、沂州、曹州和濟寧等
魯西南地區的傳教權。1882年，安治泰被任命為魯南傳教區代理主教，但仍
然接受方濟各會的領導。1885年，天主教羅馬教廷將魯南地區提升為獨立的
使徒代理區（主教區），設立山東南境代牧區。安治泰以陽穀縣坡里莊為基地，
以兗州府、曹州府和沂州府以及運河城市濟寧城為腹地，將天主教傳播於整
片魯西南地區。

1903年，安治泰在羅馬會見教宗比約十世之後突發腦淤血而去世。安治
泰在中國工作了24年，擔任山東南界的教會領導22年，並做了18年主教。
在安治泰逝世之後，他的繼任者韓寧鎬（Augustin Henninghaus，1862〜1939）
將他的貢獻總結為：

> 他為山東南界做了很偉大的事，他面對很多衝突，經歷了很多
> 外在和內在的挑戰，以及無數的折磨、辛苦，他堅強地、永不氣餒
> 地面對一切反對勢力，克服一切阻礙進展的力量，不斷為教會的進
> 步工作。他在艱苦的條件下接受一個擁有158個信徒的傳教區，當
> 他去世時，這個傳教區有26300名受過聖洗的人、40300名望道者、
> 12座大教堂、111座聖堂、538處小祈禱室、1所大修道院、1所小
> 修道院、3所德漢雙語學校、1所男傳教員學校、1所女傳教員學校
> （總共125名學生）、146個教理問答學校、16所小學、6所孤兒院
> （一共有561個孤兒）、4所養老院、2間印刷廠。教區的工作人員
> 包括36位歐洲司鐸、11位中國司鐸、11傳教修士（聖言會的）、3
> 位聖母仲昆會修士、10位傳教修女和650名男女傳教員。雖然這個
> 傳教區經歷過很多挑戰，但教會扎下了堅固的根基，所以教區自身

〔註26〕聖言會（Divine Word Missionary）於1875年由德國神父阿諾德・楊森（Arnold
Janssen）在荷蘭斯泰爾（Steyler）創設的天主教修會。

是主教最優美、最寶貴的紀念碑。〔註27〕

安治泰離世後，在德國政府的強烈要求下，德籍傳教士韓寧鎬當選為山東南界的宗座代牧和希貝巴（Hypaepa）的名義主教。在年輕的韓寧鎬主教的帶領下，山東聖言會不斷發展壯大。1904年韓寧鎬接管這個傳教區，當時有2.6萬名信徒；當他退休時，信徒數已經是15萬人，而領過洗的人數超過40萬。在那個原來只有一個主教的地區，羅馬教廷於1928年規劃了五個宗座代牧區和五個主教。〔註28〕

（二）魯北教區

1885年12月，山東南境代牧區從山東宗座代牧區單獨劃分出來之後，剩下的教區更名為山東北境代牧區，轄濟南府、東昌府、武定府、泰安府、臨清州及其各屬縣教務，仍由意大利方濟各會負責。1894年，山東北境代牧區劃分為東、西兩個代牧區。分離出東境代牧區之後，北境代牧區的轄區還剩泰安府、濟南府、東昌府、武定府和臨清州。1904年，德國方濟各會撒索尼亞省開始接管魯北代牧區，並借助德國勢力向魯東代牧區發展。第一次世界大戰以德國的失敗而告終，德國在遠東的殖民地——青島被納入到日本的勢力範圍。德國方濟各會在山東的勢力也急劇衰退，美國、法國方濟各會趁機增強在山東中部、東部的傳教力量。20年代，教廷傳信部對山東各代牧區作了較大調整，魯北代牧區改稱為濟南代牧區，仍屬德國方濟各會。隨後，又從濟南代牧區中劃出張店、周村一帶傳教區域歸美國方濟各會管轄，後成為周村代牧區。〔註29〕最終於1946年形成濟南主教區、周村主教區和臨清監牧區並立的局面。

（三）魯東教區

十九世紀中葉之前，天主教尚未傳入魯東地區。1858年，第二次鴉片戰爭後，英、法、美、俄作為戰勝國同中國簽訂了《天津條約》，約定登州（煙臺）作為通商口岸對外開放。隨著對外貿易的發展，煙臺地區居住的外籍人

〔註27〕 〔德〕赫爾曼·費希爾著，〔奧〕雷立柏譯，傳教士韓寧鎬與近代中國〔M〕，北京：新星出版社，2015：161～162。

〔註28〕 〔德〕赫爾曼·費希爾著，〔奧〕雷立柏譯，傳教士韓寧鎬與近代中國〔M〕，北京：新星出版社，2015：192。

〔註29〕 參閱：山東省地方史志編纂委員會編，山東省志，少數民族志，宗教志〔M〕，濟南：山東人民出版社，1998：561。

士逐漸增多。1862 年，應英國領事弗格森（Fergusson）邀請，天主教山東教區開始不定期派遣傳教士前往煙臺等地，照料在此居住的天主教徒。1867年，方濟會修女們也到了煙臺，天主教事業欣欣向榮地發展起來。現在那裡有育嬰堂、醫院，日校以及為歐洲人子女開辦的寄宿學校。〔註30〕1886 年4 月，意大利籍神父安者路斯用歐洲教徒募捐的部分款項，來煙臺購置地皮，在東領事路 14 號修建教堂——瑪利亞進教之祐聖母堂，這是煙臺的第一座天主教堂，此後成為煙臺天主教會主教府。1894 年，狹長的山東北境代牧區劃分為東、西兩個代牧區，正式成立山東東境代牧區。山東東境代牧區包括登州府、青州府和萊州府，由法國方濟各會管理，常明德（Monsignore Schanz）任主教。1898 年德國佔領青島之後，教廷傳信部將東境代牧區中的青島、即墨、膠州、高密、諸城等原屬於該教區的縣劃給聖言會的山東南境代牧區。

在經過了近十年的和平時期之後，天主教事業得以恢復和發展，截止到1909 年，山東天主教傳教會取得了有史以來最好的成績。

山東天主教信教人數統計表（1909 年）

教　　區	歐洲神父	本土神父	信　　徒	望道友	每位神父照看信徒人數
魯北教區	27	17	27472	18103	624
魯東教區	24	5	9031	13961	311
魯南教區	55	13	51941	42051	764
合計	106	35	88444	74115	平均 566

二、基督教傳入山東

（一）傳教概況

19 世紀，基督教開始傳入山東，郭實臘（Karl Friedrich August Gützlaff，1803～1851）是第一位踏入山東的基督教傳教士。1831～1833 年間，郭實臘先後三次沿中國東海岸航行，從廣東沿海一直北上到達了山東半島和遼東半島等地。據記載，他曾在膠州灣一帶登陸，發現山東居民比南方各省的居民更為誠實和善良。在郭實臘之後，進入山東地域的新教傳教士還有美浸信會

〔註30〕〔荷〕申永福，山東天主教傳教史略〔A〕，見：〔英〕法思遠，山東——中國的一個神聖省〔M〕，上海：上海廣學會，1912：165。

花雅各（Dr. and Mrs. Holems）夫婦、海雅西（Dr. and Mrs. Hartwell）夫婦、高第配夫婦（Dr. and Mrs. Crawford），美北長老會倪維思夫婦（Dr. and Mrs. Nevius）、郭顯德夫婦（Dr. and Mrs. Hunter Corbett）、蓋利夫婦（Dr. and Mrs. Samuel R. Gayley）、梅理士夫婦（Dr. and Mrs. Charles Rogers Mills）、狄考文夫婦（Dr. and Mrs. Calvin W. Mateer），英浸禮會克洛克斯（H. J. Kloeckers）、霍爾（C. J. Hall）、李提摩太（Timothy Richard）等〔註31〕。

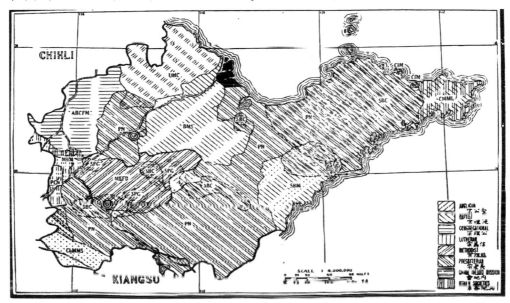

山東省差會宣教地劃分圖

截止 1920 年，在山東省執行正式宣教事業之差會共 20 個，分別為華北英聖公會（SPG）、英浸禮會（BMS）、孟那福音（ChMMS）、美浸信會（SBC）、瑞浸信會（SBM）、公理會（ABCFM）、德信義會（Bn）、美以美會（MEFB）、循道公會（UMC）、美北長老會（PN）、內地會（CIM）、同善會（AEPM）、上帝教會（AG）、煙臺工藝（CI）、弟兄會（CMML）、通聖會（NHM）、宣聖會（PCN）、救世軍（SA）、復臨安息（SDA）、男青年會（YMCA）、英聖經會（BFBS），其中九個差會屬美國，四個差會屬英國，三個差會屬歐陸，另外四個差會屬國際。〔註32〕

〔註31〕　參閱：中華續行委辦公調查特委會編，1901～1920 年中國基督教調查資料（原中華歸主修訂版）〔M〕，北京：中國社會科學出版社出版社，2007：514。

〔註32〕　中華續行委辦公調查特委會編，1901～1920 年中國基督教調查資料（原中華歸主修訂版）〔M〕，北京：中國社會科學出版社出版社，2007：512。

（二）傳教區域

以傳教路線和傳教區域為線索，可以將山東省基督教差會分為五組討論。第一組為美浸信會、美北長老會和英浸禮會，這三個差會幾乎同時在山東登陸，而且最初都以煙臺為傳教起點，後發展為山東省內信眾最多的三大差會；第二組為美以美會、英聖公會，他們分布於魯中區域，以泰安為傳教據點；第三組為公理會和循道公會，他們以天津為傳教基地，在山東省北部落後的農村地區傳教；第四組為信義會、同善會，他們以青島為傳教據點；第五組為宣聖會和通聖會，傳教區域在魯西南地區。〔註 33〕

1. 美浸信會、美北長老會和英浸禮會

1860 年冬，美浸信會傳教士花雅各（James Landrum Holmes，1836～1861）及其家人和海雅西（Jesse Boardman Hartwell，1835～1912）及其家人一同到山東開闢新的教區，他們在 1860 年最後一天到達煙臺。華雅各將煙臺作為他的傳教站，海雅西則選擇到登州府另闢站點。1862 年 10 月，海雅西在登州府建立了登州北街教堂，有信徒八人，加上當天受禮的三人，北街教堂共有信徒十一人，這是是浸信會在上海以北地域的第一處教堂。1866 年，高第配（Tarlton Perry Crawford，1821～1902）在登州戚家牌坊組建「牌坊街教會」。1875 年，海雅西返回美國，美浸信會在煙臺傳教點隨之關閉。1893 年，海雅西重返山東，高第配夫婦來到泰安，美浸信會再次獲得了快速發展。〔註 34〕1916 年，傳教士崔怡美到青島開設傳教區，並向即墨、壽光一帶發展，形成了魯東傳教區。1919 年，婁約翰來到濟南，並由濟南發展到平陰、齊河等地，形成魯中傳教區。1920 年，美浸信會在山東共有總堂 8 處，正式教堂 59 處，受餐信眾 11106 人。

美北長老會稍晚於美浸信會進入山東地區。1861 年 5 月，在上海工作已經四年之久的蓋利夫婦（Samuel R. Gayley，1828～1862）與旦福德夫婦（Joshua A. Danforth）同行一起來到煙臺，倪維思（John Livingstone Nevius，1829～1893）夫婦則緊隨其後來到山東。1862 年，在煙臺建立了美北長老會第一個教會，並在鄉村地區旅行佈道。美北長老會特別注重發展教育事業。1862 年，倪維思夫婦在煙臺建立女童學校，這是山東近代史上第一所教會學校。1864

〔註33〕參閱：孫建中，近代山東基督教教區研究〔D〕，上海：復旦大學，2009：54。
〔註34〕參閱：Robert Coventry Forsyth, The Sacred Province of China〔M〕, Shanghai: Chritian Literature Society, 1912: 184.

年，狄考文夫婦創辦男童學校，稱為蒙養學堂，後稱登州文會館。文會館在
1904 年遷至濰縣後更名為廣成學校，最終擴大為濟南齊魯大學。1865 年，倪
維思聯合梅理士夫婦、狄考文夫婦在煙臺南鴻街成立山東第一個長老會老會。
1872 年，文璧（Jasper Scudder Mcilvaine，1844～1881）在濟南設立傳教點，
開創了美北長老會濟南教區。隨後，北長老會開闢了濰縣、沂州和濟寧教區。
1898 年，德國侵佔青島後，美北長老會進入青島。1920 年，美北長老會在山
東共有總堂 9 處，正式教堂 60 處，受餐信眾 14789 人。

　　1861 年，英浸禮會霍爾夫婦到達煙臺，開始了英浸禮會在山東的傳教活
動，然而還未滿一年，霍爾就因為霍亂在煙臺病故。霍爾之後，克洛克斯來
到煙臺，繼續英浸禮會的傳教事業。1870 年，李提摩太（Timothy Richard，
1949～1919）來到煙臺，他嘗試過沿街巡迴傳教，但是幾乎毫無收穫。在經過
慎重考慮後，他將煙臺周邊教會轉交美浸信會，自己來到青州地區傳教。1876
年，也就是他到達青州的次年，華北五省就爆發了大規模的旱災。大饑荒發
生後，李提摩太大多數的時間都用在賑災上，他還受李鴻章之託，來到災情
嚴重的山西省。英浸禮會傳教士們在山東省醫療、教育事業方面的貢獻頗豐，
處處可以看到他們的身影。例如，商德成（E. C. Smyth）籌建了周村復育醫
院，並附設護士學校。武成獻（James Russell Watson，1855～1937）創辦了廣
德醫院和青州醫學堂，他還是齊魯大學醫學院的創始人。庫壽齡（Samuel
Couline，？～1922）創辦了集大、中、小學教育於一體的青州廣德書院和貴
族女子寄宿學校崇德書院。卜道成（Joseph Percy Bruce，1861～1934）充任了
齊魯大學首任校長。懷恩光（John Sutherland Whitewright，1858～1926）則是
青州博物館的創建者，青州培真書院院長，齊魯大學神學科科長和濟南廣智
院院長。

2. 魯中區域英聖公會、美以美會

　　1874 年 10 月，英聖公會史嘉樂（Charles Perry Scott，1847～1927）和林
披基（Miles Greenwood）從煙臺登陸中國。在煙臺學習了幾年漢語後，兩人
來到山東腹地泰安地區傳教，建立了聖公會在山東的第一個牧區，打破了聖
公會在北京傳教十餘年毫無進展的局面。1879 年，英聖公會在中國成立了華
北教區，史嘉樂因為在山東的出色表現被任命為華北教區第一任主教。1881
年，英聖公會傳教士重返煙臺，先後修築了聖彼得教堂和安德魯教堂，開闢
煙臺牧區。1898 年，英國租借威海衛後，英聖公會派傳教士帕萊到威海向英

國人宣教，1901 年，成立威海傳教區，傳教對象不僅包括駐威海英國人，也包括當地華人。此後，聖公會在山東先後開闢了兗州牧區、聊城牧區和濟南牧區。

美以美會在山東的開教，源於一名中國人。1873 年，泰安縣安家莊人王瑞符，在北京受感召而入教，回省後到處宣傳福音，為美以美會在本省之工作奠定了基礎。〔註35〕1879 年，該會考慮到安家莊的區位限制，派傳教士郎登在泰安城購地修築教堂。19 世紀末期，美以美會逐漸擴展到濟寧、東平、寧陽、肥城、兗州、曲阜和鄒平等地。美以美會注重在山東發展慈善和教育事業，形成佈道、醫院和學校的三位一體的傳教格局。1920 年，美以美會在山東共有總堂 1 處，正式教堂 51 處，受餐信眾 4358 人

3. 魯西北區域聖道公會、公理會

聖道公會和公理會最初都在天津發展，並無進入山東傳教的計劃。後來，因為來津的山東教眾的偶然性請求而派遣傳教士到山東佈道。1866 年夏天，一名樂陵的周姓農民來到天津紫竹院教堂。他告訴牧師他做過兩次同樣的夢，在夢裏他被指引到天津去尋找可以告訴他真理之路的人，他是循夢而來到這裡的。雖然考慮到老人故事裏可能會有虛構的內容，英約翰（John Innocent）和郝韙廉（Willian Nelthorpe Hall）還是來到了老人的家鄉樂陵周家寨，並在這裡建立了第一處基督教堂。〔註36〕與此同時，1867 年，山東德州八卦教徒吳長泰，「素信八卦教，名聲四播，為官府所聞飭差逮捕，未為所獲」〔註37〕，逃亡到天津避難。一日，吳長泰來到公理會教堂聽道後皈依了基督教，遂邀請傳教士山嘉立（Charles Alfred. Stanley，1835～1910）到德州佈道。最初，聖道公會和公理會在德州只是偶而派遣傳教士，並無建立教區的計劃。這種暫時的局面終因 1877 年山東的大旱災而改變。災害發生後，聖道公會和公理會利用賑災機會不斷擴大教會影響，並著手建立教區。公理會傳教士山嘉立、博恒理（Henry D. Porter，1845～1916）、明恩傅（Arthur Henderson Smith，1845～1932）等利用賑災的影響，在龐莊建立起第一個教會，並於 1886 年在臨清開闢第二傳教區。聖道公會在賑災後也開始派遣常駐傳教士。1880 年，

〔註35〕中華續行委辦公調查特委會編，1901～1920 年中國基督教調查資料（原中華歸主修訂版）〔M〕，北京：中國社會科學出版社出版社，2007：515。

〔註36〕Robert Coventry Forsyth, The Sacred Province of China〔M〕, Shanghai: Chritian Literature Society, 1912: 225.

〔註37〕路遙，山東民間秘密教門〔M〕，北京：當代中國出版社，2000：184。

倫敦會將其在魯西北的 15 個小不到點轉交給聖道公會，該會勢力逐漸發展到惠民、濱縣、陽信、無棣、慶雲、商河、寧津等縣。1920 年，聖道公會在山東共有總堂 2 處，正式教堂 59 處，受餐信眾 2242 人；公理會在山東共有總堂 2 處，正式教堂 10 處，受餐信眾 2366 人。

4. 以青島為中心的柏林會和同善會

柏林會（Berlin Missionary Society）德國信義宗差會，1882 年開始到中國傳教。1898 年，德國佔領膠州灣後，柏林會派遣昆祚（Adolf Kunze，1862～1922）到青島開教，並於年底增派和士謙（Johnanes Voskamp，1859～1937）與盧威廉（Wilhelm Lutschewitz，1872～1945）來青。柏林會在青島的傳教活動得到了膠澳總督的大力支持，由總督府劃撥土地，用於教堂建設。1899 年，柏林會膠州路建堂建成，附設學校一處。1900 年，柏林會臺東鎮教堂建成，同時在李村、薛家島設立佈道所。1902 年，柏林會傳教士邰錫恩（Toepper Oswald，1877～1930）在諸城和膠州建立教會。到 1910 年，該會在青島、即墨、膠縣建立了 3 個傳教據點，設立了 3 個總堂和 24 個支堂，共有德國傳教士 8 人，中國佈道員 27 人，女傳道員 4 人，受洗教徒 817 人，基督教青年會 3 個，會員 350 人。辦有小學 13 所，學生 257 人；中學 2 所，學生 50 人；女學校 1 所，學生 52 人；神學院 1 所，學生 24 人；女傳道訓練班 1 所，學生 9 人；德語夜校 2 所，學生 50 人。另外還有幼稚園 1 所，醫院 1 所〔註38〕。

同善會（General Evangelical Protestant Missionary Society），1884 年成立於德國魏瑪，因此也稱為魏瑪會。「它採取新的傳教方法：不設立廣泛的傳教機構，也不以「虔信主義」個人皈依為主要目標，而是派遣受過良好教育的基督教徒，通過文字和教育工作，向印度、日本和中國等文化民族中的受過教育者宣傳基督教文化，特別是德國特色的基督教文化。」〔註39〕1898 年，德國佔領膠州灣後，同善會傳教士花之安（Ernst Faber，1839～1899）到青島開闢新據點。1899 年，在花之安因病去世後，同善會重新派遣傳教士尉禮賢來到青島。尉禮賢（Richard Wilhelm，1873～1930）在青島期間，工作重心並不用於直接傳教，而是深入研究中國傳統文化，廣辦學校和醫院等慈善事業。

〔註38〕王守中，德國侵略山東史〔M〕，北京：人民出版社，1988：170。Robert Coventry Forsyth, The Sacred Province of China〔M〕, Shanghai: Chritian Literature Society, 1912: 249.

〔註39〕葉雋，帝國的消解與現代的興起〔J〕，德國研究，2008，23（4）：70。

1903 年，在青島開設禮賢書院，後建淑範女校、美懿書院、中德大學和華德醫院。同時在高密和濟寧各設醫院一處。〔註40〕

5. 魯西南地區孟那福音會、通聖會、宣聖會

孟那福音會（Chian Mennonite Missionary Society），也稱為門諾福音會。1901 年，孟那福音會開始傳入中國。1905 年，孟那福音會傳教士包志理（Rev Henry C. Ban，1872～1965）夫婦到山東曹縣傳教，開設教堂、寄宿學校和孤兒院等。1906 年，包志理新闢單縣傳教點。1909 年，孟那福音會發展到菏澤地區。

通聖會（National Holiness Mission），19 世紀末成立於美國。1907 年，美國監理宗福音會傳教士陶純嘏來到館陶縣佈道，並於 1911 年設立通聖會南館陶區會。1914 年，陶純嘏等人在聊城設立教堂和學校，成立通聖會聊城總會。

宣聖會（General Missionary Board of the Pentecostal Church of the Nazarene）屬於五旬節派，1908 年成立於美國。1913 年宣聖會傳教士孔彼得（Kiehn Peter，1885～1974）夫婦來到山東濟南，次年在莘縣西門裏修建了一處簡易教堂，利用週日的時間聚眾講道。此後，宣聖會在西門裏建立了第一個教會，共有教徒 16 名。1917 年修築了一處正式教堂。

第三節　清末青島傳統宗教概述

首先，對於本節內容中出現的「傳統宗教」這個概念有必要做簡要說明。「傳統宗教」是相對於幫會道門等「新興宗教」和以亞伯拉罕系宗教信仰（猶太教、基督宗教、伊斯蘭教）等「外來宗教」而言，是指在中華文明土壤上所生育出來的各種不同的宗教信仰，包括儒教、道教以及各種形式的民間信仰，也可以包括已經中國化的佛教；這種劃分標準可能還缺少嚴密的學術論證，是為了行文論事方便而已。

《膠澳志》對於晚清民國時期青島宗教的狀況有著精要的概述：

> 膠澳一區為外人佔據者二十餘年，比之內地尤形隔閡。市區內以儒釋道之感格遠不如天主堂、耶穌教之有勢力，而在鄉間則一神教更不如多神教之占優勝。誠以人民思想幼稚毫無科學知識，見有

〔註40〕山東省地方史志編纂委員會編，山東省志，少數民族志宗教志〔M〕，濟南：山東人民出版社，1998：745。

木石狐鬼輒引起自身之幻想、錯覺，而詫為神奇。無賴不逞之徒遂
得利用社會弱點而惑之以神鬼。遠之如教匪義和團，近之如大刀會、
大同教，每每雜抄壇經、斗經、西遊記、封神榜之文字以為號召之
資。天下事之可憐可痛可危可慮又孰有過於是者。〔註41〕

　　膠澳時期青島市內範圍在清代的區劃隸屬於即墨縣仁化鄉的瀕海地區。
因為明代縣令許鋌上書開放了青島口為通商口岸，促進了口岸周邊航運貿易
的發展，但是，大部分的地域仍是人煙稀少之境。1902 年根據德方調查，市
區範圍內僅一萬四千九佰零五人；到了 1913 年，這一人數增至五萬三千三百
十二人。1927 年，民國青島政府調查，市區範圍內，「共有一萬九千六百六十
五戶，計九萬一千五百餘人。」由此可見，青島市區人口的高速增長是在進
入二十世紀之後才開始出現的。在德國殖民地期間，膠澳總督府的宗教政策
遵循「根據絕對平等原則，大力支持教會和教育事業的發展」〔註42〕，直接
導致了青島市區範圍內基督宗教各派別的快速發展，其影響力逐漸超越中國
傳統宗教。不過，郊區的宗教生態和市區又大為不同。近郊的嶗山是一座道
教名山，是「道教全真天下第二叢林」，素有「九宮八觀七十二庵」之稱，「山
中道院，多至數十餘處，佛教寺廟，則僅華嚴庵一處。故人民信仰，雖曰道佛
不分，惟道家潛力，則遠在佛教之上。」〔註43〕。而在廣大鄉村地區，天后、
關公、財神、龍王和狐仙等民間信仰遠比佛道二教和基督宗教更具吸引力。

　　為了清楚的呈現晚清青島本土宗教的基本狀況，本節將選取傳統宗教中
的兩個主要部分——「叢林宮觀」和「民間信仰」，分別論述。

一、「叢林宮觀」歸入沉寂

　　「叢林宮觀」是指獨立於「壇廟祠堂」體系之外，得到政府管理部門承
認，專門的宗教性社會組織。嶗山道教是青島傳統宗教中的代表性名片。尤
其在《聊齋誌異》廣泛流傳之後，「嶗山道士」成為了家喻戶曉的傳奇人物，
其能呼嫦娥作「霓裳舞」，也能出入堅壁無所阻，可謂神通廣大。歷史上，嶗
山是道教的重要發源地之一，嶗山所在的齊東地域是秦漢方士們的主要活動

〔註41〕趙琪修，袁榮等纂，膠澳志〔M〕，臺北：成文出版社，1968：367。
〔註42〕青島市檔案館編，青島開埠十七年：《膠澳發展備忘錄》〔M〕，北京：中國檔
　　　　案出版社，2007：11。
〔註43〕魏鏡，青島指南，社會紀要〔M〕，青島：平原書店，1933：12。

區域之一，著名方士徐市、安期生、李少君、園客、服閭、樂子長、馬鳴生全部都來自齊地。及至金元，王重陽目睹傳統道教的衰落，他選擇改革道教教義和修持方法，創立了全真道教。悟道之後，王重陽離開陝西老家，隻身前往山東傳道度人，先後收取馬鈺、丘處機、譚處端、王處一、郝大通、孫不二、劉處玄七人為徒，也就是著名的「全真七子」。王重陽師徒早期活動區域集中在文登、寧海、福山、登州、萊州等山東半島一帶，影響範圍很快也擴及到嶗山地區，嶗山各道觀紛紛歸附於全真門下。

早在東晉之前，佛教就已經傳入青島，但是論及信仰規模和影響力都稍遜於道教。晉隆安三年（399年），法顯赴天竺取經，不料回程遭遇風暴，船舶失方向，竟隨風漂流至嶗山近海，「遇獵者二人，顯問此何地耶，獵人曰：『是青州長廣郡牢山南岸。』獵人還，以告太守李嶷，嶷素敬信，忽聞沙門遠至，躬自迎勞。」〔註44〕相傳太守李嶷曾在嶗山腳下為法顯修建了石佛寺，不過半年之後法顯選擇「南造京師」，便離開了嶗山。

明代「海印寺事件」「對於青島「宮觀叢林」的發展產生了較為深遠的影響。「海印寺事件」因明末四大高僧之一的憨山德清而起。1583年，憨山德清離開五臺山來到嶗山那羅延窟結廬安居，「十一年癸未（1583年），春正月，水齋畢。然以台山虛聲，謂大名之下，難以久居，遂蹈東海之上。」憨山之所以選擇避居嶗山，可能是基於兩方面的考慮，一是他在五臺山修行時，「閱華嚴疏菩薩住處品云：東海有處名那羅延窟，從昔以來諸菩薩眾於中止住」〔註45〕，因此想到嶗山尋找那羅延窟；二是他因五臺山祈嗣法會名頭太盛，「以五臺因緣有聞於內，避命於東海」〔註46〕。到達嶗山之後，憨山果然找到了《華嚴經》中記載的那羅延窟，但卻發現窟內環境並不適合居住。此後，在李太后和即墨地方官員幫助下，憨山在太清宮故址之上修築海印寺用以安置新版大藏經。憨山認為此地是佛寺舊址，只不過元代為道士佔據，「地名觀音庵，蓋古剎也，惟廢基存焉。考之，乃元初七真出於東方，假世祖威福，多占佛寺，

〔註44〕〔宋〕釋僧祐撰，蘇晉仁、蕭煉子點校，出三藏記集〔M〕，北京：中華書局，1995：573。

〔註45〕〔宋〕釋德清撰，憨山老人夢遊集〔M〕，清順治十七年毛褒等刻本，卷三十九：25。

〔註46〕〔宋〕釋德清撰，憨山老人夢遊集〔M〕，清順治十七年毛褒等刻本，卷三十九：26。

改為道院。乃世祖西征回，僧奏聞，多命恢復。唯牢山僻居海上，故未及之耳，然皆廢矣。予喜其地幽僻，真逃人絕世之所，志願居之。」〔註47〕

　　海印寺建成之後，佛教在嶗山日漸興盛，進而威脅到道教的生存空間，這不免引起了嶗山道士們的強烈不滿。道士耿義蘭以憨山強佔太清宮而上訴：「萬曆十三年，忽來勢僧，假稱奉旨，將本宮道士劉真湖等逐出，打死住持張德容，碑記神像盡拋於海，改太清宮為海印寺，又白占山場數處。」〔註48〕耿義蘭的訴請不僅沒有得到官府的公共審理，反而被萊州府治罪並施以笞刑。後在白雲觀道長王常月的幫助下，耿義蘭將訴狀直接傳到了明神宗手中。明神宗本來就對太后熱衷佛事耗費鉅資而不滿，更是反感憨山參與到祈嗣立儲之中，於是下旨命刑部將憨山德清以及涉事官員一併押解提審。最終，神宗皇帝御批「毀寺復宮」，憨山「坐以私創寺院」被放逐雷州，耿義蘭被敕封為「護教真人」，並敕賜《道藏》一部。經過長達數年的佛道之爭，嶗山佛教損失慘重，可能成為中國佛教重鎮的發展機遇隨之而逝，不過，嶗山太清宮卻從中獲得了鉅資得以重修，進一步鞏固了道教在嶗山的主導地位。

　　明末清初，即墨望族黃氏父子（黃宗昌、黃坦）曾在那羅延窟之下修築華嚴寺，與石佛寺、法海寺一同並成為嶗山佛教三大寺院。到了清末時期，嶗山佛教逐漸陷入沉寂。嶗山道教的情況也不容樂觀，主要宮觀如金山派的明霞洞、白雲洞、黃石宮，華山派的上清宮、聚仙宮，鶴山派下清宮等均已破敗傾圮。這種衰落局面出現的原因是多方面的：首先，僧道人員素質整體不高，罕見有修行的名僧高道。歷來與僧道郊遊甚密的文人群體，在遊記中對此多有抱怨。高密文人孫鳳雲《遊嶗續紀》又載：「正殿三間，道房拆毀，松竹無存，惟餘銀杏兩株……余問此庵荒廢之故，友真曰：『此下宮某道人畸變也。八水河西官山，村民賴此樵牧為生，某道人據為己有，民失其業，乃糾眾多人，將山林斬伐一空，故荒廢至此。』」〔註49〕先後七遊嶗山的膠州文人王大來，在《五遊嶗山記》中記載：「道士身無雅骨，不解留客，客亦不可留，遂辭去。」〔註50〕德國總督的調查報告則更進一步揭露：「宮觀越來越多

〔註47〕〔宋〕釋德清撰，憨山老人夢遊集〔M〕，清順治十七年毛褒等刻本，卷三十九：27。

〔註48〕〔宋〕釋德清撰，憨山老人夢遊集〔M〕，清順治十七年毛褒等刻本，卷三十九：28。

〔註49〕黃肇顎，嶗山續志〔M〕，濟南：山東省地圖出版社，2008：126。

〔註50〕黃肇顎，嶗山續志〔M〕，濟南：山東省地圖出版社，2008：127。

地背離它原來的宗旨；代替奉獻敬神的是追逐世俗的財物和世俗的享受……
每天早、中、晚都遵循老習慣誦經，而且有道士也偶而參加為富人出殯的活
動（為了得賞錢），但他們根本就不理解其所誦經文的含義和信仰的意義，如
果考慮到大部分道士都不識字，則這一點就不會令人感到意外。諸如文化教
育的缺失，使得道士缺乏正直的品德。再沒有清道士了，幾乎所有道士都是
花道士。」〔註51〕其次，嶗山佛道教的信眾基礎相對薄弱，宮觀和周邊百姓
的關係淪為純粹的經濟利益，「農村的老百姓已經不去看這些道士的敬神場
面了，但這些道士仍具有威望，不過這顯示了金錢的力量；相對於山村的貧
窮而言，他們確實可算資本家。對信仰的需求肯定不會老百姓依附於這些宮
觀，而這些宮觀可能的世俗化也幾乎不可能觸動老百姓內心，尤其是在它顯
示出好處前不會。」〔註52〕最後，「道觀道士多恃廟產生活，向不在外別布
教」，在田產被不斷侵蝕又無朝廷扶持的情況下，道觀殿宇日漸破敗。例如，
「明霞洞舊跡，相傳上有廟宇，下為道房，不知何年塌陷入地。」〔註53〕「上
清宮古稱地傑，前時殿宇傾圮，荒涼冷落，騷人逸士亦皆裹足。究其所以，
蓋以住持失人故也。」〔註54〕「二十年間，華樓宮非復傑構，書院亦漸就荒
廢。慧炬院棟宇傾頹，殘僧散盡。黃石宮並失遺跡，惟見殘碑斷碣，蕪穢荒
煙蔓草之中。」〔註55〕

二、「民間信仰」根基深厚

「叢林」之外，青島鄉間村落還活躍著天后、關帝、龍王、財神、狐仙等
眾多「民間信仰」，「所有鄉村廟宇，皆以玉皇殿，關帝廟，三官堂，祖師殿，
真武廟，全聖廟，天后宮等居最大多數。」〔註56〕「民間信仰」之所以能夠
在鄉村擁有牢固的信仰群體，主要是因為民間神靈更切近百姓的現實利益，
「僅以個人之目前福利為目的，求仙學道且不足以動其身心，至於孔佛耶之

〔註51〕青島市檔案館編，青島開埠十七年：《膠澳發展備忘錄》〔M〕，北京：中國檔
案出版社，2007：324，張傳奇。
〔註52〕青島市檔案館編，青島開埠十七年：《膠澳發展備忘錄》〔M〕，北京：中國檔
案出版社，2007：324。
〔註53〕黃肇顎，嶗山續志〔M〕，濟南：山東省地圖出版社出版社，2008：36。
〔註54〕黃肇顎，嶗山續志〔M〕，濟南：山東省地圖出版社出版社，2008：36。
〔註55〕黃肇顎，嶗山續志〔M〕，濟南：山東省地圖出版社出版社，2008：110。
〔註56〕魏鏡，青島指南，社會紀要〔M〕，青島：平原書店，1933：12。

平等博愛、殺身成仁，更非彼所聞知好樂。」〔註57〕民眾們往往認為佛道教的神靈體系和信仰儀式過於繁瑣，更不奢求日後能夠化仙成佛，反而，更加關注信仰的神靈能夠保祐生產安全，身體平安以及子孫滿堂。

德占初期，膠澳總督府曾對區域內的宗教活動場所有過一次普查登記。調查人員將中國本土宗教場所分為兩大類別——「宮觀」〔註58〕和「廟宇」〔註59〕。廟宇和宮觀的區別在於，宮觀是一處獨立的機構，而村廟是村社的公共財產，其目的是滿足村社的宗教需求。按照調查人員的分類，「宮觀」可以對應本文宗教四種類型中「宮觀叢林」，而廟宇則屬於分類中「民間信仰」的一部分。

德占時期村廟及其佔有土地的情況〔註60〕

寺廟名稱	佔有土地	特別收入	注
1. 浮山所：關帝廟和真武廟	8.00	年集（廟會）的不定小額收入	佛教
2. 河東：關帝廟	1.10		道教
3. 西小水：成雲寺	3.40		佛教
4. 香釐：龍王廟	4.40		道教
5. 小洋：菩薩廟	6.00		道教
6. 仙家寨：仁壽宮	16.20		
7. 幸島：三家廟（家廟）	4.35		
8. 侯家灣：潮海寺	9.00		佛教
9. 黃島劉哥莊：三官廟	9.60		道教
10. 狗塔埠：苦拜庵	8.80		
11. 李家下河：觀音洞	13.74		

〔註57〕趙琪修，袁榮等纂，膠澳志〔M〕，臺北：成文出版社，1968：367。

〔註58〕「宮觀」是具有法人性質的獨立機構，也是一個專門的基金機構，其收益應當被用於促進所指定的文化事宜和保障從事這種祭祀的道士的生活；宮觀因此由這些道士來管理。

〔註59〕「廟宇」則是為了滿足村莊、社區的宗教需要而建立、屬於村社公共財產並因此由被委託的村莊機關來管理的機構管理。

〔註60〕青島市檔案館編，青島開埠十七年：《膠澳發展備忘錄》〔M〕，北京：中國檔案出版社，2007：329。

12. 李村： （a）三官廟 （b）玉皇廟 （c）清涼寺	（a）（b） 合計 21.06 （c）14.00		對（a）和（b）：一名自己耕種 8 畝地和每年從中有 80 弔錢收入的道士。廟的其他土地租給村裏，每年有 52 弔錢的收入。 對（c）：兩個和尚經營土地，每年從中有 280 弔錢的收入。其每年的廟務費用為 200 弔錢。
13. 劉家—韓哥莊：三官廟	4.20		道教
14. 南曲： （a）娘娘廟 （b）關帝廟	4.70 2.40		道教 佛教
15. 寧家：關帝廟	4.00		佛教
16. 女姑山： （a）養貞院 （b）天后宮	20.80 15.60		
17. 潘家坊：海嶽廟	2.00		道教
18. 北村：關帝廟	4.00		佛教
19. 上滄口：竹子庵	3.00		
20. 豬窩：大石寺	1.00		佛教
21. 登窯：大石寺	1.00		佛教
22. 滄口：天后宮	17.20	1200 弔錢船的貢獻	17.20 畝地租出去，每年收入租金 71 弔錢
23. 張村：張才庵	46.00		
24. 米家窪：關帝廟	6.00		佛教
25. 曲哥莊：關帝廟	2.90		佛教
26. 東李村： （a）關帝廟 （b）娘娘廟	4.60 6.50		佛教 道教
27. 王家—上流莊：牛王廟	1.73		

28. 午山廟	50.00	山地的燒柴每年100弔錢，每年廟會沒有收入	午山廟是一個較大的廟。出租40畝地，每年有120弔錢的收入，有10畝地自己種，每年有80弔錢的收入。兩個道士和三個僕人每年用去180弔錢，這樣每年尚有120弔錢的節餘
29. 閆家山：貞惠庵	9.00		佛教
30. 陰島尹家莊：關帝廟	1.10		佛教
31. 陰島肖家：關帝廟	8.10		佛教
32. 於家下河：龍王廟	4.90		道教
33. 於哥莊：關帝廟	8.07		佛教
總計	348.19		

　　上表為「德占時期村廟及其佔有土地的情況」，可以由此分析「民間信仰」的基本狀況。統計數據可能不夠全面，但是仍然可以作為研究清末青島「民間信仰」的重要資料。表格中的數據可以為我們揭示很多歷史細節，比如，每一處村廟後面都有相應的備註欄，將其歸入佛教系統、道教系統或者無所歸屬。可是，具體的歸屬標準不是按照廟宇內供奉的神靈，而是按照廟宇的實際管理人員。「廟相地由地方長老管理；他們負責維修建築和舉行祭祀。如果是大的村莊，他們還會雇傭一個道士；這些人，如上所述，往往是被放逐的道士或作為宮觀的成員寧願在村廟中孤獨地生活的那樣的道士。這些道士依靠村子每年給予他們的收入過活；他們大多保有廟裏的土地用於耕種」〔註61〕所以，根據廟宇住持之僧道不同，會被劃入到佛道不同的體系，而不論具體供奉之神靈。例如同是供奉關羽的廟宇，浮山所、南曲、寧家、北村關帝廟歸入佛教，而河東關帝廟歸入道教。

　　此外，關帝廟是表格統計中數量最多的，總共有11處，分布也為最為廣泛。這也與整個華北區域的調查結果相吻合〔註62〕。關羽的神化有一個漫長的過程，而自宋以來封建國家不斷地對關羽及其後代加封進爵，無疑是神化

〔註61〕青島市檔案館編，青島開埠十七年：《膠澳發展備忘錄》〔M〕，北京：中國檔案出版社，2007：324。

〔註62〕參閱：〔美〕明恩傳著，中國鄉村生活〔M〕，北京：時事出版社，1998：140。
　　　　〔美〕杜贊奇著，王福明譯，文化權力與國家〔M〕，南京：江蘇人民出版社，1996：139。

關羽過程中的重要推動力量。清朝延續了這一過程，並企圖壟斷對於關羽神力的解釋，將其置於朝廷的控制之下。1725年雍正皇帝改革之時，命令各省府州縣（於各轄區中）「擇廟宇之大者，置（關帝之）主供奉後殿」，而這些官廟則受北京白馬寺統轄。1854年太平天國運動之時，清朝將對關帝的祀典提高到與孔子並列的位置。〔註63〕清廷神化關羽的目的在於試圖將關羽儒家化，使其成為國家、皇朝和正統的象徵，從而深化對鄉村基層的影響力。民間供奉關羽則主要是因為他有各種各樣的神通。「在嶗山各個村莊，幾乎都建有關帝廟，俗稱『關爺廟』，但規模都不大，多於土地廟並列或挨近，群眾都虔誠供奉，甚至有種種神奇的傳說。」〔註64〕

關帝信仰之外，在膠澳地區信眾最為廣泛的是海洋保護神——天后（媽祖）和龍王。膠澳地區海岸綿延，沿線多天然避風良港，海洋經濟起步較早，是誕生於福建莆田的媽祖信仰北傳的中心區域之一。截止至晚清時期，膠澳及其近郊範圍內，尚存四座天后宮，分別為青島口天后宮、女姑口天后宮、沙子口天后宮、滄口天后宮。青島口天后宮修築時間最早，為明成化年間，其餘三座均修築於清代晚期。這四座天后宮均依附於通商海口而修建，在修建的過程中，商人發揮了主力作用，也是日後天后信仰的最堅定的群體。

同媽祖一樣接受供奉的海神還有龍王。中國的海神信仰歷史悠久，《山海經》有言：「東海之渚中，有神，人面鳥身，珥兩黃蛇，踐兩黃蛇，名曰禺虢。黃帝生禺虢，禺虢生禺京。禺京處北海，禺虢處東海，是為海神。」此時的海神還是人面鳥身的形象。最遲至唐朝時期，龍王開始取代人面鳥身成為四海之神而確立下來。開元年間，唐明皇賜封號予四海龍王，「以東海為廣德王，南海為廣利王，西海為廣潤王，北海為廣澤王。」〔註65〕明清時期，朝廷祭祀東海龍王的廟宇就選擇在膠東地區的東海神廟，「東海神廟，在城西北十八里海岸上建。自隋、唐、宋開寶六年重修……歷代修葺封號不一，明洪武三年，改定嶽瀆神號，盡去封爵，止稱東海之神。遣使以祝帛致告，載在祀典，命有司於春秋仲月用犧牲祝帛致祭。」可見，龍王信仰在山東半島一帶擁有悠久的歷史傳統和牢固的群眾基礎。

〔註63〕參閱：〔美〕杜贊奇著，王福明譯，文化權力與國家〔M〕，南京：江蘇人民出版社，1996：139。
〔註64〕嶗山縣政協文史資料研究委員會編，嶗山餐霞錄（第二輯）〔M〕，1987：14。
〔註65〕方稻譯注，山海經〔M〕，北京：中華書局，2011：292

　　明清時期，山東民間流行的龍王並非是作為單一神祇出現的，東、南、西、北四海之中各有龍王，所以就有四海龍王之說。雖然均稱四海龍王，但是受明清小說和戲劇的影響，各地民間傳統中四海龍王的名稱和事蹟卻有所不同。由於地理位置上更加接近東海，青島的廟宇之內祭祀的龍王多為東海龍王——敖廣，而且與內陸地區將龍王作為雨神供奉不同，青島民眾是把龍王作為海神來崇拜的，祈求漁業豐收和航行平安。

明清通俗文學中的四海龍王名稱

書　名	東海龍王	南海龍王	北海龍王	西海龍王
《爭玉板八仙過滄海》	敖廣	敖閏	敖順	敖欽
《西遊記》	敖廣	敖欽	敖順	敖閏
《封神演義》	敖光	敖順	敖明	敖吉
《韓湘子全傳》	敖閏／敖廣			敖閏
《歷代神仙演義》	敖廣	敖潤	敖順	敖欽

　　既然天后和龍王同為海洋保護神，那麼為什麼不是從二者之中選擇一位，而是要一起供奉呢？是否能夠因此推論出：中國的「民間信仰」是雜亂無序，不成體系的呢？事實上恐怕並非如此，以沙子口地區海廟與天后宮之間的互動關係為例：

　　沙子口海廟亦稱滄海觀，創建於明代，位於沙子口灣西側，姜哥莊村東南，秋子礁海濱。地方文獻記載，沙子口海廟的始建時間大約在明末崇禎年間〔註66〕，是由附近的姜哥莊和石灣村漁民群體共同修築。廟內供奉龍神及道教三官。「沙子口西南是海廟，中祀龍神」〔註67〕，「海廟，在小嶗山前海濱。祀龍神及三官。清光緒中，復增築天后聖殿於廟後。相傳大魚過此，必來朝。」〔註68〕清代光緒年間，海廟在原有的殿堂之後又修築了天后聖殿。關於此次增築的原因，民間相傳：

　　　　南方一位富商攜子前來碼頭卸貨。誰知船剛進沙子口灣，那少
　　爺卻一不小心掉進了海裏。當時正值夜間大潮，眼瞅著兒子被浪卷

〔註66〕據青島市嶗山區政協、中共嶗山區委宣傳部《嶗山村落》記載：海廟始建於崇禎七年（1634年）。
〔註67〕周至元編著：《嶗山名勝介紹》，山東人民出版社，1959年，第49頁。
〔註68〕周至元編：《嶗山志》，齊魯書社，1993年，第104頁。

去，那富商不禁號啕大哭。就在此時，艄公忽然發現海廟那兒有燈
光，靠近一看，少爺正坐在礁石上向他們招手呢，說是黑暗中有人
打著燈籠把他送上岸來。富商當即認定是媽祖娘娘出手相救，遂出
資在海廟的後面又蓋了一座「天后聖母殿」。內塑天后聖母媽祖林默
娘，並在四壁繪上媽祖驅邪治病、泅水渡海、暗夜送燈、怒海救船
及重陽日登湄州峰頂羽化昇天等故事。

　　民間傳說未必能夠完全符合歷史事實，但卻反映了清末時期沙子口地區
社會經濟的轉變過程。明代初期，隨著移民陸續遷入，沙子口附近地區開始
形成早期聚居村落。由於土壤貧瘠的原因，出產糧食不足以果腹，村民們多
利用農閒時節從事捕魚活動以養家糊口。為了護祐水上生產和漁業豐收，村
民們共同集資修築了沙子口海廟。及至光緒年間，隨著港口的發展，沙子口
已經完成了從村落到市鎮的轉變，成為小型漁業和果品的交易中心，「沙子口
之意為『沙碼頭或港口』。是一個在沙丘上建立的小貿易場所。這裡有好幾處
是很好的貨棧，水果和木材由此輸出。收穫季節這裡交通繁忙。」〔註69〕商
業貿易的發展，帶動了區域內商人群體的壯大，而這一新的社會群體在追尋
新的價值觀念和象徵物，天后成為了他們群體內的有別與龍王的新海神，這
也就解釋了為何沙子口天后宮的修築時間與沙子口海廟增築天后殿時間均選
擇在光緒年間。

　　雖然天后和龍王同為海洋保護神，並且在同一區域內受到不同群體一起
供奉，但並不能說明「民間信仰」是雜亂無序，恰恰相反這說明民間其實是
有一套自己的信仰邏輯，不同的神祇有著清晰的職能劃分，各自祐護著不同
的信仰群眾。龍王信仰傳入的時間更早，信仰群體主要是當地漁民，而天后
信仰是隨著海洋貿易活動興起的，海商群體有著與當地漁民不同的信仰訴求，
「沙子口灣的海廟是姜哥莊和石灣漁村漁民的精神紐帶；天后宮則是在沙子
口成為市鎮以後，商人出於長途貿易的需要而建立的。」〔註70〕

　　「民間信仰」另一個突出特點是，神明體系異常龐大，供奉單一神祇的
廟宇非常罕見，往往是眾多神明和諧地共聚於一廟之內。以青島口天后宮為
例，青島口天后宮主要建築為「天后聖母廟三間，並龍王、財神兩配殿，及東

〔註69〕青島市檔案館編：《膠澳租借地經濟與社會發展──1897～1914 年檔案館史
　　　　料選編》，中國文史出版社，2004 年，第 374 頁。
〔註70〕李玉尚：《嶗山沙子口岸天后宮和海廟的變化》，《民俗研究》2008 年第 2 期。

西住室、門樓、院牆」；〔註71〕沙子口天后宮正殿供天后娘娘，西殿供財神，東殿供龍王；滄口天后宮鎮廟之寶為前正殿供奉千手菩薩坐像，後正殿供著天后娘娘，西配殿供財神，東配殿供龍王。因此，天后宮絕不僅是媽祖專享的廟宇，宮內同時「住著」財神、龍王、土地、呂祖、仙姑等諸位神靈，每位神靈都具有不同的神通，鄉民們則可以按照自己的願望來選擇要膜拜的神靈，「膜拜者視己所好，或者所需從『三教』中選擇適合自己的神，根據自己的選擇給男神或者女神燒香，向他們祈禱，而不關注他們到底是屬於佛教還是道教的神。」〔註72〕

〔註71〕高明見，道教海上名山——東海嶗山〔M〕，北京：宗教文化出版社，2007：275。
〔註72〕〔法〕祿是道著，王定安譯，李天綱校，中國民間崇拜，中國眾神〔M〕，上海：上海科學技術文獻出版社，2009：4。

第二章　德國殖民時期的宗教活動

第一節　巨野教案與膠州灣事件

　　十九世紀七十年代，普魯士國王威廉一世在宰相俾斯麥的輔佐下，統一了除奧地利帝國之外的日耳曼地區，完成了國內統一，建立德意志帝國。作為一個後起的資本主義工業強國，德國在完成統一後，便迫切的加入到西方列強對外擴張的隊伍中。九十年代後，德國的對華貿易額從七十年代的第五位上升到了第二位，已經超過俄國和法國，僅次於英國而已。德國國內看到了對華貿易的巨大潛力，商人們呼籲在中國沿海開闢一處德國管轄的港口，充當打開中國內陸貿易的門戶。同時，德國海軍也有意在中國獲取一處適宜的儲煤站和軍港，作為其在遠東軍事活動的基地。

一、膠州灣事件的誘因

　　1897 年 11 月 13 日，德國政府因本國兩名傳教士在山東巨野慘遭殺害，為保護德籍在華傳教士安全起見，派遠東艦隊強佔膠州灣地區。不過，從巨野教案發生到德軍攻佔膠州灣僅僅相隔 12 天，德軍行動之迅速不禁令人生疑，這一起看似突發的偶然事件背後是否有著長久的謀劃？

　　1. 蓄謀已久的計劃

　　事實上，在膠州灣事件發生前的幾年時間內，德國政府就一直為在中國沿海選擇一處適宜地點作為德國勢力範圍有過長期的籌劃和研究。

　　第一，德國需要在中國有一處港口。1895 年，德國外交大臣馬沙爾在寫

給海軍大臣何爾門（Hollmann）的密函建議利用中日甲午戰爭的有利時機，為帝國海軍取得一個或一個適宜的儲煤站與軍港。何爾門同意馬沙爾的建議並回覆：在中國擁有一個軍港不論是在和平時期和非和平時期對於德國都是非常重要的。在和平時期，軍港可以保護我們的船隻不受外國市場及其意外變動的影響，而用之於船上的經費也能作有利於德國冒險精神的事業；在戰爭時期，軍港對於經濟、政治及軍事各方面將更加重要。

德國的國內輿論也一再呼籲政府在中國能有所作為，許多私人和團體為此也向德國首相遞交呈文。聖言會安治泰主教屢次陳訴，他們在山東已經不受中國官廳和人民的尊敬，中國人會說：「德國只會恫嚇而已，只會說大說，不能做事。」安治泰出於維護聖言會在華利益，主張德國政府應採積極行動，俾使華人重新尊敬德人。他表示如果德國政府對此無動於衷，那樣聖言會傳教士們可能會威逼他再次回到法國人保護的懷抱，因為法國人的保護更為有效。德皇派遣到中國的築港工程師弗朗鳩斯（Georg Franzius，1842～1914）也認為，「西方列強，如英國在香港、葡萄牙在澳門、法國在東京、俄國在滿洲里、日本在臺灣，均已實現了自己的既得利益；德國如不甘心在東亞市場上充當座上客，則必須仿傚這些國家，致力於在中國的追求。」

第二，港口的具體選址。舟山群島、廈門、澎湖列島、菀島、大鵬灣和膠州灣都曾列為德國政府築港的備選地點。在港口選址問題上，德國地理學家李希霍芬（Ferdinand von Richthofen，1833～1905）所著的調查報告《山東地理環境和礦產資源》，成為了德國政府決策的重要參考材料。1897 年 5 月，德國海軍部派工程師弗朗鳩斯等專家來華實地考察幾處備選軍港。考察隊的意見為：1. 三沙海港不夠技術條件，並且沒有經濟發展的可能性不能作為軍港；2. 廈門因為商業日漸衰落及與其後地的交通既少且壞，也不能寄予希望；3. 舟山群島的海港可以滿足海軍的需要，但是其周圍太小，所以絕對沒有發展的希望。綜合比較之後，最有利的只有位於山東半島東南岸的膠州灣一處。獲取膠州灣只需要和中國政府單獨交涉即可，不涉及直接第三方國家的利益，而且，德國軍隊可以給予在山東的許多德國傳教士以有效的保護和支持。

第三，用何種方式獲取港口。在獲取軍港的過程中，德國政府最初是想通過與中國政府協商的形式，獲得一處適宜地點作為在遠東的軍事港口。但是中國政府官員明確拒絕了德國的這一要求，理由是：「這個要求沒有先例；如果他們接受了要求，其他國家毫無疑問地也將提出同樣的提議。這樣，中

國勢將陷於一個極苦難和危險的地位。」〔註1〕

在主張和平談判的方式之外，德國大使拉度林提出以武力的形式直接強佔一處島嶼作為軍港，是更為有效的方法。「我的中國同僚極機密的告訴我，據他的意見，如果不運用『一點武力』割讓一個海島的問題是不易得到解決的。關於這個問題，如僅靠中國公使向中國報告，結果只會不痛不癢地處理，而不會發生作用。」〔註2〕德國外交大臣馬沙爾奏德皇的信中寫道：「如果這還不能達到所預期的目的，則最後必將乾脆由陛下的軍艦佔領一個合適的地點，先來製造一個既成事實。」拉度林和馬沙爾的主張得到了德皇威廉二世的堅決支持，他也認為應該趕快並毅然的採取軍事行動，立即佔領一處港口。

2. 直接誘因

1897 年 11 月 1 日，聖言會兩名德籍傳教士能方濟（Franciscus Nies，1859～1897）和韓·理加略（Richard Henle，1865～1897）去往兗州天主教堂參加「諸聖瞻禮」活動，因途中遇雨，兩人轉而投奔巨野張家莊教堂神父薛田資。薛田資為了客人方便，將二人安排於自己的寓室，自己則住在教堂看守房間。不料半夜突遭鄉民暴亂，能方濟和韓·理加略被亂民殺害，薛田資僥倖逃脫，史稱「巨野教案」。

「巨野教案」的發生為德國政府佔據中國港口提供了一個難得的藉口。1897 年 11 月 6 日，教案發生的第六天後，德皇威廉二世諭外部電中聲明，「我剛才在報紙上讀到山東省內受我保護的德國天主教會突遭襲擊的消息。艦隊必須採取積極行動報復此事。如果中國政府方面不立即以巨額賠償損失，並實行追緝及嚴辦禍首，艦隊必須立刻駛往膠州佔領該處現有村鎮，並採取嚴重報復手段。」〔註3〕

為避免因教案而引發中德紛爭，清政府責令山東官員急速處置巨野教案。1897 年 11 月 10 日，光緒皇帝諭旨：「著速派司道大員馳往該處，根究起釁情形，務將凶盜拿獲懲辦……現在德方圖借海口，此等事適足為藉口

〔註1〕孫瑞芹譯，德國外交文件有關中國交涉史料選譯（第一卷）〔M〕，北京：商務印書館，1960：144～105。

〔註2〕孫瑞芹譯，德國外交文件有關中國交涉史料選譯（第一卷）〔M〕，北京：商務印書館，1960：144～106。

〔註3〕孫瑞芹譯，德國外交文件有關中國交涉史料選譯（第一卷）〔M〕，北京：商務印書館，1960：144～145。

之資，恐生他釁。福建古田案辦理得法，著總理衙門擇要抄寄。」〔註4〕次日，山東巡撫李秉衡即回電，「奉旨：曹州殺斃洋人一案等因，欽此。遵即派委臬司毓賢、兗臨道錫良，馳往巨野，徹底根究有無起釁別情，並嚴飭緝拿凶盜，務獲究辦。」〔註5〕11月15日，李秉衡致電總署宣布巨野教案已經告破，兇手緝拿到案，「頃據兗沂道稟報，已督同營縣，拿獲盜犯惠朝現、即惠二啞巴等四名，確係巨野案內正犯，訊共懲辦，謹先電聞。請代奏。」但是，從教案中僥倖逃生的薛田資神父卻並不認同中國政府的處理結果，他發現中國政府為了倉促結案所抓獲的「兇手」其實都是被冤枉的，而真正的兇手則是大刀會成員。

德國政府自然不會因為中方的積極處理而放棄這次難得的機會。德皇威廉二世策劃強佔膠州灣的行動中，最先考慮的不是中國政府的抗議，而是俄國對此事件的態度。俄國海軍長期覬覦遼東和魯東地區，有在此處開闢一處軍港的計劃，並以過冬為由短暫地駐紮過膠州灣。在收到俄國沙皇的答覆，「我既不能贊成亦不能不贊成你派遣德國艦隊到膠州去，因為我只近來才知道該海港僅在這一八九五——一八九六年暫時地屬於我們應用而已。」〔註6〕威廉二世堅定了武力侵佔膠州灣的決心。

二、膠州灣事件的發展過程

1897年11月13日，德國艦隊抵達膠州灣海域。德國遠東艦隊司令棣利斯隨即派兵告知在此駐防的登州總兵章高元，德艦來此僅為遊歷，並無軍事目的。次日，德國海軍卻突然登陸，在未遇到任何抵抗的情況下，迅速佔領清兵軍械庫和炮臺，限令駐防軍隊在三個小時內全部退至女姑口和嶗山一線以北，四十八小時退清為限，否則作為敵軍處理。

膠州灣事件發生之後，山東巡撫李秉衡主張以武力與德軍相抗爭，他提出，「查巨野教案，比即派司道大員前往緝拿凶盜，現在盜已拿獲四名，辦理不為不速，乃德人竟以兵船登岸，圖占膠澳。查各國從無因一搶殺之案，不

〔註4〕廉立之，王守中，義和團資料叢編——山東教案史料〔M〕，濟南：齊魯書社，1980：184。

〔註5〕青島市博物館，中國第一歷史檔案館，青島市社會科學研究所編，德國侵佔膠州灣史料選編（1897~1898）〔M〕，濟南：山東人民出版社，1986：128。

〔註6〕孫瑞芹譯，德國外交文件有關中國交涉史料選譯（第一卷）〔M〕，北京：商務印書館，1960：144~148。

容辦理，立即動兵佔地之事。是其蓄謀已定，即無此盜案，亦將別尋釁端。」
〔註7〕但是，清政府並不希望與德國發生直接衝突，「德國圖占海口，蓄謀已
久。此時將藉巨野一案而起，度其情勢，萬無遽行開仗之理，惟有鎮靜嚴紮，
任其恫喝，不為之動，斷不可先行開炮，致釁自我開。」〔註8〕在發現中國政
府避戰求和的態度後，德軍步步緊逼，命令章清兵完全撤出膠澳地域，退往
煙臺一帶，並在膠州和即墨兩地徵索錢糧冊票，與民人書立合同，購買居民
土地和錢糧，做長期佔據打算。

在發現德國海軍圖謀長期佔領之後，清政府提出了先退兵再談判的要求。
但是，德國政府拒絕了中方的提議，「我們對中國中央政府將公平處理我們的
要求並不懷疑。但是，我們的經驗已經教訓了我們，中國中央政府不是總能
強迫行省當局執行這種命令的。因此我們寧願自己監視執行這樣的命令，所
以暫時仍留在膠州。」〔註9〕並以此為由，拒不撤出青島。

膠州灣事件發生之後，清政府寄希望於借助俄國、英國等國勢力迫使德
國退兵。但是，各國對於在中國獲取各自的勢力範圍已經達成了某種程度的
默契，相互之都堅持不干涉原則。清政府對內對外均無所措。1898 年 3 月 6
日，清政府代表李鴻章、翁同龢與德國駐華公使海靖在北京簽訂了《中德膠
澳租借條約》，規定將膠州灣及南北兩岸租與德國，租期九十九年，准許德國
在山東修建兩條鐵路，並獲得鐵路附近三里內的煤炭開採權。

第二節　膠澳總督府與殖民地宗教

《中德膠澳租借條約》簽訂之後，德國海軍正式佔領青島。雖然中德條約
明確規定青島為「租借地」，租期先以九十九年為限。但是，德國仍然將青島視
為遠東的殖民地，並立志於在遠東打造一片有別於英國模式的「模範殖民地」。
德國政府在青島設立膠澳總督府，總督由海軍將佐兼任，「其待遇與東非洲、西
非洲、佳美隆三總督同其職權」。總督下設軍政、民政、經理和公務四部門和參

〔註 7〕廉立之，王守中，義和團資料叢編——山東教案史料〔M〕，濟南：齊魯書社，
　　　 1980：186。
〔註 8〕青島市博物館，中國第一歷史檔案館，青島市社會科學研究所編，德國侵佔
　　　 膠州灣史料選編（1897～1898）〔M〕，濟南：山東人民出版社，1986：250。
〔註 9〕孫瑞芹譯，德國外交文件有關中國交涉史料選譯（第一卷）〔M〕，北京：商務
　　　 印書館，1960：177。

事會，分管地方事務。德國佔領青島之時，恰值國內的文化鬥爭（Kulturkampf）〔註10〕結束不久，文化鬥爭之後的宗教精神被引入到了新開闢的亞洲殖民地。

一、膠澳總督府的宗教政策

對於基督宗教，膠澳總督府給予了特殊支持，促使教會事業快速發展。

〔註10〕 德國學者赫克爾（Ernst Haeckel，1834～1919）對於德國與教皇的文化鬥爭有詳細的歷史描述：「1864 年，教皇比鳥司第九（Pius IX）所宣布於全世界之通諭及條款，其主義乃與全部近世科學宣戰，要求人類良知盲從無過的基督代表之教條。此種膽大妄為之暴虐攻擊，反對文明人類之無上至實，實使許多懶惰者自日常信仰深睡中驚覺。1970 年，復宣布教皇無過，世人益被激起，為有力之反抗。德意志帝國自 1866 年至 1871 年二次戰爭，以莫大犧牲謀不可缺之國民統一，感受教皇之惡劣攻擊尤甚。一方面因德國為宗教改革及精神自由之生產地；他一方面因德國有天主教徒一千八百萬，為信仰爭鬥之有力軍隊，其盲從教皇命令，殆非其他文明諸國民所能及。基督曾告彼得曰：『牧予之羊』繼彼得之人，以剪毛譯牧字。德國之大政治家已解釋德意志國民分裂之大疑謎，以可贊稱之政治手腕，獲得國民統一，增進國家威力者，已早明見其自此所起之危險。因為梵蒂岡所逼迫，俾斯麥於 1872 年始起文化戰爭。教育總長法勒克（Falk）善承其意，力行 1873 年所布『五月律』。不幸歷六年後，此法律復停止。俾斯麥最善知人，為聰明的實際教育家，竟漠視下列之三種大阻力：第一，羅馬教皇朝廷之無比狡詐奸惡；第二，無教育天主教徒之無思想易迷信，前者即賴此扶助之；第三，人類之惰力及無理之因襲力。因是之故，雷歐第十三氏（Leo XIII）既即教皇位，教權遂獲戰勝。自是以後，梵蒂岡之威權益增。一方面因天主教之政治柔滑；他方面因德國政府之教會政策錯誤及德國人民之無政治能力；十九世紀之末，德國國會中之中央黨，遂能以少數制多數，德國之命運，遂為教皇黨之所指導。統計德國人數，天主教徒固未達三分之一也。……當 1872 年，德意志文化戰爭初起之時，凡有自由思想者，皆相慶為政治上之宗教改革，使近世文化脫離教皇精神專制之束縛。全部自由思想者，皆相慶為政治上之宗教改革，使近世文化脫離教皇精神專制之束縛。全部自由報紙皆頌俾斯麥為政治界之路德，不僅為統一德國之英雄，且為獲得德國精神自由之英雄。十年之後，天主教既戰勝，則同一自由報紙乃持反對論調，謂文化戰爭乃一種大錯誤；雖今日尚持此說。此事實可證新聞記憶短少、歷史知識缺乏及哲學教育不完全也。所謂國家與教會之締結和約者，皆不過為一種暫時停戰。近世天主教牢守其一千六百年以來所持專制原理，務保其靈魂之絕對統治權；代表良知科學之權力之文明國家，必須絕對服從之，國家與教會相爭鬥，必其一伏地不起，乃可得真正之和平。唯一得救治教會勝，則自由科學與自由學理，皆將止息，諸大學將化為牢獄，諸中學將化為清淨院。近世合理之國家勝，則人類教育、自由、福利在二十世紀，其發達必更高遠，教勝於在十九世紀也。」赫克爾：《宇宙之謎》第 206～208 頁，馬君武譯，北京：中華書局，1920 年初版，1958 年重印第一版。

膠澳總督府在年度工作報告《膠澳發展備忘錄》中，設有固定章節：教會和教育事業、科學活動。在其中，總督府會總結年度教會事業的發展情況，所取得的成績以及對於教會的各種表彰。總督府重視發展基督宗教的原因不只是因為信仰因素，更多的是基於現實層面的考量。傳教士們在積極努力地完成他們所承擔的各種使命，這是一個可喜的現象。他們對老百姓的影響必然被認為是造福社會的。中國人的某些偏見通過善意的解釋和教誨而煙消雲散。在某些軍事戰略和經濟開發中難以避免地出現不公正，通過傳教士們溫和而耐心的工作被緩和了。〔註 11〕總督府意在借助基督教會的力量維護新開闢的殖民地統治秩序。

　　基督宗教各教會也在積極配合政府的工作。這一時期，基督宗教特別是基督教認為從事教育和醫療等慈善事業是獲取當地居民信任，改善其對基督教的態度，從而更加便利傳教的重要手段，於是紛紛致力於教育和醫療實踐。總督府也特別歡迎宗教團體能夠幫助膠澳地區改善殖民初期教育和醫療近乎空白的狀態。在政府的支持下，教會的教育和醫療事業如雨後春筍般建立起來。例如，最早設立的總督府華人學校的教學任務就是由傳教士們所承擔。隨後的德華教師學校和德華書院分別由柏林會和同善會建立和維護。面向華人群體的主要醫療機構花之安醫院和福柏醫院都是由同善會負責修建和運營。

　　至於殖民地本土宗教，總督府則堅持了一貫的種族主義態度。此時的歐洲社會普遍認為，「白種人」是高高在上的，而中國人所屬的「黃種人」則在人體結構、智力和文化方面遠遠落後。這種種族主義態度在宗教方面表現為：總督府將青島的各種本土宗教視為比基督宗教低級的宗教存在。在對中國宗教場所調查的基礎上，總督府將本土宗教劃分為「宮觀」和「廟宇」兩類。「宮觀」是具有法人性質的獨立機構，也是一個專門的基金機構，其收益應當被用於促進所指定的文化事宜和保障從事這種祭祀的道士的生活；宮觀因此由這些道士來管理。宮觀主要集中在嶗山山區，調查人員發現佛道教已經越來越多地背離原來的宗旨：代替奉獻敬神的是追逐世俗的財物和世俗的享受。宮觀中的道士們則缺乏系統的教育培養，很多根本就不識字，所以也不能想像他們能理解所誦經文的含義和信仰的意義。既然在文化上的意義越來越不重要，總督府希望維持這些古老的宮觀，引導他們把主要工作集中於農

〔註 11〕青島市檔案館編，青島開埠十七年：《膠澳發展備忘錄》〔M〕，北京：中國檔案出版社，2007：144。

業和開發嶗山豐富的森林資源。「廟宇」則是為了滿足村莊、社區的宗教需要而建立、屬於村社公共財產並因此由被委託的村莊機關來管理的機構管理。村廟實際上充當了人民生活中的信仰中心，作為村莊公有財產以及作為祭祀場所的廟，是村莊一個不可缺少的組成部分，村民一心一意地依賴這些廟因而不能沒有它們。〔註12〕對於這些分布廣泛的村廟，總督府還沒有找到更好的機構來取代之，所以只能採取監督和管理的方式來應對。

二、膠澳總督府與聖言會

聖言會和德國政府在青島殖民擴張過程中的歷史實踐，是教會和世俗政權結合的一次具體呈現。十九世紀七十年代，作為一個剛剛完成統一的新興憲政國家，德國國內正處於文化鬥爭時期。新成立的德國政府堅持政教分離原則，反對教會直接干預國家事務，並頒布了一系列的法律，限制天主教會的權力。1875 年，因國內文化鬥爭而移民到荷蘭的德籍神父楊生（Arnold Janssen，1837～1909）在德荷邊界的一個叫做斯泰爾（Steyl Holland）小村落創辦了聖言會，以輸送神父到還未「開荒」的異教地區傳播福音。斯泰爾早期的傳教士們是一批熱情擁護「教皇極權主義」〔註13〕的教士群體。他們幾乎都來自教皇極權主義化和民間虔信受到特別積極推行的農村地區（上普法爾茨、威斯特法倫、提羅爾）。

（一）相互利用

聖言會在山東的傳教事業獲得了空前的成功。1879 年聖言會將第一批兩名傳教士安治泰和福若瑟派遣往中國傳教。安治泰在同方濟各會濟南主教埃里幾奧考西談判之後，獲得了被方濟各會所放棄的深受儒家思想影響的魯西南地區——包括曹州府、兗州府、沂州府和濟寧直隸州。他以陽穀縣坡里莊為基地，在沂州府和沂水縣建立分駐地，最終開闢了魯南教區。1886 年，羅馬教皇任命安治泰為山東南部教區主教，福若瑟為副主教，主教府設置在坡

〔註12〕青島市檔案館編，青島開埠十七年：《膠澳發展備忘錄》〔M〕，北京：中國檔案出版社，2007：321。

〔註13〕教皇極權主義也被稱作「天主教基要主義」，它的綱領性目標包括把教皇的獨裁統治提升為唯一的，不容爭議的羅馬——天主教世界教會的決策機構以及貫徹一種正統的新教條主義。見〔德〕余凱思，在「模範殖民地」膠州灣的統治與抵抗〔M〕，濟南：山東大學出版社，2005：384。

里莊。聖言會在山東取得快速發展的同時，也開始面對越來越多的來自中國本土社會的反抗和威脅，這嚴重干擾了聖言會預定的發展計劃。

　　首先，聖言會傳教士和教民們的生命安全得不到有效保障。他們可能會遭到強盜們的搶劫，「他們帶著手槍、刀劍和棍子，攻擊我們的三位傳教員。他們毆打我們的先生們，把他們捆起來拉到園子裏。他們把武器放在我們胸前並向我們要錢。而我們什麼也不能做，那些人不斷用槍威脅著我們。如果我們有一點兒反抗，他們會馬上槍斃我們。」〔註14〕可能會遇上反教運動，「許多教堂被破壞，信徒被毆打，他們的財產被掠奪。在教堂和被破壞的房屋的廢墟上，那些人進行著各種貿易活動。他們以幾乎相當於白送的價格向教外人出售基督徒們的財產：一袋小麥只要 40 分或 50 分，一個手轉磨只要 1 馬克。這些兇手和放火者馬上宰殺了牛、驢、馬、雞，或把這些東西帶走。最後他們還找到基督徒的田地，毀壞了他們的莊稼。一撥又一撥歹徒破壞基督徒的村子，他們奪走全部財產，沒有留下任何東西。」〔註15〕

　　其次，因為中國保守勢力的阻礙，聖言會的擴張計劃受到很大的制約。考慮到教區未來發展的需要，安治泰主教計劃將聖言會的傳教總部從坡里莊遷到教區內最重要的城市兗州。他向兗州府提交了在兗州建立主教堂的申請，這是符合清廷所簽訂的條約內容的，但是山東地方官員拒絕了安治泰的請求。地方官員提出，兗州府是孔子家鄉最古老和最重要的城市，而在當時有影響的紳士和文人眼中，孔子是中國的「國家聖人」。所以如果讓外國宗教進入這個古老的城市，等於是傷害他們的宗教情懷。〔註16〕

　　此時，中國天主教的保教權掌握在法國政府手中〔註17〕，處於危險之中的聖言會不得不向法國駐華大使求助。但是在北京的法國主教卻認為，這些在山東活動的傳教士還沒有被驅逐出境，這本身就是一個奇蹟。安治泰逐漸發現法國的聲譽和影響都不如從前了，而德國因在政治和經濟方面的繁榮和

〔註14〕〔德〕赫爾曼・費希爾著，〔奧〕雷立柏譯，傳教士韓寧鎬與近代中國〔M〕，北京：新星出版社，2015：120。

〔註15〕〔德〕赫爾曼・費希爾著，〔奧〕雷立柏譯，傳教士與近代中國〔M〕，北京：新星出版社，2015：129。

〔註16〕〔德〕赫爾曼・費希爾著，〔奧〕雷立柏譯，傳教士韓寧鎬與近代中國〔M〕，北京：新星出版社，2015：86。

〔註17〕羅馬天主教在 1857 年取消了葡萄牙在東亞的保教權。江南代牧區被託給法國的耶穌會，而北京的代牧區被託給法國的遺使會。

快速發展卻在 1870 年後受到各地人士的尊敬和欽佩。同時，德國政府也向聖言會伸出了橄欖枝。德國外交署在駐華大使巴蘭德的相應報告的影響下，表現出希望保護德國在華傳教士的意圖。1890 年，魯南教區做出最後決定，將保護國由法國變更為德國。

1897 年 11 月 1 日，發生的巨野教案和隨後爆發的膠州灣事件是聖言會和德國政府合作的集中表現。巨野教案發生時，魯南教區主教安治泰尚在荷蘭斯泰爾參加聖言會大會。在他通過電報獲知兩個人遇害的消息之後，立即請求德國政府有效地保護在華德國傳教士和基督徒的人身安全，另外他還請求德國政府支持他提出的賠償要求。德國政府在收到相關消息後，立刻兌現了保護在華德籍傳教士的承諾。

11 月 6 日，德國皇帝威廉二世諭外部電：

> 我剛才在報紙上讀到山東省內受我保護的德國天主教會突遭襲擊的消息。艦隊必須採取積極行動報復此事。如果中國政府方面不立即以巨額賠償損失，並實行追緝及嚴辦禍首，艦隊必須立刻駛往膠州佔領該處現有村鎮，並採取嚴重報復手段。我現已決定放棄我們原來過分謹慎而且被全東亞認為是軟弱的政策，並決定要以極嚴厲的，必要時並以極野蠻的行為對付華人，以表示德皇不是可以隨便被開玩笑的，而且和他為敵並不好玩。

> 請立刻電覆同意，俾我可立即電令海軍提督。〔註 18〕

巨野教案的發生為德國入侵山東提供了一個期待已久的理由。在此背景之下，德國佔領膠州灣就可以宣稱是一起為了保護德籍海外傳教士的應急救援行動，並非是一次主動的侵略行為。

巨野教案后德國政府的積極反應，不僅是為保護在華傳教士的人身安全，更重要的是，這是德國侵佔膠州灣絕佳的機會。德國為了侵佔一處中國海口作為其在遠東的軍港和儲煤站已經謀劃了很長的時間，只是缺少一個合適的理由而已。巨野教案就是德國期待已久的良機，正如德皇威廉二世所言，「華人終究給我們提供了您的前任者——馬沙爾——好久所期待的理由與事件。我決定立刻動手」。〔註 19〕

〔註 18〕孫瑞芹譯，德國外交文件有關中國交涉史料選譯（第一卷）〔M〕，北京：商務印書館，1960：144～145。

〔註 19〕孫瑞芹譯，德國外交文件有關中國交涉史料選譯（第一卷）〔M〕，北京：商

　　膠州灣事件給德國政府帶來了豐厚的回報。在經過雙方反覆交涉之後，1898 年 3 月 6 日，中德《膠澳租借條約》正式簽字。德國政府終於將膠州灣地區劃歸為自己的勢力範圍。雖然名義上為租界條約，但是德國在青島可以自行部署軍隊，享有立法權、司法權、行政權，實際上和殖民地並無區別〔註20〕。佔領青島後，德國制定了長期的發展計劃，要將青島建設成為德國在遠東的「模範殖民地」。德國佔領青島的一個重要原因是覬覦山東省內豐富的煤炭資源。1899 年，負責修築膠濟鐵路的德國財團投資成立德華山東礦業公司〔註21〕。德國政府頒布了山東礦業公司特許令，賦予山東礦業公司在受領的五年時間內，有在山東擬修築的各鐵路兩旁三十里內探查呈請開採各種礦產的特權。山東礦業公司先後開闢了濰縣煤區和博山煤區，1902 年，濰縣煤區坊子煤礦第一口井開始出煤，截止到 1914 年，山東礦業公司在濰縣煤田和博山煤田公開採約 400 餘萬噸無煙煤。就山東而言，德華礦務公司的產量比所有民營煤礦產量的總和還多。〔註22〕

　　聖言會在膠州灣事件中也收益頗豐。巨野教案發生後，安治泰主教提出賠償要求：調走山東巡撫李秉衡——他反對基督教，建立三座教堂，並在教堂懸掛皇帝的保護匾額。〔註23〕而巨野教案的最終處理結果，清廷對於聖言會的賠付遠超安治泰所提出的最初要求。膠州灣事件爆發之後，聖言會在魯南地區的處境得到了一定程度的改善。山東地方官員開始正視基督宗教，而不再將其視為文化的入侵者，他們給予聖言會以平等之對待。1904 年，山東巡撫第一次拜訪了聖言會的傳教中心兗州府，並通過安治泰主教給羅馬教宗贈送了禮物。這對於聖言會來說是同地方政府關係的極大改善。衍聖公孔令貽作為儒家文化的官方傳承人，也開始同聖言會交往。1907 年，韓寧鎬主教在曲阜拜訪了孔令貽，而孔令貽也兩次回訪兗州主教府。

務印書館，1960：147。

〔註20〕參閱：1898 年 4 月 27 日，德皇諭旨：「根據德國與中國兩國間 1898 年 3 月 6 日在北京簽訂的條約，朕以德意志帝國的名義，把精確指定的歸德國佔有的膠州灣內的地域作為帝國保護地」。

〔註21〕汪敬虞，中國近代工業史資料（第 2 輯）上冊〔M〕，北京：科學出版社，1957：38。

〔註22〕山東各煤田歷年產額估計表，轉引自：王守中，德國侵略山東史〔M〕，北京：人民出版社，1988：228。

〔註23〕〔德〕赫爾曼・費希爾著，〔奧〕雷立柏譯，傳教士韓寧鎬與近代中國〔M〕，北京：新星出版社，2015：140。

（二）矛盾紛爭

德國政府和聖言會在山東省雖然存在普遍的共同利益，有著相互利用的現實基礎，但是二者在殖民地的根本目標並不一致，難免會在合作的過程中引發矛盾和紛爭。

德國政府和聖言會的分歧首先出現在對膠州灣事件性質的認識上。膠州灣事件發生令國際輿論譁然，紛紛譴責德國海軍的野蠻行進。如日媒就此抗議：至若德國海軍少將岱特利菲無端闖入膠州灣，佔據青島炮臺，此其舉動，實文明列國自古未有脅迫強劫之行為，視彼盜賊，直無少異，此世界億兆人所共見者。〔註 24〕有著「英國官報」之稱的《北華捷報》提出：對犯罪者懲罰得如此迅速，甚至沒有時間使人考慮中國政府自己是否樂意懲罰罪犯並滿足其他各項要求，使一般人認為德國人在教案發生以前，對出兵的懲罰行為即早已決定。必須注意，路透社在國內外的報導中，對這種毫無理由而向膠州灣發動襲擊，如無解釋，國際法是被認為作海盜行為的。〔註 25〕對青島覬覦已久的德國政府自然明白這一事件的侵略性質，但是為了擺脫內外部的壓力，德國政府堅稱強佔膠州灣只是為了保護在華德籍天主教士。德國政府認為以此為藉口可以化被動為主動，在國際關係中贏得更加正面的形象。

但是，聖言會並不認同德國政府對於此次事件的片面解釋。聖言會雖然感激德國政府的出兵保護，但是並不認為巨野教案是佔領青島的真正原因。「柏林政府派遣德國在東亞的海軍佔領山東膠州灣與附近地區，這就是後來的租界。德國政府的這種攻擊是一種政治性的策略，山東南界的主教於這種攻擊本來是沒有關係的。但是，因為傳教士遇害案構成了外在的起因，所以在中國人的眼中教會也要為那次侵略負責任，這也是一個難以避免的結果。」〔註 26〕

日照教案的發生，使得德國政府和聖言會的矛盾得以集中爆發。1898 年11 月 8 日，聖言會傳教士薛田資到達日照市街頭村為受到「不公正待遇」的教徒們主持公道。第二天，周邊村莊的暴民們攻擊了街頭村，薛田資被剝掉

〔註 24〕青島市博物館，中國第一歷史檔案館，青島市社會科學研究所編，德國侵佔膠州灣史料選編（1897～1898）〔M〕，濟南：山東人民出版社，1986：492。
〔註 25〕青島市博物館，中國第一歷史檔案館，青島市社會科學研究所編，德國侵佔膠州灣史料選編（1897～1898）〔M〕，濟南：山東人民出版社，1986：473。
〔註 26〕〔德〕赫爾曼·費希爾著，〔奧〕雷立柏譯，傳教士韓寧鎬與近代中國〔M〕，北京：新星出版社，2015：140。

了衣服並遭到了人群的毆打。人們將薛田資反剪了雙手捆起來，拉到外面遊街，最後終將薛田資和其他六個主要的教徒拘禁在村外的一座大廟裏。第三天，暴民將薛田資押送到山頂的小神廟，作為祭神的犧牲品，但是，這一行為被前來的日照縣令呂炳元所阻止並將薛田資送往縣衙。

在得知遇襲的消息後，副主教福若瑟從青島出發趕往日照探視暫居於縣衙養傷的薛田資。他勸說薛田資先行乘輪船回青休養身體，自己則和日照縣令商談結案方法。11 月 18 日，雙方在協商後，簽定了日照教案第一份合同。

> 今因薛教士在日照縣傳教因街頭民眾不和，無知愚民凌辱薛教士。現經眾人一再懇求德教士從中調處。街頭百姓願在該莊價買教民宅基與修海青屋正教堂五間、東草廟二間、西草廟二間，仍清教士到堂傳教。興修教堂時由日照縣和德教士公同派人監修，並因鬧事時所搶教民衣物由縣簽差照單查起原物。如有短少情願照賠。其被搶之教民固不得藉端虛報。該莊民亦不得藉詞推諉。公同議明，按照以上各節辦理。從此民教言歸於好。各安本業。立此和好合同各執為據。〔註27〕

但是，安治泰主教在獲知具體合同內容後，極為不滿。他認為處罰太輕，根本就達不到以儆效尤的目的，於是推翻了日照教案的第一份合同，同兗沂曹濟道彭虞孫簽訂了一份更加苛刻的懲處合同。合同最終議定：日照縣衙給銀二萬五千兩補償薛教士，出資修築天主教堂兩處，並對傳教士嚴加保護。

日照教案完結之後，天主教與山東地方社會的關係並沒有安治泰預期的那樣有所緩和，反而變得異常緊張。聖言會的強勢政策，激起了地方百姓的進一步反抗，沂州府所轄的蘭、郯、費、莒、日相繼爆發教案數十起。「惟東省民教積仇已非一年，辦教案多畏洋人，不能持平，是以平民受教民欺辱無可控訴，柔弱者甘心忍受，剛強者激而思逞，與教民為難，非得已也。」〔註28〕安治泰意識到自己的教士和教民的安全問題正受到來自中國社會的威脅，為了迅速而徹底的摧毀反抗勢力，他開始希望駐青德國海軍能夠直接武力鎮壓反教事件。聖言會聲稱，為了保護教士和教民的生命，軍事遠征是絕對必要的，

〔註27〕張貴永主持，教務教案檔（第六輯，一）〔M〕，臺北：中央研究院近代史研究所，1974：319。

〔註28〕廉立之，王守中，義和團資料叢編——山東教案史料〔M〕，濟南：齊魯書社，1980：339。

他們不僅直接向青島的德軍發出籲求，而且利用德國國內天主教會勢力，為他們的籲求製造政治壓力。〔註29〕

在接到出兵要求後，膠澳總督耶什克並沒有立即決定是否要採取軍事行動。但是，整整一個冬季，安治泰一直強烈要求「德軍出兵沂州府，給中國官吏一點厲害看看」。考慮到膠澳總督的立場，安治泰提出：「騷動不僅起源於宗教上的狂熱情緒，而且起源於愛國主義。」這樣，山東省內發生的針對基督宗教的反教事件便可以歸結到反德的民族情緒上。傳教士們控訴：「沂州府的騷亂是由反德情緒引起的，而反德情緒是德軍強佔青島造成的，所以德國海軍理應向他們提供軍事上的幫助。」〔註30〕耶什克接受了傳教士們的觀點，他考慮到沂州府的騷亂活動也影響到了德國在山東的經濟利益，遂決定出兵干預。1899年3月底，第三海軍營的一個連被派往沂州府，以便對中國政府和魯南地方當局施加壓力，使它們更有力地對付危及天主教傳教士活動的騷亂。〔註31〕這支隊伍在日照登陸後，放火焚燒了兩個村莊，並佔領了日照縣城，他們抓獲了五位人質，最終於5月返回青島。

日照戰役結束之後，德國政府開始意識到自己的這次遠征行動更多的是被聖言會所利用，充當了聖言會同中國談判的工具。膠澳總督在戰後發現自己對於日照教案的進展並不瞭解，而聖言會故意隱瞞了已同中國政府就教案協定合約的事實，德軍的這次遠征行動建立在對於事實真相錯誤判斷的基礎上。海軍元帥提爾皮茨（Alfred von Tirpitz）批評了耶什克的這一衝動行為。傳教士將對於德國勢力範圍內的發展構成了嚴重的威脅。「一般說來，山東的騷亂是由天主教傳教士引起的，特別是中國教徒們惹是生非的行為引起的。」〔註32〕聖言會副主教福若瑟也認為，「啊，我從中國人那裡所『得到的』究竟是些什麼東西啊！到處充斥著謊言、欺詐、虛偽、偽裝、歪曲，以至於我們不知道應當相信什麼，該怎麼做。」〔註33〕提爾皮茨因此警告耶什克：「誠然如你所說，在國內外善待傳教士是符合我們的利益的。但是，在這樣做的

〔註29〕義和團研究會編，義和團研究會會刊第二期，1982：30。
〔註30〕義和團研究會編，義和團研究會會刊第二期，1982：30。
〔註31〕青島市檔案館編，青島開埠十七年：《膠澳發展備忘錄》〔M〕，北京：中國檔案出版社，2007：59。
〔註32〕王守中，日照教案及德軍入侵內地的暴行〔J〕，山東師範大學學報（哲學社會科學版），1983，1：16。
〔註33〕1883年教務的報告，見〔德〕余凱思，在「模範殖民地」膠州灣的統治與抵抗〔M〕，濟南：山東大學出版社，2005：426。

時候絕不能使提督淪為他們手中盲目的工具。」〔註34〕他認為德國政府未來只能站在國際公法允許的立場上，只能為本國僑居異國的公民謀求權益的保障，不應該代表受害的中國人向中國政府提出要求，「人們是不能老說武裝干涉的。我想，以後傳教士再有什麼要求的話，你應該擺出國際法來，打發他們去找公使館，這等於間接告訴他們總督和他的部署不是為傳教士打雜的。」〔註35〕

（三）最高利益的衝突

　　德國政府和聖言會之所以會產生矛盾和分歧，原因在於兩者的最高利益存在不可調和的衝突。德國政府強佔膠州灣是出於現實的政治和經濟考量。十九世紀末的德國正處於德皇威廉「世界政策」全面擴張時期。威廉二世上臺之後，一改前任首相俾斯麥穩健的外交思想，熱情加入歐洲列強全球殖民擴張行列。在威廉時代，青島正是德國迎頭趕上世界強國步伐，確保自己一流強國的重要一步。佔據了青島之後，德國海軍在東亞擁有了一處天然良港。在戰爭時期，青島將為德國的軍事行動提供重要補給，並利於艦隊集結和提供後方支持；在和平時期，青島將為德國企業提供了廣闊的市場和廉價的原料，是促進德國國內工業騰飛的重要支撐。因此，德國在東亞的殖民擴張的擁有了眾多的推動力量：平民帝國主義、政府帝國主義和經濟帝國主義。不同推動力量所追求的目標極不相同：受過教育的資產階級深受文明化的使命鼓舞，宣傳協會要求德意志帝國發揮世界性作用，海軍則把世界政策與在世界範圍內採取行動的海上霸權聯繫在一起，而對於伯恩哈德‧比洛和皇帝威廉二世來說，世界政策主要意味著集結政治和政治體系的穩定，大企業則以佔領具有戰略意義的市場為首要任務。〔註36〕青島成為德國不同利益群體的海外試驗田。

　　同德國政府對現世利益的關注不同，聖言會力圖在青島乃至山東擴張上帝的國度。聖言會傳教士們認為天主教可以淨化中國人的心靈，拯救更多的中國靈魂。正如安治泰的繼任者，聖言會主教韓寧鎬所認為的那樣。「傳教工作是這樣的工作：將光明帶入這種混沌不明的狀態，將外教人的孤獨沙漠轉

〔註34〕義和團研究會編，義和團研究會會刊第二期，1982：35。

〔註35〕節選自：義和團研究會編，義和團研究會會刊第二期，1982：35。

〔註36〕〔德〕余凱思，在「模範殖民地」膠州灣的統治與抵抗〔M〕，濟南：山東大學出版社，2005：96。

為基督信仰、希望和博愛的綠洲，向那些快渴死的心靈指引十字架邊的水井
——真理和恩寵的水源，打好一個信仰的基礎——這有在這個基礎上，人們
才能建立真正的精神文化。總而言之，要拯救那些人的靈魂並引導人們走向
天上的大父和聖父所派遣的那一位——耶穌基督。」〔註37〕

第三節　宗教衝突與對話

一、德國殖民時期的宗教衝突

　　雖然清政府與德國達成了《中德膠澳租借條約》，議定將膠州灣及南北兩
岸租與德國，但是當地民眾們很難接受這個新生的外來殖民政權，認為自己
仍然是禮教傳統下的華夏子民。為了鞏固統治秩序，膠澳政府試圖給予基督
宗教特殊支持，促使教會事業快速發展，以此實現「移風易俗」的目的，但
是，這不免會引發基督宗教與與中華傳統文化的直接碰撞。

（一）即墨文廟事件

　　1898年，即墨縣文廟孔子塑像被前來遊覽的德國士兵損毀，維新派借機
發動了第二次公車上書運動。此次事件中，文廟不僅是祭祀孔子的祠廟建築，
更是中國文脈的標誌性符號。維新派計劃利用文廟事件的象徵意義，趁機大
肆宣傳保教、保國與保種思想，以此喚醒危難之中的晚清政府。

　　文廟孔子聖體被毀事件發生在1898年1月22日（正月初一日），但是直
到4月份，即中德《膠澳租借合同》簽訂的次月，才被傳到了京師。4月22
日，赴京參加會試的山東舉人黃象毅和孔孟後裔孔廣霱、孟昭武等人分別上
書都察院，「正月初一日有德國洋人率領多人，闖入即墨縣文廟，將聖像四體
傷壞，並將先賢仲子雙目挖去。」都察院聽聞此事之後非常重視，並由堂官
左都御史裕德領銜，全臺列名，於初七日遞給光緒皇帝。〔註38〕

　　即墨文廟事件也傳到了康有為和梁啟超二人耳中。百日維新前期，以康、
梁為首的維新派正在籌劃第二次公車上書，即墨文廟事件成為維新派針砭時
弊，喚醒國人，宣傳變法思想的難得契機。據《梁任公年譜長編》所記：「德

〔註37〕〔德〕韓寧鎬，聖言會會士福若瑟神父——其生平和影響及山東南部傳教史
　　　　〔M〕，兗州：天主教魯南教區出版，1920：54。
〔註38〕孔祥吉，戊戌變法時期第二次公車上書述論〔J〕，求索，1983，6：148。

人毀壞山東即墨縣文廟的事傳入京師，一是公車非常憤慨，先生嘗聯合麥孺博等十一人上書都察院，請嚴重交涉。」康、梁兩人的呼籲很快就得到了在京會試的各省舉人們的相應。康有為弟子林旭為首的三百六十九名福建舉人最先起頭，他們上書控訴：「方今外警日至，吾上下猶有持以無恐者，非度支之充裕也，非備禦之精堅也，君臣父子之倫，孝悌忠信之義，維繫而不可解。愛國尊君，人人可用，所恃者此。然所以致此者，孔子之教也。教者，國所與立。故彼族利人之人民土地，則思以其教易人之教，教存則國存。波蘭、印度之終受制於人者，教失也。故保教以保國。若吾聖教，彼夷猶所畏忌，故求逞志於中國，乃思快心於孔子前，此微詞詆毀耳。今將見之行事，乃施其端，致其漸，覘我之人心士氣，以審教之可亡與否。……應請飭下總理衙門，責問德使，令其懲辦賠償，應人心益奮，士氣益振，大教不墜，中國幸甚。」林旭等人認為孔教是愛國尊君，維繫穩定的關鍵。德人破壞孔廟聖像是別有深意的，他們是在試探國人人心，以評估孔教是否可亡。如若孔教不保，則國亦不保矣，所以，總理衙門務必責令德國公使嚴查此案，賠償相關損失，以壯我士氣人心。

　　林旭的上書很快得到了更多舉人們的支持。5 月 4 日江蘇省松江府舉人莊仁泳等三十一人向都察院遞交了《即墨文廟一案，關係重大，請旨嚴詰德人，交犯懲辦，以伸公憤》的公呈，「倘德人自知理屈，就我範圍，則前此積弱之風為之少振，而英俄諸國，亦可少戢覬覦之心。萬一豺狼性成，理喻不能，不得已而以兵戎相見，則皇上乃為聖教而興帥……則孰不各勉同仇，枕戈待命。」在此公呈中，莊仁泳等人提出即墨文廟的象徵意義重大。如能妥善解決，則可以在一定程度上改變我國自鴉片戰爭以來的積弱之風，亦可以震懾英俄諸國，收斂覬覦之心。

　　此次事件中，簽名人數最多，影響最大，又最能反映維新派觀點的是，5 月 6 日，康有為大弟子麥孟華、梁啟超等人帶頭，八百三十一名廣東舉人簽名的公呈。「伏惟孔子道參天地，德在生民，列代奉之以為教，我朝列聖，尤加尊崇。今天下人知君臣父子之綱，家知孝悌忠信之義，廟祀皇皇，至巨典也。……自膠旅之事，習知吾國勢極弱，尚不敢遽加分滅者，蓋猶畏吾人心也。頃乃公毀先聖先賢之像，是明則蔑吾聖教，實隱以嘗吾人心。……割膠不過失一方之土地，毀像則失天下之人心，失天下之聖教，事之重大，未有過此。查兩國和約，既保彼教，亦當保吾教。飭下駐德國使臣呂海寰責問德

廷，責令查辦毀壞聖像之人，勒令賠償，庶可絕禍萌而保大教，存國體而繫人心。」

在維新派的大力呼籲下，即墨文廟事件越傳越廣，迫於輿論壓力，清政府不得不與德國展開外交交涉。在收到總理衙門的質詢後，德國駐華公使海靖在調查後轉告：

> 正月間，德兵入即墨縣孔廟遊玩，見有泥塑神像，並不結實。無意間碰碎泥像手臂。當時駐膠巡撫立即往晤朱太守並道歉忱。朱太守業已首肯，並布告該處民人謂聖像並非德兵損壞云云。該處除聖像手臂碰壞外，並未損壞他物，並挖去兩目，實無其事。〔註39〕

根據此公文可知：1. 維新派指責德人故意破損聖像的問題並不存在，只是德兵無意碰毀本不結實的泥像手臂；2. 事件發生後，膠澳總督立即拜訪即墨縣令朱衣繡並道歉，朱衣繡也向民人布告聖像並非德兵損壞。3. 孔子聖像無意碰損之外，先賢仲子被挖雙眼並不屬實。參閱後續交涉公文，中方對於德方的解釋並無異議，只是因匿而不報將知縣朱衣繡革職，並未再追究德兵責任。德方也認為，至德兵在華本應謹守本分，即中國廟宇佛像亦應保護，今該兵等並無違章之事。本想藉此時機，凸顯外來文化強勢入侵，大肆宣揚「保國、保教、保種」的維新派，在雙方調查事實面前也只能選擇接受。

（二）金丹教事件

清末時期，基督教美北長老會在嶗山山區傳教的過程中與中國「幫會道門」有過密切的接觸。美北長老會從當地「幫會道門」——金丹教中發展了大量的信徒，但也遭到了大刀會等其他「幫會道門」的強烈抵制，甚至一度釀成教案。長老會和「幫會道門」間的合作與衝突，為我們瞭解清末地方社會中的宗教生態提供了難得的細節材料。

清朝時期，嶗山山區流傳著一種「幫會道門」——金丹教。因屬於官方禁絕的民間秘密結社，金丹教長期處於地下活動的狀態，留存下來的史料極少，很難理清其真實的源流關係。《郭顯德牧師行傳全集》中記載金丹教可能是由洪門演變而來，「即墨之有金丹教，或言洪門會之變名。洪門會即復明社之轉音，或言由朱洪武或朱洪祝而得名。」〔註40〕徐緒典認為金丹教屬於白蓮教的

〔註39〕張貴永主持，教務教案檔（第六輯，一）〔M〕，臺北：中央研究院近代史研究所，1974：397～398。
〔註40〕連警齋，郭顯德牧師行傳全集〔M〕，上海：廣學會，1940：343。

支派,「山東即墨縣山區鄉村裏,長期以來有金丹教(又名無名教)——白蓮教的一個支派流傳。」戚其章也贊同金丹教是白蓮教的分支的說法,「金丹教則是八卦教的一個分支。八卦教亦即白蓮教的一個支派,乃清初所創。」〔註41〕

金丹教與美北長老會的接觸始於趙克禮。同治初年,金丹教首領趙克禮、趙克亨兄弟被官府捕獲,「趙克禮堅苦忍刑,至死不招,竟被釋放;趙克亨因受刑不過,畫招認供,竟被充軍終身不返。」〔註42〕趙克禮出獄後來到煙臺另謀生計,遇到了在大街上傳教的郭顯德(Hunter Corbett,1835～1920)。郭顯德現場頌揚信基督得永生,「你們當孝敬父母,做天父的好兒女,作耶穌的好門徒。耶穌是天父的兒子,能救苦,能救難,使我們在世上得平安,並且靈魂得救。他從天上降下來,為要贖我們的罪,脫離魔鬼的捆綁,得免永遠的刑罰。不下地獄,得上天堂,享永遠的福氣。」聽其佈道之後,趙克禮認為郭顯德宣揚的基督教教義和金丹教的教義非常相似,「倏如醍醐灌頂,大徹大悟」,並最終決定帶領眾信徒受洗皈依基督教。

實際上,金丹教信徒集體皈依基督教有多方面的原因,除了基於信仰上的淺層相似性,更多的是現實壓力所迫。首先,雙方合作的基礎是教義上有眾多可以解釋的暗合之處,「金丹教所講的道理有一點像耶穌教,所差就是把耶穌放在裏面。」〔註43〕。金丹教和基督教都是盼望有一位救贖者來拯救世人脫離苦海,此救贖者於金丹教而言是無生老母,於基督教而言就是上帝。金丹教在修行中有十字大道,「這步大道往來尋,跟我行孝行善人,我勸眾生把心轉,休要錯過好光陰,好光陰賽過黃金,上有青天下有人,人人皆知愛父母,孝悌二字傳兒孫,早知事奉父和母,後代兒孫能通神。」〔註44〕美北長老會在傳教中也特別強調從孝悌入手,「郭牧傳教亦以孝悌為本。此乃清淨教之精義,長老會之真諦也,故其道暗合。」〔註45〕其次,遭到政府鎮壓的金丹教試圖借助外來的基督教會勢力保障自身安全,這也是晚清眾多「幫會道門」加入基督教的現實原因。「這些秘密黨被官家捉了去,一定是死去活來,九死一生。郭牧傳教是由一點外國勢力的,中國官是怕洋人的,所以都歸服

〔註41〕戚其章,民間秘密結社與近代反洋教運動〔J〕,社會科學研究,1985,4:52。
〔註42〕連警齋,郭顯德牧師行傳全集〔M〕,上海:廣學會,1940:346。
〔註43〕連警齋,郭顯德牧師行傳全集〔M〕,上海:廣學會,1940:347。
〔註44〕連警齋,郭顯德牧師行傳全集〔M〕,上海:廣學會,1940:344。
〔註45〕連警齋,郭顯德牧師行傳全集〔M〕,上海:廣學會,1940:344。

了郭牧師，好過太平日子。」〔註46〕最後，從傳教士方面而言，雖然意識到金丹教信徒集體皈依的初衷也許並不純粹，但是他們是有追求靈魂得救的需求，而且，接收「幫會道門」信徒是傳教士們傳播福音，擴大影響，迅速打破傳教僵局的難得機遇。

在皈依基督教之後，金丹教信徒自身合法性問題得以解決，於是以極高的熱情投入到傳教活動之中，由此打破了地方宗教生態平衡，同其他村民間的摩擦不斷加劇，最終釀成多起教案。1873年12月初，美北長老會郭顯德牧師應金丹教教徒們的邀請來到南北嶺、科埠一帶訓導聖經。嶗山北麓有一處玉皇廟，殿宇重重，頗為壯觀，「前為哼哈大殿，上為閣子，兩旁亦有鍾鼓樓。大院內有古松蒼然，碑碣巍然，中為大殿，為玉皇上帝及諸羅漢，兩旁跨院亦有各種福祿財神及送子娘娘等神。」〔註47〕12月8日恰逢玉皇廟冬季廟會。教友們認為廟會期間四方百姓咸集，是傳播福音的好機會，於是呼應郭顯德牧師前往玉皇廟講道。郭顯德代領一眾基督徒眾現場傳教活動引起了前來趕會的當地百姓們的強烈不滿，「有棍徒某，嘯聚黨羽，以石擊之，郭牧頗受重傷，全會登時大亂，無法維持。」〔註48〕無法逃脫的郭顯德只能躲到了玉皇廟內一處空屋，眾人並不罷手，「將空屋團團圍困，窗櫺皆為石所擊破，而外邊人多勢重，打打之聲猶如雷霆朝海。」〔註49〕幸有教徒出手保護，郭顯德最終擠出人海騎馬逃脫。憤怒的民眾們沒有捉到郭顯德，於是尋到他在嶗山科埠的住所，「破門毀窗，並啟其衣箱，取其細軟而歸。臨行時又伐其園中之樹，復牽其飲乳之牛。」〔註50〕

玉皇廟紛爭之後，郭顯德立馬將此事詳呈美國駐華北總領事，並要求總理衙門介入處理，以維護傳教士的合法利益。翌年，在東海關監督和美國領事施佩德（Shepherd）的會審下，「將為首滋事及地保按律分別杖責懲辦外，其餘人證，當時省釋。該民人等違令妄為，殊屬不法。此次繫念初犯，是以從輕發落。」〔註51〕此外，郭顯德因經濟損失而得到了賠償，其在即墨的傳教活動獲得了官

〔註46〕連警齋，郭顯德牧師行傳全集〔M〕，上海：廣學會，1940：347。
〔註47〕連警齋，郭顯德牧師行傳全集〔M〕，上海：廣學會，1940：65。
〔註48〕連警齋，郭顯德牧師行傳全集〔M〕，上海：廣學會，1940：65。
〔註49〕連警齋，郭顯德牧師行傳全集〔M〕，上海：廣學會，1940：65。
〔註50〕連警齋，郭顯德牧師行傳全集〔M〕，上海：廣學會，1940：65。
〔註51〕廉立之，王守中，義和團資料叢編——山東教案史料〔M〕，濟南：齊魯書社，1980：109。

府的切實保護，傳教的範圍也有所擴充，「是年八月間，成立了三處支會」。

在美方壓力之下，玉皇廟事件最終得以解決，挑事民眾得到了懲辦，教會也獲得了賠償。不過，基督教會與地方社會的矛盾卻一直處於積壓之中。1899 年，即墨縣再次爆發了由王一勳（又稱王義勳）領導的針對美北長老會的報復事件。美北長老會教徒范學清素與「幫會道門」大刀會成員王一勳素有過節，在教會的支持下，范學清前往即墨縣衙狀告王一勳。縣令周永在傳喚范、王二人到堂後，並未認真審訊，直接宣布當堂結案。王一勳認為這是范學清依仗基督教會勢力，脅迫縣令，簡直欺人太甚，隨即召集大刀會成員三四十人，圍攻教堂，「即墨縣臥曡莊地方，有王一勳於西本月十四率眾擁入教堂、學堂，搬搶一空。」〔註 52〕事件發生之後，即墨縣衙將王一勳收押入監。不料，王一勳之弟王信勳集結千餘名大刀會成員，攜帶刀、槍、土炮，到縣衙請願，要求放人，「西鄉民因王一勳鬧教在押，聚眾持械，來署滋鬧，（不）服彈壓，互有打傷。當場拿獲數人，聲言報復。」〔註 53〕縣令周永不得不電稟省府，請求派兵鎮壓。最終在省兵的鎮壓下，大刀會的暴亂才得以制止。

二、德國殖民時期的宗教對話

（一）同善會「文化傳教」

在德國佔據青島之前，這片土地還未引起基督教會的足夠重視，只有美國長老會傳教士郭顯德曾在嶗山北麓科埠、南北嶺一帶成立過幾處小教區。1898 年，德國和清政府簽訂《中德膠澳租借條約》之後，有著德國背景的天主教聖言會、基督教同善會和基督教信義會率先進入膠澳。膠澳總督為了褒獎這三個教會對促進殖民地文化生活所作出的功績，鼓勵它們在中國居民中繼續進行富有價值的工作，已將幾塊較大的地皮無償並免稅贈予這 3 個德國教會。〔註 54〕1899 年，美國長老會傳教士伯爾根夫婦也緊隨其後進入膠澳，在此組建教會，發展信眾。

同善會（General Evangelical Protestant Missionary Society），是由德國和

〔註 52〕中國第一歷史檔案館編輯部編，義和團檔案史料續編〔M〕，北京：中華書局，1990：283。

〔註 53〕中國第一歷史檔案館編輯部編，義和團檔案史料續編〔M〕，北京：中華書局，1990：294。

〔註 54〕參閱：青島市檔案館編，青島開埠十七年：《膠澳發展備忘錄》〔M〕，北京：中國檔案出版社，2007：43。

瑞士一批具有自由思想的清教徒於 1884 年在德國城市魏瑪組建成立的基督教差會，也稱為「魏瑪會」，後期改稱為「東亞傳教會」（East Asian Mission）。同膠澳其他教會有所不同，同善會並不鼓勵傳教士們不斷修築教堂，直接從事傳教活動，反而希望他們將精力投入到中西文化交流和地方福利事業中。

1898 年，同善會派遣傳教士花之安〔註55〕由上海移居青島，開闢新的傳教區。花之安到達青島後，並沒有把精力用在教會事務上，反而對青島的植物分布情況產生了濃厚的興趣。在進行廣泛調查和詳細研究之後，他撰寫了青島歷史上第一部重要的植物學著作《青島至嶗山植物概況》。第二年，還沒來得及動手實施在青島創辦華人醫院的設想，花之安突然因病去世。花之安離世後，尉禮賢（Richard Wilhelm）成為了同善會在青島的唯一一名傳教士。同花之安一樣，尉禮賢的主要精力也並未用在傳教事業上，甚至還以自己從未在中國發展過任何一個教徒為榮。他致力於開辦學堂，修建醫院，還非常熱衷研究中國傳統文化，由其翻譯的《周易》一書，至今仍然被認為是最好的外譯本之一。

同善會主張在華采取「文化傳教」，不鼓勵傳教士們直接傳教，是因為他們認為在華各差會的傳教方式過於淺陋和衝動，根本無益於基督教信仰的長遠發展。很多傳教士先驗性的認為中國是貧窮、迷信和不人道的，是屬於「撒旦」的國度。在傳教士報導中，最經常的關於中國的描寫都是與魔鬼（撒旦）的活動有關。例如能方濟在寫給父母的信中就講道「沒有信仰的昏暗」和「撒旦在遙遠的中國的權勢」。韓·理加略在一封信中同樣說「地獄般的帝國。」福若瑟稱中國為「魔鬼的帝國」。中國居民崇拜的神是「可憐的偶像」，鬼神的造型是「偶像的圖畫」，非基督教的中國宗教祭祀場所是「魔鬼的住所」或「魔鬼的寶塔」，而這些宗教的追隨者則是「撒旦的奴隸」等等。〔註56〕既然中國人生活在屬於「撒旦」的國度，那麼解救「苦難」中的中國人就成為來華傳教士們的使命。傳教士一次次的告訴中國百姓，你們信仰的菩薩、關公、財神等一切神明都是一團團泥土，窮苦的靈魂只有信仰基督的信條才能得救。

〔註55〕花之安堅持文化傳教他以「文字傳教」為工作重點，一方面用中文寫作了若干宗教宣傳品和介紹西方文化的讀物；另一方面，他也有意識地研究中國，把中國的各方面情況和他自己的認識介紹到西方社會。然而花之安的研究工作主要是為傳教服務的。

〔註56〕參閱：〔德〕余凱思，在「模範殖民地」膠州灣的統治與抵抗》〔M〕，濟南：山東大學出版社，2005：392～393。

最為關鍵的是，很多傳教士們認為中國文化和基督教信仰之間是相互排斥的。「與 17 世紀耶穌會傳教士的思想相反，但與羅馬傳信部的傳教理論一致。順應中國習俗，就是說妥協讓步，成為根本不可想像的事情了。相反，必須用基督教的習俗和禮儀來取代傳統的習俗和禮儀。」〔註 57〕這等於說要徹底地改造中國，讓一個延續了幾千年歷史的文明國度完全放棄自己傳統，轉而遵守外來的基督教的習俗和禮儀。

　　堅持「文化傳教」的同善會希望學習並踐行早年耶穌會教士們在華的傳教策略。「在早期就到中國的耶穌教士們，大多是頗有才華的人，他們成功之處不在於大肆宣講，而是通過個人的魅力取勝，他們的名字至今還在中國廣為流傳。……實際上他們是把歐洲的文化傳入了中國，並且同許多開放的中國知識分子溝通，從而對中國文化產生了有益的作用。」〔註 58〕中國並不是文化的沙漠，也不是屬於撒旦的國度，中國還有其他的宗教，例如儒教、佛教、道教、伊斯蘭教，基督教以一種居高臨下的態度出現在中國社會是並不合適的，基督教深邃的思想內涵，遠比那些高高聳立的教堂更具影響力。

（二）尉禮賢與遜清遺老們的文化事業

　　二十世紀初的青島是難得的中西文化交流場域，「在當時的青島，大臣、將軍、總督、各種高級官員、學者和實業界的頭面人物匯聚一堂。各種文明的中國生活方式在這片曾經是荒涼海灘的地方相遇。」〔註 59〕當時避居青島的知名前清遺臣就有四十餘位，如兩廣總督周馥，郵傳部大臣盛宣懷，內閣擷揆徐世昌，學部侍郎於式枚，恭親王溥偉，翰林院編修、學部副人臣劉廷琛，郵傳部尚書、軍機大臣吳郁生，盛京將軍趙爾巽，京師大學堂總監勞乃宣等等。此時的青島是特定時代背景下多方面因素共同造就的。一方面，清帝退位之後，一大批的前清大臣、貴族不願意接受新的共和政權，他們紛紛避居到租界尋求自保，青島便是當時三大熱門候選地之一。一些避居青島的遜清遺老們在清末時期就曾代表中國政府與德國有過直接接觸，對德國人和德占青島已經有所瞭解。膠澳總督府基於對君主政體的認同和自身利益考慮，

〔註 57〕〔德〕余凱思，在「模範殖民地」膠州灣的統治與抵抗〔M〕，濟南：山東大學出版社，2005：398。

〔註 58〕〔德〕衛禮賢著，王宇潔、羅敏、朱晉平譯，中國心靈〔M〕，北京：國際文化出版公司，1998：185。

〔註 59〕〔德〕衛禮賢著，王宇潔、羅敏、朱晉平譯，中國心靈〔M〕，北京：國際文化出版公司，1998：135。

對這些堪稱富有的遺老及其龐大的家族採取歡迎的態度。只要遵從膠澳的法律和規則，他們便能得到相應的保護和支持。另一方面，由中德雙方合辦青島德華大學（Deutsch-Chinesische Hochschule）為中西文化交流提供了合適的場所，並且還有尉禮賢為代表的一批對中國傳統文化感興趣的德國人，使得中西方思想文化交流成為可能。淪為殖民地的青島成為了遜清遺老們心中的「世外桃源」，與江河口下的內陸地區相比較，膠澳才是保護中國儒家文化的沃土。

尉禮賢〔註60〕，德國同善會牧師，出生於德國圖賓根（Tübingen），自取中文名尉禮賢，字希聖。1899年尉禮賢被同善會派遣到新開闢的亞洲殖民地——青島傳教，在中國前後待了二十五年之久。尉禮賢與其他在華傳教士們較為鮮明的差別，他不以直接傳教為自己的工作中心，甚至說過：「令我感到欣慰的是，作為一個傳教士，在中國我沒有發展一個教徒。」〔註61〕並且，同很多傳教士對中國文化及本土宗教懷有明顯的偏見不同，尉禮賢對此抱有難得的客觀謙虛態度，他與道士、和尚和風水先生均保持密切來往。例如，嶗山太清宮道長希望尉禮賢能夠成為一名道教信仰者，因此曾私下將密不外傳的道教典籍借與觀看；尉禮賢在觀看了風水先生的選址活動後，認為在這種對地貌條件的洞察中，確實能夠發現一些真理。

下面，我們從籌辦尊孔文社和編譯中西方文獻兩件事情出發，探討尉禮賢與遜清遺老們在青島合作的文化事業。

1. 組建尊孔文社

1912年清帝頒布退位詔書之後，中華民國取代清朝成為合法政府，作為封建思想核心的儒家思想成為新生政府重點改造的對象。有感於此，尉禮賢聯合避居青島的遺老們在禮賢書院內創辦尊孔文社，「近聞京師人言議論廢孔教，以為大戚，約中西學者為『尊孔文社』著書論學，以昌明正學為宗，並登報傳佈，暨譯西文，流傳西國。」〔註62〕1914年，尉禮賢又在禮賢書院內修建了尊孔文社藏書樓，用來保存中西方典籍。避居青島的遺老們大多接受過

〔註60〕尉禮賢，通常也譯作衛禮賢，因為同時期文人信件中稱其為尉君禮賢，所以本文採用尉禮賢的稱謂。

〔註61〕葉雋，德國視野裏的「基督福音」與「中國心靈」——從花之安到衛禮賢〔J〕，國際漢學，2007，1：43。

〔註62〕張立勝，縣令·幕僚·學者·遺老——多維視角下的勞乃宣研究〔D〕，北京：北京師範大學，2010：52。

良好的儒家文化薰陶，對於尉禮賢不問傳教之事，一心保護儒家文化的行為給予了鼎力支持。勞乃宣在《青島尊孔文社建藏書樓記》中，讚揚了尉氏藏書之功德：

> 士生三代以下，欲聞聖人之道，非聖人之書未由。是書者，聖人之道之所寄也。夫聖人之道，人道也，聖人之書，人道之書也。苟為人既不能不有人之道，欲有人之道即不能外乎聖人之書，故凡有血氣者，莫不知聖人之書之可貴而尊之實之。雖然，明鏡鑒形，妍者之所喜而媸者之所惡。夏鼎鑄奸，人類之所恃，魑魅魍魎之所忌。秦之所以焚書者，以聖人之道適足以張其醜也。當秦時，知聖人之書之可貴者，率藏之山崖屋壁之間，漢興求書乃得有所憑籍，以明聖人之道，而人道賴以不滅，則藏書之功也。比者革命之變，神州陸沉，學校禁讀經書，私家有授經者，官吏至加以刑罰，人道之不絕者如縷矣。德國尉君禮賢以西人而讀吾聖人之書，明吾聖人之道者也，時居青島，聞而憂之，與中國寓青島諸同人結尊孔文社，以講求聖人之道，議建藏書樓，以藏經籍。同人樂贊其成，相與捐資，克期興作，行見不日成之。聖經賢傳之精、子史百家之富，萃集於斯，聖人之道將不外求而得焉。青島為德國租界，內地官吏勢力所不及，雖欲摧殘之而不能，他日內地讀書者日少，老者既代謝，後生不獲窺聖人之典籍，寰宇之中晦盲否塞，芸芸群生必如秦代黔首之見愚，莫克知人道之所在，有欲考尋聖人之書以為人道之指導者將不可得，而是樓也，巍然獨存且卷帙富有，足資探討。與古昔之抱殘守缺者尤不同，人道之晦而復明，絕而復續，不於是乎在而安在，其功不勝於山崖屋壁之藏萬萬哉？〔註63〕

勞乃宣認為，「書者，聖人之道之所寄也」，有聖人之書，則聖人之道顯矣，無聖人之書，則聖人之道隱矣。現今，革命黨人篡奪政權，毀書焚典，這是禁絕聖人之道，及至後世欲尋聖人之書以為人道之指導而不得時，將全賴此樓！

尊孔文社創辦之初，尉禮賢就設想：「著眼未來，力爭對其時已受到嚴重損害的中國文化寶庫進行搶救。我們應當通過翻譯、報告、學術著作等方式，

〔註63〕勞乃宣，桐鄉勞先生遺稿，卷五〔M〕，臺北：文海出版社，511。

來加強東西方思想界的聯合與合作。例如，可以把康德的著作譯成中文，也可以把中國的經典譯成德文。」〔註64〕文社建成之後，成為了避居青島遜清遺老們的公共會客廳，他們利用此地招徒授課，坐而論道，暢談古今中西。尊孔文社通過翻譯、講座和出版等具體方式，在東西方文化之間架起一座橋樑。例如，尉禮賢在張士珩的幫助下將道教典籍《太乙金華宗旨》翻譯為德文，寄給著名心理學家榮格請其撰寫評論，於是有了《金花的秘密》一書；尉禮賢在勞乃宣的指導下將《易經》翻譯為德語，一直作為西方學界認可的權威譯本；尉禮賢與周馥的孫子周叔弢合作將康德的（On the power of the mind to master its morbid feelings by sheer resolution）翻譯為中譯本《人心能力論》。

2. 編譯中西方文獻

在尉禮賢的主持下，禮賢書院組織了張子清、譚希群、朱獻廷、周銘九等知名學者們編譯了一批著名典籍，將中國傳統文化經典翻譯成西文，同時將西方哲學、數學、地理、物理學著作翻譯為中文，對於促進中西方思想文化交流發揮了積極的促進作用。

> 有張君子清著作勾股題鏡一書，闡明勾股之理，及一切關係勾股之要題，詳細備載，誠中西勾股書中之最優秀者也。現已付印於上海美華書館，至仲秋定必出版也。又有譚君希群，亦為著作翻譯家，現已譯電學，繼則譯水氣、熱聲、光化矣。又有朱君獻廷，曾任山西大學堂譯書院編輯員，今則助尉禮賢先生，著作最新國文教科書，及地理等，不久即可付印矣。又有周君銘九，為文會最著名之算學家也，現幫辦禮賢書院，自去冬囑余助之著作算學，只以諸事忙亂，至今未得創基，不久亦必發其中蘊矣。本院總辦尉君禮賢，見各科學書籍，所譯之名不一，欲編同文字典一書，俾得一統車書，四海仰同文之盛，華洋輯睦，六洲成一家之言。現已湊稿，託余立之觀察轉呈學部議奏，然後聘請名人，同成是書。而今本院又擬出學問報紙一章，中德字兼用，多備科學專門，日久成本，利益匪淺，則著書一門，亦可見本院之特色矣。〔註65〕

在組織知名學者編譯之外，尉禮賢自己也翻譯了一些中華傳統文化典籍。

〔註64〕葉雋，德國視野裏的「基督福音」與「中國心靈」——從花之安到衛禮賢〔J〕，國際漢學，2007，1：44。

〔註65〕溯創禮賢書院記〔J〕，通問報，1906，191：4。

「衛禮賢對中德文化交流最大的貢獻在於他對中國典籍的翻譯。他先後將《論語》、《孟子》、《大學》、《中庸》、《家語》、《禮記》、《易經》、《呂氏春秋》、《道德經》、《列子》、《莊子》等涉及到儒、道等中國文化的最根本的經籍譯成德語。這些譯本迅速使中國傳統思想和文化進入了德國思想界主流之中，影響到黑塞、榮格這樣的大作家和思想家。」〔註66〕諸多作品中最為著名的便是尉禮賢同勞乃宣合作翻譯的《易經》一書。

尉禮賢於勞乃宣的相遇頗有幾分傳奇色彩。尉禮賢曾回憶道：「在烏雲散去之前，我做了一個奇怪的夢。夢裏有一個眼神友好，鬍子雪白的老人老探訪我。他稱自己為『嶗山』，要我去探尋古老山嶽的秘密。我向他鞠躬並表示感謝，他一消失我立刻醒了。」而就在此期間，一直和尉禮賢保持書信來往的前山東巡撫周馥給了尉禮賢一個建議：「你們歐洲人只瞭解中國文化的淺層和表面，沒有一個人明白它的真正含義和真是深刻之處。原因在於你們從未接觸過真正的中國學者。你曾拜作老師的鄉村教師，他們也只瞭解些表面東西。因此好不奇怪，歐洲人有關中國的知識只是一大堆垃圾。如果我給你引見一位老師，他的思想真正根植於中國精神之中。他會引導你探討中國精神的深刻指出。你覺得怎麼樣？你就能翻譯各種各樣的東西，自己也寫一寫，中國也就不會總在世界面前蒙羞了。」〔註67〕尉禮賢得到這個消息自然是欣喜若狂，不久勞乃宣便攜全家來到青島。勞乃宣告訴尉禮賢他們先祖就來自嶗山地區，所以整個家族的姓氏為「勞」。同時勞乃宣長的和尉禮賢夢中的老者像極了。

周馥最初推薦勞乃宣是到青島主持尊孔文社。清亡之後，勞乃宣避居到山東曲阜，但是附近村鎮時常有盜賊出沒，出於自身安全方面考慮，一直計劃另闢他處。恰值尉禮賢在青島籌建尊孔文社，主持者乏人，而青島作為德國租界是避亂的理想之處，於是勞乃宣便採納了周馥的建議。勞乃宣對於尉禮賢的印象很好，「尉君以弟子自居，執禮甚恭，其人恂恂有儒者氣象，殊難得也。弟所居屋宇為尉君代租，有屋十間，月租價洋六十元，無庸自出。又月贈束脩五十元。」〔註68〕

〔註66〕〔德〕衛禮賢著，秦俊峰譯，德國孔夫子的中國日誌〔M〕，福州：福建教育出版社，2012：5。

〔註67〕張立勝，縣令·幕僚·學者·遺老——多維視角下的勞乃宣研究〔D〕，北京：北京師範大學，2010：53。

〔註68〕韓行方、房學惠，勞乃宣致羅振玉書札十六通（7）〔J〕，文獻（季刊），1999，4：270。

　　勞乃宣和尉禮賢合作一段時間後，雙方便著手合作翻譯《易經》。這個任務對於尉禮賢來說太過艱難，《易經》的晦澀難讀是眾所周知的，是賴以勞乃宣的協助才能最終完稿。「《易經》如此古奧，翻譯也就相當艱繁。六十四卦的每一個卦辭都要分作疾步完成。先由勞乃宣將卦辭譯成淺近文言，尉禮賢筆錄；然後尉禮賢把筆記內容譯成德語；再由尉禮賢在不參考原文的情況下，吧德語回譯成中文；接著由勞乃宣進行對比，看中文回譯是否理解了各個卦辭的要點，細節是否準確無誤。最後由尉禮賢參照勞氏的意見，修改潤色德語譯本（一般要經過三四次），並加以必要的注釋。這樣一步步下來才算完成一卦的翻譯。」〔註69〕

〔註69〕孫保鋒，衛禮賢的《易經》翻譯，見孫立新、蔣銳主編，東西方之間——中外學者論衛禮賢〔M〕，濟南：山東大學出版社，2004：81。

第三章　日本殖民時期的宗教活動

第一節　日本宗教改革與日系宗教海外開教

　　在日本現代化的進程中，「明治維新」這一時期是其中最重要也最為關鍵的時期。為了對抗列強入侵，避免淪為歐美殖民地的命運，明治政府籌劃在思想上將全國人民團結起來，以不同於民間固有神道（一般稱為教派神道或神社神道）的「國家神道」，結合天皇信仰做為日本國民教育的重要一環，從而建立一個以天皇為精神核心的獨立主權國家。

一、日本宗教改革運動

　　1853 年，美國東印度艦隊司令馬休・佩里（Matthew Calbraith Perry，1794～1858）率領艦隊進入江戶灣畔浦賀，以武力威脅要求同日本建立外交和經濟關係，史稱「黑船來日」。次年，日本同美國簽訂《日美親善合約》，日本同意開放下田和箱館兩處通商口岸，並給予美國最惠國待遇。繼美國之後，俄、英、法等國也伺機同日本簽訂了各項不平等條約。一系列不平等條約的簽訂，引起了日本社會對於德川幕府的強烈不滿，進而提出「尊王攘夷」的口號，要求幕府交出最高統治權，抵禦外辱。1868 年，天皇軍在鳥羽、伏見之役中大勝人數佔有明顯優勢的幕府軍，此後天皇軍趁勝出擊東征北上，基本實現了日本國內統一。以睦仁天皇為首的新政府，在政治、經濟、文化等方面推行了一系列近代化的改革措施，史稱「明治維新」。作為一場全面的資產階級改革運動，明治維新的改革內容必然會涉及到宗教領域。按照對

象不同，可以將明治宗教改革活動劃分為神道教改革、佛教改革和基督教改革三大部分。

（一）神道教改革

1. 明治政府內部專門設置有「神祇官」這一新職位。1868 年 1 月，在對《王政復古大號令》的補充修改中，明確了新的中央政府的組織形式為三職（參與、議定、總裁）七科（神祇、內國、外國、會計、刑法、制度、海陸軍），神祇在七科中佔據了首要位置。2 月，在明治政府的再次修改中，將「三職七科」改組為「三職八局」，新增「總裁局」，將「海陸軍科」調整為「軍務局」。神祇官掌管範圍是有關神祇、祭祀、祝部、神戶等事項，下設總督、副總督、判事、權判事等職務。

同年 3 月，太政官宣告「祭政一體」〔註1〕，恢復神祇官。「祭政一體」是借用《古事記》和《日本書紀》中的流傳的神話，宣告天皇是神社的最高祭祀者——「現人神」，這樣無疑是為了增加天皇的神聖性質，也為新成立政權謀求合法性的依據。在這一體制下，神祇官就成為了全國神道事務的總負責者，將全國神社劃歸到國家神道體制之內。

同年 4 月，明治政府發布《政體書》，「天下之權力皆歸太政官，使政令無出於二途之患。太政官之權力分為立法、行政、司法三權，使無偏重之患。」〔註2〕神祇官設於行政權之下，設知官事一人，由親王、諸王、公卿、諸侯充之，餘知官事倣之。但是《政體書》實際上是封建法制殘餘和資產階級法制的混合物，將舊官職中的太政官放於政府機構的核心，違背明治維新的基本精神。因此，1869 年 7 月，政府再次進行官制改革，公布了《職員令》和官位相等表。神祇官從太政官內劃分出來，其位置高於太政官，歸屬天皇直接領導。〔註3〕

1871 年 8 月，明治政府重新調整行政機構，太政官下設正院、右院和左院，與八省（工部、大藏、外務、神祇、宮內、兵部、文部、司法）並列。神祇官改組為神祇省，並於次年宣布廢除神祇省，設置教部省。

〔註 1〕史料日本的歷程，近代篇〔M〕，東京：吉川弘文館，1967：174。轉引自：王金林，日本神道研究〔M〕，上海：上海辭書出版社，2007：306。
〔註 2〕〔日〕笹山晴生等編，詳說日本史史料集〔M〕，東京：山川出版社，2007：242。
〔註 3〕參閱王金林，日本神道研究〔M〕，上海：上海辭書出版社，2007：308。

明治政府中央機構的組織形式調整表

1868年1月	1868年2月	1868年閏4月（政體書）	1869年7月	1871年8月
三職	三職	太政官	神祇官 太政官	太政官
參與　議定　總裁	參與　議定　總裁	司法　行政　立法		右院　左院　正院
十科	八局			（省務協議）（立法議）（參議　左大臣　右大臣　太政大臣）
		刑法官　神祇官・軍務官　會計官・外國官　行政官　議政官	宮内・外務　兵部・刑部　民部・大藏	
				八省
神祇・刑法　内國・制度　外國・海陸軍　會計	總裁・軍務　神祇・會計　内國・刑法　外國・制度		六省	工部・宮内　大藏・兵部　外務・文部　神祇・司法

2. 在設置神祇官一職之外，明治政府還對舊的神社體系進行系統化的改造，確立了神社新格局。一方面，廢除了神社神官世襲制度。1871年5月14日，太政官發布《關於廢止神官世襲件》[註4]的布告：

> 神社之儀，國家祭祀，毋容置疑乃非一人一家私有之事。中古以來，隨大道陵夷，神官社家之輩中，向有神世相傳之由緒，多為一時補任之社職，終致永久沿襲，或因領家地頭世變，終致執一社之務，迄至其餘村邑小祠之社家，皆成世襲。以社入為家祿，成一己之私有。此已名為天下一般積習，神官自然成士民之別種。悖祭政一致之政體，不勘弊害，今茲改正，以伊勢兩宮世襲神官為始，迄至天下大小神官社家，皆應精選補任，此旨。

〔註 4〕〔日〕神祇院總務局監輯，最新神社法令要覽〔M〕，東京：京文社，1941：93。轉引自：王金林，日本神道研究〔M〕，上海：上海辭書出版社，2007：312。

《關於廢止神官世襲件》的發布，意味著：（1）實行「祭政一致」之政體形式，國家神社屬於國家公共祭祀範圍，並非私人事務；（2）由於「大道陵夷」等原因，神官社家之輩代代相傳，導致神官成為一種世襲的職業，淪為個人謀利的工具；（3）面對種種弊端，政府決定廢除神官世襲的現狀，推行神官納入國家官吏體系。

另外，明治政府將國家神社分為敕祭神社、神祇官管轄神社、準敕祭神社三級。1871 年，太政官對於神社作出了更加明細的劃分：官社〔註5〕分為官幣社、國幣社兩類，兩者的區別主要在於官幣社由皇室供奉幣帛，國幣社則由國庫供奉幣帛。在祭祀活動中，官幣社由神祇官主祭，國幣社則由地方官主祭。官幣社和國幣社各又分為大、中、小三格，官社總數為 97 社。官社之外的其他地方神社，統稱為諸社。諸社分府社、藩社（廢藩置縣後改為縣社）、縣社、鄉社、村社和無格社。府社、藩社和縣社從相應的各府、各藩、各縣領取奉幣，鄉社的奉幣則來自於府縣或者市。無格社是指規模太小，沒有社格的神社。如此以來，神社系統從上到下分為官社，府縣社、鄉社、村社和無格社五個等級，從中央到地方的近代社格制度正式建立。

（二）佛教改革

佛教自公元六世紀左右由朝鮮和中國傳入日本後，經歷了相應本土化的改造，最為明顯的是佛教與本土神祇信仰結合所產生的具有「神佛一體」的思想體系。「神佛一體」可以理解為四種情況：（1）神還沒有悟道解脫，還需要佛的解救；（2）神是守護佛教的存在；（3）在佛教影響下產生新的神祇；（4）神祇是佛為了解救眾生而改變形象來到當地的化身。〔註6〕在神佛一體的背景下，佛教與神道教可以融洽的相處。然而，到了明治維新時期，新生政府大力宣揚「神武創業精神」，相繼發布了「祭政一體」和《政體書》等法令，使得神道教在國內的地位不斷提升，獲得了實際上國教的角色。曾與德川幕府關係密切，又和神道教融匯在一起的佛教，便成為了明治政府宗教改革的重點對象。

明治政府佛教改革的第一步是推行「神佛分離」政策。1868 年 3 月，初掌權柄的神祇事務局發布布告：

〔註 5〕官社是指：每年祈年祭、新嘗祭時領取國家封幣的神社。
〔註 6〕〔日〕末木文美士，日本宗教史〔M〕，東京：岩波書店，2006：39～47。

　　　　此番王政復古，為一洗舊弊計，諸國神社之中以僧人形狀服職

之別當〔註7〕、社僧等當恢復舊飾。〔註8〕

接著，太政官下達《神佛分離令》：

　　　　中古以來，以某權現或牛頭天王之類以及其他佛教語言稱呼神

號之神社為數不少，凡此均須盡繕寫其神社之來由具報。（但書略）

一、凡以佛像為神體之神社，以後應須改換。附：以本地等為名，

懸掛佛像於社前，或置鰐口、梵鐘、佛具等物者應從速撤除。

　　分離令明確禁止了對神像冠以某某「權現」、「菩薩」、「明神」、「牛頭天
王」等稱號。太政官於 4 月 24 日下令取消八幡大菩薩的稱號，全部改稱為
「尊稱八幡大神」，翌閏 4 月，發布社僧、別當還俗命令。接著與 10 月，禁
止了法華宗（日蓮宗）的三十值班神。〔註9〕

1870 年正月 3 日，以天皇名義發布《宣布大教詔書》

　　　　朕恭惟天神天祖，立極垂統，列皇相承，繼之述之，祭政一致，

億兆同心，治教明於上，風俗美於下。而中世以降，時有汙隆，道

有顯晦，治教之不恰也久矣。今也大運循環，百度維新，宜明治教，

以宣揚惟神之大道也。因新命宣教使，布教天下。汝群臣眾庶，其

體斯旨。〔註10〕

　　次年，政府取消寺院中的「宗門人別眼」，正式廢止了江戶以來的「寺請
製度」，斷絕了佛教同政治事務的連帶關係〔註11〕。

　　佛教改革的第二步便是「廢佛毀釋」運動。事實上，從《神佛分離令》政
策本身出發，是為了將神道教與佛教分類開來，還沒有要打擊佛教的意思。
但是，在實際操作中，明治政府為了提升神道教的聲望必然會削弱佛教勢力。
因此，在《神佛分離令》執行過程中，日本國內興起了一股「廢佛毀釋」運動
浪潮。在京都，對於神佛融合的神社，祇園社改成八阪神社，石清水八幡改
成男山神社，愛宕山大權限改稱愛宕神社，並將佛像、佛具等搗毀或賣掉。

〔註 7〕神社之中從事佛事的社僧，分為別當、檢校、勾當等不同級別，別當為其中
　　　　的最高等級。

〔註 8〕〔日〕村上專精等編，明治維新神佛分離史料（卷上）〔M〕，轉引自：楊增文
　　　　主編，日本近現代佛教史〔M〕，杭州：浙江人民出版社，1996：43。

〔註 9〕〔日〕村上重良，國家神道〔M〕，北京：商務印書館，1992：77。

〔註10〕高洪，明治時代的日本佛教改革運動〔J〕，日本研究，1996，3：17。

〔註11〕高洪，明治時代的日本佛教改革運動〔J〕，日本研究，1996，3：17。

在奈良,各大寺院遭到了破壞。興福寺和春日社分開,寺中僧侶全部改為春日社的神職。沒有僧侶的興福寺因此荒廢。在伊勢,度會府知事橋本實梁禁止在神領的川內舉行佛式葬禮,強迫府內六十餘寺提出廢除寺院的請求。在佐渡,五十五個寺院合併為一宗一寺,禁止僧侶離開藩國,如有外逃者格殺勿論,以此斷絕寺院和各宗主寺之間的聯繫,達到排佛實效。在富山,本藩大參事林仲太指揮下,發出關閉合併寺院的藩令,內容是把藩內 370 餘寺改為一宗一寺並為 8 個寺院,對於僧侶則獎勵還俗。在實行寺院合併時,林仲太還派兵監視寺院,沒收梵鐘、金屬器具,用作製造槍炮的原料。在松本,以藩主戶田光則為首,藩士多為水戶學的信仰者,乃傚仿水戶藩,徹底實行了排佛毀釋。〔註 12〕

不過,明治政府推行的神道國教化政策並未獲得最終成功。「祭政一體」、「神道至上」等政教觀念與傚仿西方「文明開化」運動之間存在著根本性的衝突。神道國教化的失敗,客觀上為佛教的再度振興提供了轉機。以西本願寺為代表的佛教諸寺院主動推動佛教改革,積極與新生政府相適應。1870 年,鑒於「廢佛毀釋」運動引起的社會動盪以及佛教在鞏固統治上「有用性」,明治政府接受了真宗西本願寺派僧人島地默雷、大洲鐵然等人的建議,在民部省中設立寺院僚。1872 年 4 月,又廢神祇省立教部省。教部省建立後,立即於 4 月 28 日發布「教則三條」。在這個新的宗教規則中,政府指示國民:「一、應體敬神愛國之宗旨;二、應明天理人道;三、應奉戴皇上,遵守朝旨。」

雖然,再次重申了「敬神愛國」、「奉戴皇上」之類高揚神道以維護天皇制政治的意圖。然而,「三條教則」較之早年下達的《宣布大教詔書》中「朕恭惟天神天祖」的提法做了某些修改,更多地突出了「神道主義教化」的思想成分。而在三條教則實施過程中,政府將以往由神道獨擅宣教使職務的做法加以調整,同時任命神官、僧侶出任教導職,佛教的地位有了本質性的改變,初步回歸教化國民的官方體系之中。

(三)基督宗教改革

基督宗教傳入日本的歷史最早可以追溯到耶穌會創始人之一的方濟各・沙勿略(St. Francois Xavier,1508～1552)。1549 年 8 月 15 日,方濟各・沙勿略在日本人彌次郎的引導下,帶領兩位西班牙籍傳教士多列(Cosme De

---

〔註 12〕〔日〕村上重良,國家神道〔M〕,北京:商務印書館,1992:88～89。

Torres，1510～1570）和佛南田（Juan Fernandez）乘坐商船來到日本九州的鹿兒島。當時日本國內正處於割據分裂時期，地方領主出於經濟利益的考量，傾向於接受並利用基督宗教，使得基督宗教在短期內在日本獲得了高速發展。然而，豐臣秀吉和德川家康等權力的執掌者卻發現基督宗教的力量難以控制，加之國內佛教和神道教的嫉妒和不滿，基督宗教最終在德川幕府時期遭到徹底禁絕。

明治政府上臺之初，基本延續了德川幕府時期的基督宗教政策。1868 年 3 月 15 日，明治政府制定了「定三札」和「覺二札」，合稱五榜立札。其中，「定三札」的第三札內容是，「堅決禁止基督邪教，若發現可疑人士，報知官府者當有獎賞」。〔註13〕這也就意味著延續了德川幕府以來二百多年的對於基督宗教的禁制政策。

明治政府對基督宗教的禁教政策自然遭到了歐美諸國的強烈不滿。五榜立札制定之後不久，英國駐日外交大使巴夏禮（Harry Smith Parkes，1828～1885）就對將基督宗教稱為邪教的做法表示強烈不滿。對此，明治政府以制定過程中失誤所致，並非政府本意為藉口，企圖以此緩和緊張的國際關係。當然，歐美各國駐日大使並不滿意明治政府的此般解釋，對此聯合發出抗議書：「以上法令（禁教高札）乃日本對締結盟約諸國所信奉宗教之侮辱，貴國與諸外國交往親睦，理應表現尊稱之意，然此聲明似略有違背之意。……望貴國思想行動與文明諸國達同一水準，貴國採用之法令實乃進步主義之倒退、守舊思想之再發。我等雖絲毫無干涉日本內政之考慮，然對本國宗教施加之侮辱須斷然排斥。」〔註14〕明治政府迫於國際的壓力，不得不在修改後，發布新的布告：「一、對於基督教，嚴守至今為止之禁制；二、對於邪教，斷然禁制。」〔註15〕新布告將基督教和邪教明確的劃分開來，也就意味著明治政府承認基督教並非是邪教的一種。雖然仍然堅持禁止基督教在日本傳播的政策，但是畢竟顧及到了歐美信仰基督宗教諸國之感情。

〔註13〕〔日〕笹山晴生等編，詳說日本史史料集〔M〕，東京：山川出版社，2007：242。

〔註14〕〔日〕浦川和三郎，切支丹の復活，前編〔M〕，東京：國書刊行會，1979：588～589。轉引自：李強，明治初期日本政府基督教政策的演變（1868~1873）〔D〕，長春：東北師範大學，2013。

〔註15〕〔日〕戶村政博編，神社問題とキリスト教〔M〕，東京：新教出版社，1976：49。轉引自：李強，明治初期日本政府基督教政策的演變（1868~1873）〔D〕，長春：東北師範大學，2013。

　　1871 年 12 月 23 日，日本政府組建以岩倉具視為全權大使的岩倉使團，從橫濱港出發，開始對歐美諸國進行考察訪問。訪問的過程中，歐美諸國再次就明治政府對基督教的禁教態度，同岩倉使團進行多次交涉。美國總統格蘭特（Ulysses S. Grant，1822～1885）在接見使團時就提出：「致使我們人民富強與幸福的原因，正是基督教……不禁止出版自由，不束縛人的信仰與良心，而對於宗教寬容的給予，只要是在這個國家居住，不管是本國國民還是外國人，絕不施加一切限制。」〔註 16〕英國外相格蘭維爾（Granvill George Leveson-Gower，1815～1891）在談判中發言：「現今英國與日本在政體之上最大的差異就是宗教禁教，由於日本依舊對基督教進行嚴禁，甚至有人給我寫信要求停止與日本代表的談判。」〔註 17〕在歐美諸國的頻繁施壓下，岩倉使團歸國後建議明治政府調整對基督教的禁教政策。1873 年 2 月，明治政府發布了撤除基督教禁教高札的布告。3 月，將分發到各藩管制的基督教徒遣回故鄉。隨後，日本政府又以「一般熟知之事」為理由解除了對基督教的禁戒，以表明學習西方，實行「文明開化」的態度。

　　明治維新過程中關於宗教改革的內容，是這場現代化改造運動中較為保守和落後的一部分。宗教改革的內容是以培植神道教，塑造天皇的神聖性為核心的。明治政府希望將神道教塑造成為日本的國教，用來團結各級民眾，維繫新生的政權，並以此來與西方各國相抗衡。但是，這一時期西方各國普遍流行的是「政教分離」思想，政治權力與宗教權力相分離，政府不可以扶植或壓迫各宗教團體。明治政府不僅嘗試將神道教國教化，而且禁絕基督教的做法不免會遭到歐美諸國的普遍非議。

　　在西方各國的質疑下，明治政府提出了「神道非宗教」說法，為國內的宗教改革辯護。「神道非宗教」亦即所謂的「祭政教一致」之一環，主要「神道」並非「宗教」而是「治教」。將公領域的「道德」與私領域的「宗教分開」，而神道的「道」，是道德是教化，而不是宗教，因此成為「治教」。……因此，國家神道僅僅是天皇家的祭祀儀禮，以及現代國家之政府對國民所進行的道德教化，屬於公領域而不涉及個人層面的信仰。因此，明治政府對外宣稱：

〔註 16〕〔日〕日本學術振興會編纂，條約改正關係：大日本外交文書，第一卷〔M〕，
　　　　東京：日本國際協會，1941：103。
〔註 17〕〔日〕日本學術振興會編纂，條約改正關係：大日本外交文書，第一卷〔M〕，
　　　　東京：日本國際協會，1941：228。

在天皇的國民教育與國家神道的國民教化之外，日本國民仍然保有其宗教信仰的自由。〔註18〕這就意味著日本開闢出了一條獨特的，有別於歐美諸國的「政教分離」路線。

　　日本的宗教改革是為了應對複雜的國內外局勢為推行的，部分達到了領導者的預期目的。神道教在國家的支持下，取得了快速的發展，國家神道、教派神道和民俗神道的體系分類更加合理，並在維繫天皇崇拜中發揮著獨一無二的作用。佛教和基督教各派則在遵守「教則三條」的前提下，重新梳理本宗教義，主動嚮明治新政府相靠攏。當然，日本宗教改革也帶來了諸多負面影響，各宗教團體淪為政府的「工具」，在「至尊天皇」的面前紛紛低頭，背棄教義而順應日本政府走上對外侵略擴張戰略。

二、日系宗教傳入青島

　　日本文化在歷史上長期受中華文明的影響，由中國傳入的儒家思想和佛教文化曾在日本社會有著舉足輕重的地位。及至十九世紀中後期，中國接連遭遇了外來的侵略，漸漸趨向衰敗，然而日本卻在明治維新之後獲得快速發展，成為亞洲強國。在綜合國力逆轉之後，日本國內的各宗教團體也開始籌劃反向傳至中國。日系宗教進入中國始於日本僧人小栗棲香頂。1873年7月，日本淨土真宗人谷派妙正寺住持小栗棲香頂由長崎出發，乘船到達上海。關於遠渡中國的原因，小栗棲香頂在《護法論》中寫道：

> 香頂謹案，印度、支那、日本三國，土地相依，以全亞洲之體面。宛如鼎足然，一國受傷，則二國蒙病、夫佛法起印度，傳支那，入日本。三國僧侶同心協力，護法護國，可以全亞洲之體面也……廿年前，英國遂略印度，收歸版圖，國民亦隨去佛歸耶矣。此印度先受傷也。支那，咸豐十年，與英、法和，沿海之地，許立教堂，貧民陷彼術中，可知矣。此支那亦受傷也。日本，七年前與歐米締約，許立教堂，蠢民歸彼者不為鮮少矣。從日本矣受傷也。一國受傷，二國不免其病，況三國受傷，既於如此乎，為之僧侶者，豈可不奮發興起哉。〔註19〕

〔註18〕李道道，日本宗教的光與影——初探明治維新新時期國家宗教與民眾宗教之互動〔D〕，花蓮：慈濟大學，2013。
〔註19〕〔日〕小栗棲香頂，北京紀事北京紀遊〔M〕，北京：中華書局，2008：188。

　　小栗棲香頂從地理位置和歷史傳統兩個方面出發將印度、中國和日本歸為一體，如鼎之三足。如今，三國竟有相似之遭遇，面對相同之敵人。因此，小栗棲香頂希望自己作為橋樑來聯合中日僧人共圖振興佛法，不過他的主張並未獲得中國佛教界人士的響應。1876 年 7 月 7 日，小栗棲香頂攜了然、河崎顯成和倉穀哲僧等人由神戶啟程再次趕赴上海。他們在上海虹口北京路 498 號租借房屋，創辦「真宗東派本願寺上海別院」，這成為「日本在中國的第一個宗教組織」。

　　不過，日系宗教入華的目的並非如小栗棲香頂說的那麼不單純，其中常常摻雜著各種政治因素。明治維新早期，日本「佐賀七賢」之一的江藤新平就提出應派遣宗教人士去中國收集情報的設想。「應從不同宗派中挑選教職人員，把他們作為間諜派到中國……為了調查中國的地理狀況，應該秘密選派一些世俗人士，把他們和上書教職人員混雜編組，也可以按其他方式行事。」〔註 20〕此後，隨著日本政府侵略擴張步伐的加快，日系宗教競相響應明治政府「大陸政策」的號召，主動祈求「國家安寧」，徵請「士兵健康」。

　　1913 年，日本佛教淨土真宗本派（西本願寺）在青島無棣四路設立西本願寺別院，這標誌著日系宗教正式傳入青島。1914 年，日德戰爭之後，日本守備軍司令神尾光臣主持在青島若鶴山（貯水山）修築了規模龐大的日本神社。此後日本教派神道中的天理教、金光教、御嶽教稻荷教會、實行教稻荷教會；日系佛教各派中的淨土真宗本派、臨濟派、淨土宗、日蓮宗、曹洞宗和真言宗相繼傳入青島。

（一）神道教

　　日本神道教歷史悠久，是大和民族的傳統宗教信仰，最早可以追溯到繩文時代。早期神道教以自然為主要崇拜對象，進入彌生時代以後，農耕技術的引進為氏族部落的誕生奠定了基礎，部落先祖離世後轉化成為「氏族神」繼續保護子孫後代，神道教又增加了祖先崇拜的部分。神道教的重要發展階段是日本孝德天皇大化改新時期。孝德天皇引入中國的政治制度，建立以天皇為中心的中央集權制國家，並引入中國儒釋道思想充實神道教義，將其作

〔註20〕江藤新作《南白江藤新平遺稿》，轉引自：〔美〕霍姆斯‧維慈著，王雷泉等譯，中國佛教的復興〔M〕，上海：上海古籍出版社，2006：135。

為官方的思想統治工具，並且建立了相對齊全的「神祇」制度，實現了由原始神道向皇室神道的過渡。〔註 21〕明治維新時期，新政府宣告祭政一致，恢復神祇官職務，將全國的各處神社納入到國家神道體系之中。

1914 年，日德戰爭之後不久，神道教就開始傳入青島。為了安撫日德戰爭期間在青島陣亡的日本官兵亡靈，日本守備軍司令神尾光臣在上任後提議在青島修築一座日本神社。1916 年守備軍司令部通過了青島神社修築方案：青島神社定位為官方級別神社，社址選擇在若鶴山（貯水山），設計師為日本內務省推薦的加藤古裕。1918 年 5 月舉辦地鎮祭（動工）至 1919 年 11 月舉辦鎮座儀式（竣工），日本守備軍用了一年半的時間，在青島修築了一座佔地六千餘平，實際擁有土地六萬餘平的規模龐大的海外神社。

青島神社的主體建築為前後順次排列的三座木質大殿。前殿為拜殿，拜殿正面鑲嵌著象徵日本王室的 16 瓣菊花徽徵，是舉行參拜儀式的場所。中殿是本殿，建築規模最小，卻是整個神殿中最重要的殿堂，是供奉神靈排位的處所。後殿造型取木樓結構，底部懸空，殿內供奉神器和鎮廟之寶。中殿和後殿有鏤空木質圍欄，佈設兩座側門，形成一獨立院落。三座大殿之外，神社的建築物還有：鳥居、中門、瑞垣、神饌所、第一華表、玉垣、社務所、洗鹽所、神庫、倉庫、神輿庫、第二華表、社號標、揭示牌、參拜人休憩所、紀念陳列館等。〔註 22〕青島神社供奉的神位為：天照大神、明治天皇和大國魂神。根據青島神社標注：「天照大神即我皇室之祖而為平和博愛之神，其偉大神德愛撫蒼生；明治天皇即能體歷代列皇所承皇祖仁心，而實現之於中外以為一代之聖業。大國魂神則守衛國土之神也。」〔註 23〕青島神社主要的祭祀節日為：例祭（四月三日，十月十七日）、祈年祭（二月十七日）、新嘗祭（十一月二十三日）〔註 24〕。

神道教不僅在青島建立了規模龐大的神社，教派神道中的天理教，金光教、御嶽教稻荷教會、實行教稻荷教會也先後進入青島，建立教會和傳教

〔註 21〕馮笑寒，淺析神道教與日本文化〔D〕，哈爾濱：黑龍江大學，2012。

〔註 22〕參閱：青島神社要覽。

〔註 23〕參閱：青島神社要覽。

〔註 24〕例祭是根據神社慣例舉行的一年一度或一年兩次的祭祀，是神社本身最重要的祭典。祈年祭於每年 2 月春播季節舉行，以古代預祝年穀豐穰的農耕儀式為母胎發展起來，平安中期以後，其祭祀對象轉向以祭祀天照大神為主。新嘗祭是秋收之後，人們在深夜和特設的聖所，用新穀招請谷靈降歸，犒勞感謝神靈賜予豐收，祈願來年再有好收成。

所，為日籍居留民服務。在此期間，日本教團還將慰靈祭帶入青島。慰靈祭，也稱為「忠魂祭」，在信仰「萬物有靈論」的日本社會具有悠久的歷史，是祭祀亡靈的傳統方式，具有安撫靈魂和作祟鬼怪的作用。日本在青島舉辦慰靈祭的祭祀對象非常寬泛，不僅包括在中國戰場為日方利益而陣亡的中日士兵，還包括為維護社會秩序而殉職的警員，甚至還有戰死的軍馬和被屠宰的牲畜。

慰靈祭有相對固定的儀式流程〔註25〕：1. 全體入，2. 奏樂（全體肅立），3. 導師入場，4. 誦經，5. 祭文，6. 獻花圈（此間奏樂），7. 奠酒（此間奏樂），8. 上香（此間奏樂），9. 謝辭，10. 禮成。

慰靈祭傳入青島後，做了一些局部性的調整，以更好適應地方社會。慰靈祭的主辦方基本由青島特別市公署充當；祭祀活動往往是由青島日華佛教團主持，這也反映了日本神佛一體的特徵；祭祀活動往往沒有固定的舉辦地點，除春秋兩季慰靈祭選擇在警察局院內的忠靈塔外，其餘各場祭祀還會選擇在公園、寺廟、運動場、禮堂等各類公共場所；慰靈祭的參與人員包括政府和各團體代表，以及犧牲人員之遺族。

（二）日系佛教

日本佛教自古以來就有所謂「王法為本」（真宗）、「興禪護國」（禪宗）、「鎮護國家」（天台宗、真言宗乃至各宗）的傳統，〔註26〕在日本政府推行海外殖民擴張過程中，一些日本佛教團體不僅沒有恪守本分，堅持和平傳統和反對戰爭理念，反而積極響應政府號召，宣揚宗教應該超越世俗國家的界限，進而開展海外開教、隨軍佈道等各種形式的宗教殖民活動，「法雖不問日本非日本的，但教必須承認是日本的……讓日本最終地永遠地成為宇宙人類的靈的巨鎮。」〔註27〕1894 年甲午戰爭爆發之後，日本佛教界內部分人士「歡欣鼓舞」，認為這是展現佛教的社會功用，獲取政府支持和賞識的良機。

具體來到青島傳教的日系佛教各派有淨土真宗本派、淨土真宗大谷派、臨濟派、淨土宗、日蓮宗、曹洞宗和真言宗。詳見布教情況表：

〔註25〕慰靈祭程序，檔案號：B0033 001 00732，青島市檔案館館藏。
〔註26〕楊增文，日本佛教史〔M〕，杭州：浙江人民出版社，1995：589。
〔註27〕楊增文，日本近現代佛教史〔M〕，北京：崑崙出版社，2011：111。

日系佛教青島布教情況一覽表〔註28〕

名　稱	主　管	人數	所在地	宗派別	本尊佛	檀家數
西本願寺別院	大內靜狂	4	無棣四路3號	淨土真宗本願寺派	阿彌陀佛	400
妙心寺別院	細川禪英	4	吉林路4號	臨濟宗	釋迦牟尼佛	250
善導寺	本原義岳	2	黃臺路42號	淨土宗	阿彌陀佛	250
東本願寺別院	芳園政範	1	膠州路2號	淨土真宗大谷派	阿彌陀佛	300
蓮長寺	大橋玄妙	不詳	吉林路6號	日蓮宗	十界曼荼羅	200
曹谿寺	青木禪海	不詳	武城路2號	曹洞宗	釋迦牟尼佛	200
大光寺	松田理海	不詳	夏津路7號	真言宗	大日如來	150

　　1913年，淨土真宗本派西本願寺在日本佛教諸派中率先進入青島，傳教點設立於黃臺路。剛剛進入青島不久，西本願寺僧人們就發現日本居留民面臨　個急切的問題：青島沒有專門的日語學校，居留民的後代無非接受常規教育。西本願寺遂在青島專門為日本居留民開辦日語小學校，在日本守備軍民政署接管之後，轉而運營青島幼稚園。1933年，西本願寺在無棣三路（現為無棣四路）建設新寺院，並於次年完工遷入。

　　日德戰爭結束後，真宗大谷派東本願寺傳入青島，初期僅設置一座布教所。1922年東本願寺又在膠州路修建寺院。1928年5月1日，東本願寺宣告青島布教所升格為青島別院，並在1930年成立日本「北支那開教監督部」，管轄整個華北地區傳教事務。

　　1915年，臨濟宗妙心寺開始在青島傳教。傳教所最初設立在青島口天后宮內，直到1922年才在若鶴山（現為貯水山）北麓修築正法山妙心寺。青島妙心寺內安置有日德戰爭期間犧牲日本官兵的「英靈軸」，定於每年8月舉辦「英魂祭」儀式。1927年，妙心寺聯合真言宗在寺內發起密宗誦咒會，吸引中國人前往誦修密宗儀軌，這是在青佛教諸派別中較早向中國人傳教的。日系佛教與神道教類似，主要傳教對象為在青的日本居留民，很少會越出寺院範圍，到華人居住區傳道布教，「本派本願寺及東本願寺兩派信徒者為最多，

〔註28〕青島市庵觀寺院及教堂一覽表，檔案號：B0027 006 09193，青島市檔案館館藏。

均在千人以上，餘則僅數十人，或二三百人而已。」〔註29〕這也就決定了日本佛教各派在青島的信仰人數十分有限，影響力遠不及歐美基督宗教。

（三）日系基督宗教

基督教在十六世紀中期開始傳入日本，同神道教、佛教相較而言，是日本三大教中勢力最弱者，也曾遭到日本政府的長期禁絕。明治維新後，日本憲法賦予了公民具有信仰自由的權力，基督教捲土重來，在日本取得了較快的發展。日本海外殖民擴張的過程中，基督教中雖然也有和平反戰的呼聲，但在政治高壓的影響下，主流教會還是會選擇迎合日本的政府，積極參與殖民地傳教工作。

1893 年 9 月，日本宗教界發生了教育與宗教的衝突大辯論，1894 年，日本基督教代表人物橫井時雄發表了《日本基督教問題》一文，表示服從於天皇統治。隨即，基督教代表人物海老名彈正、宋村介石、嚴本善治、戶川安宅等相繼向天皇制低頭，表示從基督教的角度充分理解「克忠克孝」的天皇敕語的內涵，提出了基督教「日本化」的思想核心：「愛國」和「忠孝」。其中以橫井時雄的主張最為典型，他提出：「舊約聖經中說，『對父母不孝者，應判死刑』；新約聖經中也提到，『應忠順於王者』。現在日本正處於道德上的宗教大變革時期，因此，應以我國歷來的道德思想與風俗習慣的精華作為基督教的道德要素。」這標誌著日本基督教開始「民族化」和「日本化」，逐步服從於天皇制國家權力。

甲午戰爭後，部分日本基督教開始行動起來，搖旗吶喊，支持侵華戰爭。大阪的基督教報國義團、東京的基督教同志會、廣島的基督教徒同盟戰時軍人慰勞會等各種組織紛紛成立，並舉行集會，宣傳「甲午戰爭是義戰」。為了發揚國民精神，各地基督教派遣隨軍慰問使赴東北前線慰問、宣教、鼓舞士氣。日本基督教主教也鼓動教民，「竭盡爾等之忠義，祈禱上帝賜予皇軍勝利……為聖戰勝利，必將以赴死之心趕赴前線，鼓舞士氣。」

1938 年 3 月 30 日，日本文部省宗教局聯合「神道教派聯合會」、「佛教聯合會」、「基督教聯盟」召開了「第二屆三教代表協議會」，號召各宗教組織參與對日本海外佔領地區的宣撫工作和文化工作。日本基督教會大會議長宮田滿表示願積極配合日軍，開展在佔領區的傳教工作：「從我國國策來

〔註29〕魏鏡，青島指南〔M〕，青島：平原書店，1933：11。

看，對支那民眾傳教史日本宗教界的重大責任。長期以來，該國一直是英美傳教之地，致使今後日本基督教的責任更加重大。」〔註30〕日本基督教在青島活動留存資料相對較少，我們可以從華北中華基督教團青島分會職員表中尋找到零星線索。

　　華北中華基督教團青島分會特約委員為：山村好美（日本基督教團青島濟寧路教會牧師）、館岡剛（日本基督教團青島桓臺路教會牧師）和吉崎忠雄（日本基督教團青島浙江路教會牧師）。其中，山村好美在青島活動時間較長。山村好美，日本廣島人，先後在美國夏威夷希樂中學、要拉尼高等中學和夏威夷大學就學，1926 年入讀日本京都同志社大學神學部，畢業之後任東京日本組合本鄉基督教會傳道師。1932 年，山村好美來到中國，任滿洲國遼陽日本組合遼陽基督教會牧師。1938 年，山村好美辭掉東北工作後，救人青島日本組合基督教會牧師。1939 年 9 月，山村好美開始擔任禮賢中學教員，負責教授日語工作。1940 年 4 月，在青島創辦東亞傳道會青島教會，作為北支教區的一個地方分會。〔註31〕

第二節　日本殖民時期的宗教政策與宗教活動

　　19 世紀末，在青島開埠之初日本人就開始進入青島地區開展各種商業貿易活動。此後，日本方面先後兩次出兵侵佔青島。1914 年，第一次世界大戰在歐洲爆發，受制於歐洲戰場的德軍無暇東顧，日本以「永保東亞和平」及「維護英日同盟利益」為藉口對德國宣戰，迅速攻佔青島和膠濟鐵路全線，竊取了德國在山東的各種權益。直到 1922 年，在國際社會的交涉干預下，日本才不得不將青島主權歸還中國。不過，在歸還主權的同時，日本總領事館仍在青島市內多處設立警察署分駐所，公開掛牌執行警務。1938 年，日軍捲土重來，第二次侵佔青島，直至 1945 年日本宣布戰敗投降，才徹底撤出青島。

〔註30〕宋軍，從抗戰時期華北日軍對基督教政策的演變看華北中華基督教團的成立〔A〕，見：李金強，劉義章編，烈火中的洗禮——抗日戰爭時期的中國教會〔M〕，香港：宣道出版社，2011：197～220。

〔註31〕山村好美學歷及任事卸職詳細履歷表（1940 年 3 月 12 日），檔案號：A0020 001 00351，青島檔案館館藏。

一、宗教政策

按照時間順序，我們可以將日本殖民時期的宗教政策分為前期（1914～1922）和後期（1938～1945）兩段進行分析。

（一）日本殖民前期的宗教策略

殖民活動前期，日本對青島實行臨時軍事管制，將原德占膠澳地區重新劃分為青島和李村兩個軍政署，任命步兵中佐吉村健藏和多賀宗為軍政署委員長，「並且聲明原有德國當局施行的規章制度，只要它們不妨礙軍事管理工作時，仍可繼續施行有效。」〔註32〕1917 年 10 月 1 日，日本政府為了淡化軍事管制色彩，緩和殖民地矛盾，在青島日軍警備司令管轄下，設立青島民政署，第一任長官為秋山雅之介。這一時期，青島的日本殖民政權尚未制定專門的宗教團體指導法令，基本沿襲德殖時期的各項規章。隨後進入青島的日系宗教諸團體多為自發響應政府號召推行隨軍佈道和海外傳道活動。這些日系宗教團體主要面向駐青的日本人群體，華人加入者甚少，對當地宗教生活的影響程度較小。

（二）日本殖民後期的宗教政策

日本再次入侵青島時，局勢已經發生了很大改變。此時，日本軍隊已經攻佔了東北、華北、華東等大片地區，扶持了滿洲國、華北中華民國臨時政府等傀儡政權，並在持續推進海外擴張計劃。按照戰略計劃，日本要將青島打造成為東北亞的中心城市和日本對華政策的實驗室。這一時期殖民政府的宗教策略是：引入日系宗教文化，控制青島地方宗教團體，進一步整理歐美系基督宗教，最終實現對於青島宗教秩序的全面改造。

在青島特別市，日本控制下的華人政權先後發布了多部指導性文件，希望全面控制區域內各類宗教團體發展，構建親日的宗教新格局。1940 年 4 月，日軍制定了《華北地區思想戰指導綱要》，其指導方針為：「致力於瓦解敵方的抗戰意志，並使中國民眾，尤其要使知識階層及青少年，認識到自己應該成為東亞新秩序的共同建設者，從而指導他們積極投入建設行動。」〔註33〕在宗教方面，「對宗教團體亦應給以正確指導，使之積極參加建設新中國的工

〔註32〕 青島檔案館編，帝國主義與膠海關〔M〕，北京：檔案出版社，1986：155。
〔註33〕 《華北に於ける思想戰指導要綱送付の件》，JACAR, Ref. C04121954000，《陸支密大日記》，昭和 15 年，第 18 號 1/4。轉引自：胡衛清，華北中華基督教團研究〔J〕，文史哲，2014，5：116。

作。」〔註34〕在此思想指導下，1941 年 6 月，華北政務委員會制定了《華北宗教行政方針》〔註35〕：

　　　　一、提倡佛教。

　　　　二、扶植道教。

　　　　三、保護其他宗教，聽人民自由信仰。

　　　　四、保護廟產。

　　　　五、切實取締不守戒律教規之各教徒。

　　　　六、督飭各教徒自行嚴密組織，勿墜宗風。

　　　　七、於必要時酌量補助。

　　行政方針的內容簡短概要，但重點卻很突出，奠定了日本在華北宗教政策的基本原則。對於中國傳統的佛、道、回教等宗教團體，日軍堅持「保護」和「利用」並重，「保護」是「利用」的前提，「利用」是「保護」的目的，最終目的是利用本土宗教勢力來維繫社會治安。對於各種其他宗教或準宗教團體，日軍則予以引導和規範。因為顧及到與歐美諸國的國際關係，日本尚未對佔領區歐美系基督宗教進行大規模調整。

　　1941 年底，太平洋戰爭爆發之後，「嗣以太平洋戰事勃發，導正人心、安定社會之需要，備覺迫切，而英美系基督教與其社會及衛生事業之整理尤屬刻不容緩。」華北政務委員會在《華北宗教行政方針》基礎上，制定了《華北宗教施政綱要》〔註36〕。其方針為：

　　　　甲、提倡佛教。

　　　　乙、扶植道教。

　　　　丙、整理基督教。

　　　　丁、調整乙種宗教。

　　　　戊、取締邪教及褻瀆宗教之各種非法組織。

　　《施政綱要》較之《行政方針》的變化主要體現在基督教方面，從「保護其他宗教」改為「整理基督教」和「調整乙種宗教」。日本之所以能夠下定

〔註34〕《華北に於ける思想戰指導要鋼送付の件》，JACAR, Ref. C04121954000，《陸支密大日記》，昭和 15 年，第 18 號 1/4。轉引自：胡衛清，華北中華基督教團研究〔J〕，文史哲，2014，5：116。

〔註35〕市公署關於調除實施華北宗教行政方針的令，編號：B0023 002 00466，青島市檔案館館藏。

〔註36〕華北宗教施政綱要，檔案號：B0023 001 00952，青島市檔案館館藏。

決心整理基督宗教，是因為太平洋戰爭爆發後，日本與英美諸國之關係已經決裂。此前，由於日本顧及到國際關係而不敢輕易處置的歐美系基督宗教，頓時失去了保護，「對於英美教士，應限制其自由傳教，對於基督教會，應徹底肅清英美勢力，使其改換面目，成為中國獨立自主之基督教。至不屬於英美系之基督教會，亦應逐漸使其成為中國方面之獨立教會。」〔註37〕

《施政綱要》對於中國各宗教團體制定了詳細的施政要領。首先，對於佛、道、回教的處理方式基本一致，均要求將地方各分散宗教組織分級納入到中央總會的管轄之下，例如「佛教同願會」、「華北道教總會」、「中國回教總聯合會華北聯合總部」，以便於集中管理。其次，針對乙種宗教推行分類管理。對於道義總會、同義會、先天道會等具有團練性質的組織，要發揮其力量協助剿共；對於世界紅卍字會、普濟佛教會等慈善公益性質的組織，要引導其服務社會，辦理救濟事業；對於設壇收徒，或自立香堂等群眾團體，要嚴格監督，依法制裁。最後，對於中國人之自立的基督教會，予以必要保護，並使其加入到「華北中國基督教團」。

二、宗教管理機構及其工作內容

（一）青島特別市的宗教管理機構

日本政府在華北佔領區的基本策略是以華制華，「在華北，以增進中國民眾的安寧和福利為政策要點，政治的目標是建立防共親日滿政權。」〔註38〕實際上就是培植一批可供利用的華人政治力量，組建佔領區的行政機構，為日本政府出面維持佔領地區社會治安。1938 年 1 月 17 日，臨時政府決議成立「青島市治安維持會」，趙琪任會長，日本海軍特務部部長柴田彌一郎任顧問。1939 年 1 月 9 日，臨時政府任命趙琪為青島特別市市長，並授權組織青島特別市政府。次日，青島特別市公署正式成立，趙琪任市長，並設置顧問、輔佐官各一人，由日籍人士充任。

青島特別市公署的組織架構為：市長作為行政首腦，與市長同級的是由八名市政委員組成的市政會議；市政府下設總務局、社會局、警察局、財政

〔註37〕胡衛清，華北中華基督教團研究〔J〕，文史哲，2014，5：117。
〔註38〕復旦大學歷史系編譯，日本帝國主義對外侵略史料選編：1931～1945〔M〕，上海：上海人民出版社，1983：244。

局、教育局、建設局、衛生局、海務局、鄉區行政籌備事務局。〔註39〕其中有關宗教的管理機構有社會局和警察局。

社會局禮教科是社會局的下設六科之一（厚生科、經濟科、禮教科、牲畜管理科、救濟科、感化科），具體負責宗教相關事務。實際工作包括籌備修建孔廟和成武王廟，組織年度性的文廟祭祀和武廟祭祀；調查各派宗教團體數目、奉教人數、庵觀數目和財產地址，編輯出版青島宗教概況；籌備成立青島佛教會與道教會，並負責日常的組織活動監督；以及調查巫卜星相等各種社會迷信行為。

警察局是市公署系統內管理宗教事務的另一部門。主要工作包括責令下屬分局（市南分局、市北分局、海西分局、臺東分局、四滄分局、李村分局）完成區域內宗教團體的調查和登記備案；審批宗教團體的各項活動申請，並負責維持現場秩序；安排特務科指導和監督黃道會的實際運行。

新民會，全稱「中華民國新民會」，是「與政府表裏一體」，配合華北臨時政府完成殖民統治的「民眾教化團體」。1937年12月24日，新民會在北平宣告成立，設立中央指揮部為中央機關；在省、縣（市）設立指揮部，道設辦事處，為地方機關；在鄉村設分會，為基層單位；還把各地有影響的宗教、幫會團體登記為外圍組織。1938年2月，新民會中央總會向青島特別市派出聯絡員。1939年5月15日，新民會中央總會在青島設立「新民會青島特別市指揮部」。1940年4月25日，新民會青島特別市總會宣告成立，市長趙琪兼任會長，下設事務局、訓練處、聯絡處等部門。新民會是一個介於黨派和民間團體之間的不倫不類組織，其綱領概略有以下四點：「護持新政權」、「發揚東方文化道德」、「於剿共滅黨之大纛下，參加防共戰線」、「促進友邦締盟之實現」。〔註40〕實際上，新民會就是日方領導下對華北佔領區進行思想文化控制的重要機構。班威廉在《新西行漫記》中對新民會評論道「新民會在日本顧問指導下，負責精神上奴化中國人的任務。所用方法的卑劣幾乎令人不能置信，造謠和欺騙，敲詐和勒索，腐敗和爭奪，酷刑和恐怖，毒化，娼妓，邪行，凡是世界上種種最下流的行為都在這種機構裏培養出來，專為破壞人民

〔註39〕〔民國〕青島特別市公署總務局編，青島特別市市政公署行政年鑒（1939年度）〔A〕，見：張研、孫燕京主編，民國史料叢刊（174）〔M〕，鄭州：大象出版社，2009：7～8。

〔註40〕北京市檔案館，日偽北京新民會〔Z〕，北京：光明出版社，1989：380。

道德，動搖大眾的信念。」〔註41〕

　　興亞院華北聯絡部青島出張所是在青島特別市公署和新民會之外，另一個涉及到宗教管理職能的機構。興亞院是日本政府為了鞏固殖民統治，均衡陸軍、海軍以及外交等機構在華的利益矛盾，而設置的對華中央機構。興亞院在中國的派出機構有華北聯絡部、蒙疆聯絡部、華中聯絡部、廈門聯絡部。各派出機構由日本陸軍和海軍北南分之治，華北聯絡部和蒙疆聯絡部歸陸軍接管，華中聯絡部和廈門聯絡部歸海軍接管。1939 年 3 月 10 日，興亞院華北聯絡部青島出張所成立，但是首任所長並非來自陸軍，而是海軍少將柴田彌一郎。如此以來，日本陸軍掌管的華北聯絡部之下的青島出張所最終卻處於日本海軍的勢力範圍，同興亞院保持實際上的直接隸屬關係。

（二）宗教管理機構的工作內容

　　宗教工作方面，日本殖民政府首先從恢覆文廟祭祀，改造武廟祭祀入手，意圖接續被中華民國廢棄的封建王朝國家祭祀傳統，以此向民眾證明新生殖民政權統治的正統性。

1. 恢覆文廟祭祀

　　孔子是儒家學派的創始人，受到後人特別是儒生群體的無限敬仰。最晚至兩漢時期，孔子就被納入國家祭祀體系，並為此後的歷朝統治者所延續。但是，政府祭祀孔子的活動不僅僅出於尊崇孔子，這還是維護其統治秩序的重要形式，「不得不依人們對儒教的服膺來構建自身政治統治的合法性基礎」。〔註42〕

　　中華民國成立之後，在政治、經濟、文化等方面發布了一系列的政策，試圖「革故鼎新」，改變國家封建落後的面貌。涉及到孔子的方面，南京臨時政府主張廢止「尊孔讀經」，推行信仰自由，改造封建學制。雖然北洋政府曾嘗試恢復過祭孔活動，但是並未達到預期效果，反而招致了各種批評。1928年中華民國大學院發文：「為廢止春秋祀孔舊禮由，惟因尊王忠君一點，歷代專制帝王資為師表，祀以太牢……是因現代思想、自由原則及本黨主義大相悖謬，若不亟行廢止，何以昭示國民。」〔註43〕青島特別市也正是在這一年

〔註41〕（英）班威廉，克蘭爾，新西行漫記〔M〕，北京：新華出版社，1988：7～8。
〔註42〕林存光，歷史上的孔子形象：政治與文化語境下的孔子和儒學〔M〕，濟南：齊魯書社，2004：138。
〔註43〕關於廢止春秋祀孔舊禮的通令，檔案號：B0038 001 00457，青島市檔案館館藏。

廢止春秋祀孔典禮的。〔註44〕

　　日本第二次侵佔青島後不久就嘗試恢復已經中斷十年的祭孔活動。1938年3月，青島市政府接中華民國政府指令，要求組織本年度春季上丁日祭孔活動。青島市具體安排總務局、社會局和教育局在江蘇路小學禮堂聯合舉辦祭孔典禮。在1938年到1945年，日本第二次侵佔青島的這八年的時間裏，春秋上丁祭孔活動都能夠按照規定的時間準時舉辦〔註45〕。

青島特別市春秋祭孔典禮一覽表（1938～1945）〔註46〕

次數	名　稱	時　間	地　點	備　註
1	春丁祀孔典禮	1938.03.06 上午 7 時	江蘇路小學禮堂	
2	秋丁祀孔典禮	1938.10.02 上午 8 時	市民大禮堂	新時間
3	春丁祀孔典禮	1939.03.21 上午 9 時	市民大禮堂	
4	秋丁祀孔典禮	1939.09.17 上午 8 時	江蘇路小學禮堂	
5	春丁祀孔典禮	1940.03.15 上午 9 時	市民大禮堂	
6	秋丁祀孔典禮	1940.09.11 上午 8 時	市民大禮堂	
7	春丁祀孔典禮	1941.02.28 上午 8 時	市民大禮堂	
8	秋丁祀孔典禮	1941.09.26 上午 8 時	市民大禮堂	
9	春丁祀孔典禮	1942.03.25 上午 8 時	市民大禮堂	
10	秋丁祀孔典禮	1942.09.11 上午 8 時	市民大禮堂	
11	春丁祀孔典禮	1943.03.10 上午 8 時	市民大禮堂	後改為上午 10 時
12	秋丁祀孔典禮	1943.09.06 上午 8 時	市民大禮堂	
13	春丁祀孔典禮	1944.03.04 上午 8 時	市民大禮堂	
14	秋丁祀孔典禮	1944.09.20 上午 8 時	市民大禮堂	
15	春丁祀孔典禮	1945.04.05 上午 8 時	市民大禮堂	清明節

2. 改造武廟祭祀

　　早在唐代，武廟就開始納入到國家祭祀體系。唐代武廟中供奉的武聖是

〔註44〕關於一九三八年春季祀孔典禮各機關參加辦法的函，檔案號：B003400200166，青島市檔案館館藏。

〔註45〕除 1945 年秋，丁祭孔典禮因為日本投降而取消外，1938～1945 年一共舉辦15 次。

〔註46〕參閱：趙月超，日本第二次佔領青島時期的官辦祭祀研究〔D〕，青島：中國海洋大學，2009：21。

姜太公，「開元十九年四月十八日，兩京及天下諸州，各置太公廟一所，以張良配享。」〔註47〕並且仿傚文廟，以春秋仲月上戊日為期行祭禮。上元年間，蕭宗尊封姜太公為「武成王」，因此「太公廟」也被稱為「武成王廟」，簡稱「武廟」。宋金元時期，基本延續了唐代武廟祭祀傳統，不過武廟配享者隨朝代變遷有所增減。明代初年，朱元璋著手廢除武廟祭祀，武成王不再享有專祀，而是以陪祀的身份列入歷代帝王廟。在明朝停止祭祀武廟之後，民間的武廟祭祀傳統一直沒有完全中斷，不斷神化的關羽逐漸取代姜太公成為武廟中的「新主人」

　　清末時期，青島民間供奉關羽的關帝廟和關嶽廟實際上扮演了一部分武廟的角色，因為已經找不到專門祭祀武成王的廟宇。在侵佔青島後，日本殖民政府決定改造明清以來混亂的武廟祭祀，恢復到唐宋時期的本來面貌。「一九三九年三月，南京偽國民政府下發關於興復武成王廟祀典的咨文，要求各省市虔善廟宇，將關嶽廟改繕為武成王廟，並於每年季春、季秋上戊日舉行祀典。」〔註48〕青島特別市在接到通知要求之後，在 1939 年就安排總務局、社會局和警察局籌備本年度武廟祭祀。因為膠縣關帝廟和即墨關帝廟距離市區較遠，青島市武廟祭祀統一安排在市民大禮堂，時間則規定為每年季春、季秋上戊日，截止 1945 年日軍投降撤離青島，一共舉辦了 12 次武廟祭祀。

青島特別市春秋祭武典禮一覽表（1938～1945）〔註49〕

次　數	名　稱	時　間	地　點
1	秋戊祀武典禮	1939	市民大禮堂
2	春戊祀武典禮	1940.04.15	市民大禮堂
3	秋戊祀武典禮	1940.10.02	市民大禮堂
4	春戊祀武典禮	1941.03.31	市民大禮堂
5	秋戊祀武典禮	1941	市民大禮堂
6	春戊祀武典禮	1942.04.15	市民大禮堂

〔註47〕〔宋〕王溥，唐會要〔M〕，北京：中華書局，1955：435。
〔註48〕關於興復武成王廟制定禮典的咨文，檔案號：B0023-001-00550，青島市檔案館館藏，趙月超，日本第二次佔領青島時期的官辦祭祀研究〔D〕，青島：中國海洋大學，2009：33。
〔註49〕參閱：趙月超，日本第二次佔領青島時期的官辦祭祀研究〔D〕，青島：中國海洋大學，2009：35。

7	秋戊祀武典禮	1942.10.12	市民大禮堂
8	春戊祀武典禮	1943.04.10	市民大禮堂
9	秋戊祀武典禮	1943.10.07	市民大禮堂
10	春戊祀武典禮	1944.03.25	市民大禮堂
11	秋戊祀武典禮	1944.10.21	市民大禮堂
12	春戊祀武典禮	1945.04.19	市民大禮堂

三、主要宗教組織及其宗教活動

日本控制下的青島特別市政府成立之後，先後發布了多項宗教方面的政策法令，致力於控制各宗教團體，實現對宗教秩序的全面改造，讓各宗教團體全力配合日軍對青島的殖民統治以及「大東亞共榮圈計劃」。日本在青島扶植成立的宗教協會性質組織包括青島宗教聯盟、華北佛教同願會青島分會、華北道教總會青島分會、華北中華基督教團青島分會和中國黃道會。

（一）青島宗教聯盟

1939 年 11 月 15 日，在興亞院華北聯絡部青島出張所的指導下，在青島的日本宗教人界士組建成立青島宗教聯盟。青島宗教聯盟的主要任務，「將來與中國方面宗教團體擬採緊密聯絡，向對華文化工作邁進，同時並努力中國民眾指導向上」〔註 50〕。青島出張所所長柴山彌一郎擔任聯盟名譽會長，青島出張所健井鴻臣任理事長，日本基督教牧師島村穗吉任常務理事。青島宗教聯盟成立後，以「為民間貧民謀生機」為名，替工廠招收女工〔註 51〕；以「貧民施粥」，「施醫施藥」為名，開展慈善活動〔註 52〕；以「聯絡」、「指導」青島中國宗教團體為名，將其納入聯盟的控制之下，「共同」開展對中國民眾的「教化」、「救恤」；還到各地進行宣撫工作，直接為侵華日軍服務。

（二）華北佛教同願會青島分會

佛教同願會是日本統治時期全華北佛教總的協會組織。1938 年 12 月 30 日，佛教同願會在北京廣濟寺成立，推選安欽多傑鏘為會長，王楫唐為副會長，夏蓮居為理事長，「以提倡大乘佛法，同發四弘誓願，永固世界和平為宗

〔註 50〕《青島宗教聯盟定期開成立會》，《青島新民報》1939 年 11 月 12 日。
〔註 51〕《北京模範襪子廠來青募女工》，《青島新民報》1939 年 12 月 17 日。
〔註 52〕《青島宗教聯盟實行施醫施藥》，《青島新民報》1940 年 1 月 27 日。

旨」。〔註 53〕佛教同願會總會成立之後，華北各地區相繼組建同願會分會，將各處佛教活動場所納入到佛教同願會體系之內。佛教同願會青島分會是第一個設置成立的地方分會，「青島地臨海隅，關係佛教頗重，市之嶗山，即華嚴經中稱為那羅延窟，晉世法顯法師由天竺東還，於此登陸，明代憨山大師宏法海東，駐嶗山中，蔚為叢剎。近數十年，人文薈萃，華洋輻輳，改為特別市，實乃華北咽喉重鎮，有設分會之必要。」〔註 54〕1940 年 7 月 14 日，在興亞院文化班指導和社會局禮教科協助下，佛教同願會青島分會在湛山寺成立，「華北政務委員會王委員長，興亞院森岡長官均有祝賀電」〔註 55〕，大會選舉湛山寺主持釋倓虛為會長，青島特別市市長趙琪與興亞院青島出張所所長柴田彌一郎任名譽會長，會址設立在福州支路湛山精舍。

（三）華北道教總會青島分會

華北道教總會成立於 1940 年 10 月 13 日，總會設置於北京，初設於北京呂祖閣，在各省市道縣地方設分會。華北道教總會「發揚道教，並藉以促進建設東亞新秩序為目的。舉行各項社會事業慈善事業，以及出版雜誌，印行道藏，開辦道教講習會，籌設道教學院。」〔註 56〕1941 年 3 月，華北道教總會青島分會在宗教聯盟召開成立大會，會址設立在青島口天后宮內，太清宮監院李茂文任會長。

（四）華北中華基督教團青島分會

1942 年 1 月，華北中華基督聯合促進會在北京燈市口舉辦成立大會。同年 4 月，華北中華基督聯合促進會青島特別市分會正式成立，會址設立於青島同道堂（現為伏龍路 4 號），主席為楊光恩，後由王德潤擔任。其宗旨為：「本分會以聯合青島特別市行政區所有各教會共同擔負傳揚福音之使命。本自治自養自傳之精神，以建設中華民族之本色統一教會，協力完成東亞新秩序為宗旨。」〔註 57〕不過，基督教聯合促進會只能算是一個過渡性組織，將

〔註 53〕興亞宗教協會編，華北宗教年鑒〔A〕，見：張研、孫燕京主編，民國史料叢刊（705）〔M〕，鄭州：大象出版社，2009：37。
〔註 54〕本會二十九年會務報告〔J〕，同願月刊，1941，7～8 合刊：27。
〔註 55〕本會二十九年會務報告〔J〕，同願月刊，1941，7～8 合刊：27。
〔註 56〕興亞宗教協會編，華北宗教年鑒〔A〕，見：張研、孫燕京主編，民國史料叢刊（705）〔M〕，鄭州：大象出版社，2009：215。
〔註 57〕黃道會改選，檔案號：A0018 002 00034，青島檔案館館藏。

華北各教會初步納入管理體系之內，最終目的是成立統一性的在華基督教教團。同年 10 月，華北淪陷區教會最高領導機構——華北中華基督教團在北京中南海懷仁堂正式成立，北京衛理會會督江長川擔任教團主理事，周冠卿擔任副主理，周維同為書記。〔註 58〕同年 12 月，華北中華基督教團青島特別市分會在濟寧路教會宣告正式成立，大會流程有青島特別市市長訓話，大東亞省青島署長祝詞，最後一項是所有與會者一起「為大東亞戰爭陣亡將士靜默」〔註 59〕。華北中華基督教團青島特別市分會組織架構〔註 60〕情況如下：

　　會長：王德潤，華北中華基督教團青島伏龍路同道堂牧師。

　　副會長：楊光恩，華北中華基督教團青島觀象二路聖保羅堂牧師。

　　書記：王之僕，華北中華基督教團青島濟寧路教會牧師。

　　會計：焦紹光，華北中華基督教團青島濟寧路教會執事。

　　委員：趙希聖，華北中華基督教團青島濟寧路教會執事。

　　委員：常子華，華北中華基督教團青島陵縣路教會執事。

　　委員：劉延庭，華北中華基督教團青島上海路教會牧師。

　　委員：趙承九，華北中華基督教團青島武定路同善教會牧師。

　　委員：衛斯理，華北中華基督教團青島觀象二路聖保羅堂長老。

　　特約委員三位：

　　山村好美——日本基督教團青島濟寧路教會牧師。

　　館岡剛——日本基督教團青島桓臺路教會牧師。

　　吉崎忠雄——日本基督教團青島浙江路教會牧師。

　　從促進會青島市分會到教團青島市分會的成立過程看，日本佔領當局方面實際起著主導作用，是一種被動的政治行動，而不是教會自身的自主性行動，這一過程中，日籍顧問實際上充當著日本勢力控制青島教會的工具。華北中華基督教團各地分會的成立是否意味著已將所有的教會都網絡無遺，全部納入這一體系進行管理，還需要進一步討論。從青島市的情況看，當時除基督徒聚會處和基督教青年會沒有參加而被迫停止活動外，其他教會機構大

〔註 58〕華北中華基督教團本部編：《華北中華基督教團成立週年紀念冊》，第 10 頁。

〔註 59〕華北中華基督教團青島特別市分會結成大會秩序草案，檔案號：B0023 001 000524，青島檔案館館藏。

〔註 60〕華北中華基督教團青島特別市分會職員名單，檔案號：B0023 001 000524，青島檔案館館藏。

都參與了該教團。〔註61〕

（五）中國黃道會華北本部（後改為中國黃道會本部）

1937 年 8 月 20 日，黃道會經日軍特務機關長、日本黑龍會上海分會會長楠木少將策劃成立。青幫「通」字輩頭目常玉清、政客周柳五為正副會長，會員包括在滬日本游民，青幫參加者頗多。1938 年 11 月 4 日，中國黃道會華北本部在青島成立，選舉鄭蘭亭為會長，實際控制人為伊達順之助（中文名：張宗援）。「本會以提倡禮教，維持風化，發揚東方道德，以安清義氣善化人心為宗旨。」〔註 62〕總部設於青島市湖南路 19 號，並於各地設立分會十餘處。黃道會實質為日方控制下的黑惡勢力組織，主要活動是收攏青幫人員配合日本軍方治安強化運動，維持地方社會秩序。

日本殖民當局策劃成立華北佛教同願會、華北道教總會以及華北中華基督教團的指導思想是一致的，都是希望組建一個統一性的宗教協會機構，從而將各地分散的宗教場所納入到政府管理之內。這種思想基本是將日本國內的經驗直接引入中國的結果。1941 年 6 月，日本國內就在教會「合一」的名義下，由 34 個宗派團體成立日本基督教團。文部省宗教局長阿原謙造在教團幹部煉成會上發表演講，要求教團「對內培養國民信念，對外力圖在精神上提攜東亞民族，排除派閥，緊密團結」。〔註63〕既然是照搬日本模式，中國國內的宗教協會在成立過程中幾乎完全是遵循日本方面的意見，內務總署和各地公署只是表面上的配合執行而已。在這個過程中，各宗教協會領袖的個人態度是比較複雜的，不排除有個別情況的主動投靠，但是在武力的逼迫下為了繼續生存他們只能選擇配合，並沒有太多可以選擇的空間。

〔註61〕參見胡衛清，華北中華基督教團研究〔J〕，文史哲，2014，5：128～129。
〔註62〕黃道會改選，檔案號：A0018 002 00034，青島檔案館館藏。
〔註63〕〔日〕金田隆一，昭和日本基督教會史：天皇制と十五年戰爭のもとで〔M〕，東京：新教出版社，1966：310。

第四章 「叢林宮觀」的革新和改良運動

　　按照導論所述，中國傳統宗教可以分為「壇廟祠堂」，「叢林宮觀」，「幫會道門」，「民間信仰」四種不同類型。其中，「叢林宮觀」是指獨立於堂廟體系之外，合法、專門的宗教性社會組織。具體而言，「叢林宮觀」主要是指佛教和道教等制度性宗教團體。不過，由於青島道教在現代宗教變革過程中的參與程度較低，相關資料也是非常稀見，所以本章研究「叢林」組織的現代革新和改良運動是以佛教為主要內容。

　　清末時期，西方傳入的基督宗教和本土的儒釋道三教呈現出了截然不同的發展趨勢。在歐美諸國軍事勢力的庇護下，基督宗教終於獲取了在華傳教的合法地位，西方傳教組織和傳教士們蜂擁而入，「自西教開禁之後，教堂幾遍天下，傳教洋人相望於道，華民入教者，亦日增月盛。地方官措置一有失當，則內憂外辱皆從此起。」〔註1〕調查資料顯示，二十世紀之後，基督宗教進入了高速的發展階段，「1900年以前為基督教的創業時期，傳教事業雖然力量很弱，卻已遍及全國各省。此後，傳教事業在地理方面擴大甚快。把天主教徒和耶穌教徒合在一起計算，平均每200人中有基督徒一人。」〔註2〕與此形成鮮明對比，中國傳統的儒釋道三教卻出現了明顯的衰敗跡象，宗風不振，寺廟破敗。「叢林宮觀」越來越脫離社會百姓的需求，僧道更是無心於思變求

〔註1〕〔清〕李剛已輯錄，教務紀略〔M〕，上海：上海書店出版社，1986：31~32。
〔註2〕中華續行委辦公調查特委會編，1901~1920年中國基督教調查資料（原中華歸主修訂版）〔M〕，北京：中國社會科學出版社出版社，2007：126。

新，固守在廟觀高牆之內，通過趕經懺、超度亡靈而苟且度日。

第一節 「叢林宮觀」的教制改革

一、成立佛教協會

滿清統治終結之後，封建社會僧團管理體制——僧官制度〔註3〕即遭廢除。
這就意味著：「佛教的發展，已經完全擺脫了封建社會尤其是明清時代僧官制
度的禁錮，從過去政府對僧團管理的專制化、強權化，轉而成為了一種宏觀調
整，嚴整監督，僧團的發展與管理在更大程度上來講是佛教自身事務。」〔註4〕
這就為佛教的革新和改良提供了寬鬆的政治環境，中國佛教進入到教團自治化
發展的嶄新階段。與此同時，清代曾被禁止創立的政黨與人民團體，此時已經
到處開花，每一個組織都在竭力地維護各自所代表的利益群體。佛教界有識僧
侶們也順應這一趨勢組織起來，抗議侵佔廟產、衝擊僧眾、污損形象等侵害僧
團合法權益的行為，並在必要的時候尋求行政權力的干預。從 1912 年到 1929
年，各地佛教界先後成立了不少於十八個互不隸屬的中國佛教會，這些組織，
有的是曇花一現，有的在達到少許目標後也銷聲匿跡了。〔註5〕

（一）佛教會

「為了推進佛教復興，維護佛教權益，全國性佛教組織紛紛建立。1912
年，楊文會諸弟子李證剛、桂伯華，黎端甫等發起組織『佛教會』。謝无量等
發起組織『佛教大同會』。釋道階發起組建『中華佛教公會』。釋太虛、仁山等
也在鎮江金山寺組織了規模較大的「中華佛教協進會」，大江南北各寺代表聞
風與會者甚多。」〔註6〕李證剛發起設立的「佛教會」是中國近代史上第一個

〔註3〕《大清律例》對於私創庵院及私度僧道等行為有嚴格規定。「凡寺、觀、庵、
　　　院，除現在處所（先年額設）外，不許私自創建增置，違者杖一百。僧道還
　　　俗，發邊遠充軍；尼僧、女冠入官為奴。（地基材料入官）。若僧道不給度牒
　　　私自簪剃者，杖八十。若由家長，家長當罪。寺觀住持及受業師私度者，與
　　　同罪，並還俗。（入籍當差）。」不過，地方官員並未嚴格執行相關的法律條
　　　例，很少會主動干預佛道教組織的具體活動。
〔註4〕王永會，中國佛教僧團發展及其管理研究〔D〕，成都：四川大學，2001：177。
〔註5〕〔美〕霍姆斯·維慈著，王雷泉等譯，中國佛教的復興〔M〕，上海：上海古
　　　籍出版社，2006：21。
〔註6〕鄧子美，傳統佛教與中國近代化——百年文化衝撞與交流〔M〕，上海：華東
　　　師範大學出版社，1994：98。

佛教自治組織，其設立得到了時任臨時大總統孫中山的首肯。

民國元年三月，李證剛、桂伯華、歐陽漸等依照《臨時約法》「人民有信教之自由」的條文，上書孫中山：

> 竊維政教並進，世界有完全之和平，政教分離，人類免無窮之紛亂。歐洲鉗政於教之下，政權既落教，亦不昌。於亞洲鉗教於政之下，教軌既衰，政亦遂靡。佛教信徒最盛，中華民國尤占多數。然猶推行於世界各國者，一由循專制積習，人民無遠大之經營；一由缺統一機關，教徒有多方之阻礙也。今日世界大勢趨向共和，政教兩方各宜自謀獨立之法，必使享相成之利益，泯相侵之弊害，則世界平和庶得維持永遠。翊灼等本此旨趣，建議佛教會，統一教徒，推廣傳佈，用是公擬大綱暨各條件要求。〔註7〕

李證剛等人成立「佛教會」的提議得到了臨時大總統孫中山的贊許，為此，孫中山專門復函給佛教會。

> 貴會揭宏通佛教，提振戒乘，融攝世間、出世間善法，甄擇進行，以求世界永久之和平，及眾生完全之幸福為宗旨。道衰久矣，得諸君子闡微，案隱補弊救偏，既暢宗風，亦裨世道，曷勝瞻仰讚歎。近世各國政教之分甚莊嚴，在教徒苦心修持，絕不干治政，而在國家盡力保護，不稍吝惜。此種美風最可效法。民國約法第五條載明中華民國人民一律平等，無種族階級宗教之區別。第二條第七項載明人民有信教之自由條文，雖簡而含，義甚宏是。
>
> 貴會所要求者，盡為約法所容許。凡承乏公僕者，皆當力體斯，一律奉行。此文所敢明告所以：
>
> 貴會大綱已交教育部存案，要求條件，亦一併附發。復問道安。

孫文謹肅。〔註8〕

孫中山的復函對於風雨飄搖中的中國佛教界無疑是一種巨大的鼓舞。「佛教會」在得到孫中山首肯後開始具體的推行工作，但其過程並不順利。究其原因，首先，「佛教會」的發起人員李證剛、桂伯華、歐陽漸、黎端甫等均為

〔註7〕佛教會致孫發總統公函〔J〕，佛學叢報，1911，2（專件三）：1，釋印順，中國近代史最早的居士佛教組織——佛教會〔J〕，世界宗教研究，2011，5：2。

〔註8〕釋印順，中國近代史最早的居士佛教組織——佛教會〔J〕，世界宗教研究，2011，5：8。

在家居士，沒有一個僧人參與其中。換言之，「佛教會」實際上是在家居士們籌建的佛教組織，並未得到佛教界的廣泛參與和支持。其次，「佛教會」在成立之初，就對佛教界的種種弊端大加指責，遭到了教內的普遍抵制，「佛教會初起，布告、會章，及孫大總統覆函，聲勢張甚。逮發第二布告，以斥罵僧尼四眾，有一舉摧滅之而另建李政綱等新佛教企圖，大受全國佛教徒抨擊。」〔註9〕最後，由釋敬安發起的「中華佛教總會」緊隨「佛教會」而成立，「佛教會」失去原初設立之意義，「其時中華佛教總會，則依各省縣原有的僧教育會改組為分支部，已有成為全國佛教團體的趨勢，李政綱等乃自動將其佛教會宣布取消。」〔註10〕

（二）中華佛教總會

「中華佛教總會」是由著名的「八指頭陀」釋敬安發起成立的。1912 年4 月，中華佛教總會在上海留雲禪寺召開會議，推選釋敬安任會長、釋道興、釋清海為副會長，將原有各省僧教育會改為中華佛教總會的下屬分支機構，並將中華佛教協會和中央佛教公會吸收到中華佛教總會的系統之內。此後，中華佛教總會在全國陸續成立22 個支部，分部多達400 多個，成為佛教界的全國性統一佛教協會組織。

中華佛教總會章程中提出：本會是「中華民國全體僧界共同組織」，其宗旨為「統一佛教、闡揚法化，以促進人群道德完全、國民幸福」並以「昌明佛學」「普及教育」「中外布教」「組織報館」「整頓教規」「提倡公益」「振興實業」「保守權利」為工作綱要。〔註11〕中華佛教總會成立後與政府進行過多次交涉，有效維護了佛教界的正當利益。在處理各地政府侵佔廟產事件中，中華佛教總會援引章程中「凡會中各寺庵所有財產，無論檀越施助、寺僧苦積，外界如有藉端攘奪，本會得據法律實力保護，以固教權」〔註12〕一項，聘請律師代理寺產糾紛訴訟，眾多訴訟都以僧伽的勝訴而告終，這也促使了內務部重新調整政策，要求地方嚴格遵守法律規章，切實尊重和保護佛教界的合法權益。

中華佛教總會在一定程度上將鬆散的佛教界聯繫起來，但是，其內部卻

〔註9〕 《太虛大師全書》編委會編集，太虛大師全書（第三十一卷）〔M〕，北京：宗教文化出版社，2005：187。

〔註10〕 《太虛大師全書》編委會編集，太虛大師全書（第三十一卷）〔M〕，北京：宗教文化出版社，2005：187。

〔註11〕 中國佛教總會章程〔J〕，佛學叢報，1911，1（專件一）：1～2。

〔註12〕 中國佛教總會章程〔J〕，佛學叢報，1911，1（專件一）：4。

充滿了各種分歧和矛盾。佛教總會集合了佛教界的兩方勢力，一方是守舊勢力，他們只是關心寺廟財產能不能得到切實保護，而另一方革新勢力則希望借助中華佛教總會推進中國佛教的變革和改良。在侵佔寺廟財產行為暫時收斂之後，佛教總會內的守舊勢力認為來自外界的威脅已經趨於淡化，佛教總會也就沒有太大的存在價值，繼而選擇不再在經費上支持佛教總會，導致經費日淺，會務日弛。1915 年 6 月，北洋政府內務部制訂頒布《寺產管理暫行條例》，表面上為保護寺產不受侵犯，實際上卻加強了政府對受戒、公開弘法以及寺廟財產的管理權力。「10 月，在將辛亥革命成果破壞殆盡之後，袁世凱又悍然發布《管理寺廟條令》，宣布取消中華佛教總會，並規定，寺產遇有公益事業的必要及得地方官之許可，可不在該寺住持的管理處置之內。寺廟住持違反管理之義務或不遵僧道，情節重大者由當地長官訓誡，或予撤除。」〔註13〕這實際上將寺產歸地方長官處置，而寺院住持原有的管理權利則變成『義務』，也為貪官污吏侵奪寺產，再起廟產紛爭大開方便之門。

（三）中華佛教會

中華佛教總會遭到取締之後，章嘉呼圖克圖、釋覺先、清海聯名上書，將中華佛教總會改組為中華佛教會。1918 年，內務部在組織復查過程中發現中華佛教會的團體登記內容和《管理寺廟條令》存有衝突，宣布取締中華佛教會。中華佛教會被取締之後，以太虛為代表的一批有識僧人積極奔走呼告，希望重組中國佛教會。1924 年，在廬山召開的第二次世界佛教聯合會上，太虛呼籲與會各省代表團結起來，重新組織中國佛教聯合會。1926 年，南京國民政府上臺前夕，國內興起了第二次廟產興學運動。浙江、河南、陝西、甘肅等地再次發生多起侵佔廟產事件。1928 年 5 月，在南京召開的全國教育會議上，中央大學教授邰爽秋領銜發表「廟產興學運動宣言」，主張「打倒一切罪惡之本的特殊階級僧閥；解放在僧閥之下受苦的僧眾；沒收僧閥所有的廟產，以此充做教育事業經費。」太虛、圓瑛、仁山等佛教領袖對此表示強烈抗議。〔註14〕同年 6 月，太虛呈內政部整理宗教文，希望建立一個全國統一的佛教團體組織，「宗教行政條例上，應規定各宗教教會之組織法，就佛教言之，應有中國佛教會中央部、省部、縣部之三級組織。以為中國佛教徒眾之統一法

〔註13〕鄧子美，新世紀佛教復興的組織基礎（一）——二十世紀中國佛教教會社團的組建〔J〕，法音，1999，5：7～8。
〔註14〕王雷泉，對中國近代兩次廟產興學風潮的反思〔J〕，法音，1994，12：17。

定團體。」〔註15〕之後，太虛發表《發起全國佛教代表會議的提議》，在「宗旨」一章，太虛解釋了發起佛教會議的緣由。

> 一、依何等世界眾生，現何等身，說何等法；因有淨土、穢土、增劫、減劫、小乘、大乘種種不同之佛教。在政治制度，社會生活皆已變更之現今中國民族，其佛教亦當然須革除從以前政俗所遺來之弊制與迷信，建立適應現今國情之新制與新信。然數千年先德所留之精神的物質的遺產，亦不可不加意護持，依以整理而發揮光大，俾佛教能隨世運國運俱進。

> 二、佛教或中國佛教，當然有不可磨滅的真理，與對於人生或國民廣大且殊勝之利益。然在今中國民族中，已被掩於弊制與迷信，致國民中多有誤會而欲杜絕或消滅之者。

> 三、民國以來佛教之情狀，一方面由少數人之努力向社會開展，而增不少真瞭解佛教之正信民眾；及產生一部分主張革新的僧眾。然一方面則仍有多數保持舊俗的僧眾與民眾，頗占勢力，致扞格衝突而益現凌亂散漫之狀態。

> 四、中國佛教今已處於危險滅亡之絕境，若非全國真解正信於佛教者，若緇、若素、若新、若舊，共同聯合團結起來為護持整理振興之運動，發揚佛教真善美的精神，切實修自他兼利之行，以博中國民族及世界人類之同情，殆無存在的餘地！本此四條宗旨，故有全國佛教代表會議的發起。〔註16〕

1930年4月，圓瑛、太虛、諦閒、王一亭等僧俗在上海召開全國佛教代表會議，重新成立中國佛教會，並選舉圓瑛出任理事長。在中華佛教會被取締十餘年後，中國佛教界再次建立起全國性的佛教聯合組織。不過，與中華佛教總會的情形相似，中國佛教會內部也是派系林立，相互攻訐，保守派和進步派從各系立場出發就佛教現代化等問題爭論不休。1931年，中國佛教會召開第二屆代表大會，保守派代表人士紛紛落選，會長圓瑛隨即宣布辭職，江浙諸寺也不再為中國佛教會繼續提供經費。此時，太虛擔任中國佛教會常務主席，在看到會務趨於廢止之後，於七月辭職而去。後來經過常惺、王一亭等人相挽回，圓

〔註15〕太虛法師呈內政部整理宗教文〔J〕，海潮音，1928，9（5）佛教要聞：2。
〔註16〕釋太虛，發起全國佛教代表會議的提議〔J〕，海潮音，1928，9（5）佛教史料：2。

瑛同意繼續主持中國佛教會。太虛和圓瑛由此而交惡，「圓瑛為江浙諸山叢林、名流居士所擁戴，以反對佛教之革新，大師與圓瑛間，乃不可復合。」〔註17〕

此後，保守派和進步派的矛盾不斷公開化，進步派對於上海的中國佛教會多有指責。例如，太虛弟子釋大醒曾撰文批評：中國佛教會根本上組織就不健全：第一、該會並非由各縣組織的基本團體而組成者；第二、該會每界出席之省代表均非正式由縣會選出者；第三、該會偽選之執監委員從來未有一次全數就職。由此之故，中國佛教會為少數人所操縱，已為極顯明之事實，無可諱言者也。〔註18〕

1935年，中國佛教會在上海召開第七次全國大會，決議改組「總會—省會—縣會三級組織」為「總會—縣會兩級制」，也就是取消各省佛教會。中國佛教會的改組決議遭到了江蘇、安徽、湖北、湖南和山西諸省分會的強烈抵制。各方不僅抵制總會的決議，而且提出當前迫切需要改組的是中國佛教會，「中國佛教會自去歲改組，撤廢各省佛教會，成立各縣分會直屬總會後，各方鑒於同仁以所處環境不同，進行極感困難，因之諸事廢弛，遑論指導保護？故數月來各方均持異議，積極主張改組總會。」〔註19〕鑒於中國佛教會內部的種種亂象，國民黨中央黨部民眾訓練部擬定了《中國佛教會章程草案》，要求佛教會召開全國大會重新修改章程，以期整頓中國佛教會。

1937年，淞滬會戰爆發之後，國民黨軍隊陸續撤出上海，總部設在上海的中國佛教會處於日本的控制範圍之內。為此，不少進步僧人呼籲中國佛教會應隨政府西遷，並在戰爭期間帶領百萬僧尼做救護工作，以增加抗戰力量。1938年，隨政府內遷的太虛和章嘉呼圖克圖在重慶成立中國佛教會臨時辦事處，滇、黔、粵、桂、閩、蘇、浙、皖、鄂、湘、豫、陝、甘、青等省市縣佛教會紛紛響應太虛和章嘉呼圖克圖的號召，宣布脫離上海中國佛教會。內政部考慮到上海中國佛教會在日本的控制下可能做出禍國辱教的行為，宣布中止了上海中國佛教會的合法資格。抗戰勝利之後，國民政府內政部和社會部聯合設立「中國佛教整理委員會」，指定太虛、李子寬、全朗、黃慶瀾、章嘉、虛雲等為委員，開始重新整理中國佛教會。

〔註17〕印順，太虛大師年譜〔M〕，臺北：正聞出版社，1990：326。
〔註18〕釋大醒，略評中國佛教會近事〔J〕，海潮音，1936，17（1）佛教春秋：3。
〔註19〕全國佛教徒積極改組中國佛教會〔J〕，海潮音，1936，17（5）現代佛教史料：120。

二、建立和合僧團

中國佛教自「試經之例停，傳戒之禁馳」之後，便呈現出一片混亂之相。廢除度牒制度和僧官制度給了僧團自由發展的空間，也使得一些詭詐和懶惰之輩有了可乘之機。及至民國初年，僧團的無序和荒誕招致社會各界的普遍抨擊，「叢林軌範雖存，已多弛緩。不事奢摩靜慮，而唯終日安居；不聞說法講經，而務為人禮懺。屬累正法，則專計資財。爭取縷衣，則橫生矛戟。馳情於供養，役形於利衰。為人輕賤，亦已宜矣。復有趨逐炎涼，情鍾勢耀。詭云護法須賴人王。相彼染心，實為利己。既無益於正教，而適為人鄙夷。」〔註20〕就此亂象，佛教界的有識之士提出過各種不同的改革措施，以此整頓僧團，重樹清淨教風。

釋倓虛在主持湛山寺期間，特別留心於僧團制度建設，從住持傳承和寺院管理兩方面提出了改革措施，並將其付諸實踐。

（一）完善住持傳承制度

清末民國時期，寺廟住持在任命和管理上並無嚴格的制度約束，所以落實到實際操作之中就會暴露出諸多問題。住持本應是一寺之中帶領僧眾紹隆佛法的中心，但卻常常將寺院視為己物，「因中國民族是向來以家族制為中心的，以至佛教傳入中國，住持之教團，也變成了變態的家族了。」〔註21〕針對寺院住持傳承上的種種弊端，倓虛提出和合僧團建設，其首要措施便是健全住持制度。住持作為掌管寺院的主僧，對於維繫和合僧團有特別重要的作用，「住持者，主持佛法之名也。叢林立住持者，藉人持其法，使之永住而不滅也；夫法者，大聖之道也；戒定慧者，持法之本業；僧園眾務者，持法之事也。本立而事乃治；事治而本愈固。故住持之人，其關係重大也。」〔註22〕

中國佛教寺廟按照住持的傳承方式不同，大致有子孫叢林和十方叢林之分。子孫叢林是由住持剃度弟子繼任寺廟下一任住持，也即是「傳法帶傳座」，簡稱為甲乙院。十方叢林則公請佛門耆宿住持，按照傳承依據不同，十方叢

〔註20〕章太炎，儆告十方佛弟子啟〔A〕，見：海潮音文庫，第三編〔M〕，上海：佛學書局，1931：38。

〔註21〕釋滿智、釋墨禪編，太虛大師寰遊記〔A〕，見：沈雲龍主編，近代中國史料叢刊，第92輯〔M〕，臺北：文海出版社，1973：98。

〔註22〕黃夏年，淨因主編，大藏經精選標點本（卷六）〔M〕，北京：九州圖書出版社，1999：1189。

林又分為選賢叢林與傳法叢林。其中子孫叢林「傳法帶傳座」的傳承方式是：現任住持培養三五名法子（方丈雛），接過法後，成了未來的升座住持人，待住持退座之後，現在的法子就升座為正式方丈。

倓虛認為「傳法帶傳座」的傳承模式的流弊體現在以下方面〔註23〕：

1. 在傳法的過程中，情重於法。出家人本應該以「法」為親，但是住持在選擇方丈雛的過程中，「情」的因素往往大於「法」。

2. 在傳法的過程中，易引發紛爭。現任住持培養傳法弟子不只一位，這些法子都握有法卷，都自認為是合法的方丈雛，接替方丈是應有之分。所以，到了升座的時候容易相互之間引發紛爭。

3. 就傳法的結果而言，住持素質一代不如一代。老和尚預備傳法往往有三個標準：（1）挑年青人，歲數不比老和尚大的；（2）道德、聲望、資格一切都不如老和尚的；（3）凡事須聽從老和尚招呼的。按照如此標準傳法，導致各宗門廳，不數傳而宗風不振。

為了杜絕子孫叢林「傳法（卷）又傳座」模式的種種流弊，倓虛結合自己在寺廟管理中的經驗，提出「傳法不傳座」的住持傳承制度，也就是將「法」和「座」分離開來。倓虛認為「法」和「座」歷來就是兩件事情，「法」是法卷，是各宗歷代相承的一個宏法系統，「座」是升座，由能孚眾望，可以領眾修行的人擔任。接座的人可以接法，但是接法的人除非具備接座人所具備的條件，否則絕不可以接座。

當然，「傳法不傳座」並非意味只能傳法不可傳座，僅是將「法」、「座」二分而言，避免「傳法帶傳座」的各種弊端而已。「傳法不傳座」按照實際內容，又可以分為下面四種情形〔註24〕：

第一，傳法不傳座。住持對於寺中參學者，選擇對教義有相當研究而又嚴持戒律者，傳與某宗法卷。受傳法卷者可以是一人，也可以是多人。受法之人可以在此寺久住，或散至各方，各隨姻緣，分燈揚化。

第二，傳座不傳法。寺院門庭漸衰，人才缺乏，沒有接任住持的合適人員，則可以從其他寺院公請非住持位的高僧大德來本寺升

〔註23〕倓虛講述，大光記錄，影塵回憶錄〔M〕，北京：宗教文化出版社，2003：275。
〔註24〕倓虛講述，大光記錄，影塵回憶錄〔M〕，北京：宗教文化出版社，2003：278
　　　～279。

座任方丈，傳承本寺例有家風，重振法門。

第三，傳法又傳座。如有寺僧，品學兼優，素為人所器重，住持傳法與此。後恰逢住持退座，寺眾以十方選賢制，請此僧人接座，也就實現了傳座又傳法。但是，此處的傳法又傳座和傳法帶傳座有本質區別，「法」、「座」仍然二分。

第四，法座俱不傳。十方常住十方僧，一寺之中，僧伽素質上下不齊。若普通禪客，自然屬於法座俱不傳之類。

概而言之，傳法不傳座的核心義在於將「法」和「座」二分，排除住持任免的過程中各種人為感情因素，以「法」為親，推行十方選賢制，克服子孫廟的種種弊端，選出道德行持孚於眾望，能領眾修行的住持，從而帶領僧眾實現佛教的真正振興。

在住持選任中提倡「傳法不傳座」之外，倓虛還制定了《湛山寺住持簡單領眾課程規則》，作為常行軌道，全面約束在任住持的各種日常行為。《課程規則》分為三部分：專責領眾，行持課程，遵守規則。其中特別強調住持領眾的職責，「其能和合者，唯在一人領導」〔註25〕和合僧團的建立依賴住持的領導。在領眾的過程中，倓虛提出「臨眾」、「知眾」、「調眾」、「領眾」四眾之說。住持要領眾，首先要做到調眾、知眾和臨眾，「領眾必先調眾，調眾必先知眾，知眾必先臨眾，由臨眾而後知眾，由知眾而後調眾，調眾而後領眾，始能統理大眾，一切無礙。」〔註26〕住持作為寺院之主，應身先士卒為僧人表率，早晚兩次殿堂誦經務必親臨。最後，住持一職不應妨礙修行，住持其責在總領僧眾，事務應交由班首、執事具體負責，「班首執事，及居士僚，念佛堂，四眾人等，皆以方丈為模範，一律遵行，免去俗務繁擾及散心雜話，始得純粹修行。」〔註27〕

（二）完善寺院管理制度

在興辦湛山寺之前，倓虛就已經在東北地區率眾修建了哈爾濱極樂寺、長春般若寺、營口楞嚴寺、綏化法華寺和黑龍江大乘寺等多處叢林，積累了豐富的寺院管理經驗，所以在湛山寺設立之初，他就特別重視寺院管理制度建設。

為了給湛山寺立下規矩，倓虛特意邀請了慈舟法師和弘一律師來到青島。

〔註25〕倓虛講述，大光記錄，影塵回憶錄〔M〕，北京：宗教文化出版社，2003：270。
〔註26〕倓虛講述，大光記錄，影塵回憶錄〔M〕，北京：宗教文化出版社，2003：270。
〔註27〕倓虛講述，大光記錄，影塵回憶錄〔M〕，北京：宗教文化出版社，2003：271。

慈舟法師一生專研賢首五教，兼代持律講律。倓虛曾談及「請慈老的原因，一則是因他為當代大德，南北都去過，飽參飽學，對各地家風規矩都經驗過，來湛山後，可以幫同建立一下叢林的規矩；二則因慈老是講教代持律的，想請他老人家來湛山寺給這裡的僧眾講講戒律。」〔註28〕1936年，慈舟在鼓山湧泉寺辦完法界學院後，便來到青島湛山寺。慈舟在湛山寺期間對於寺院規矩方面改進很多，如持午、誦戒、結夏、安居等規矩都是在此期間設立的。慈舟離開湛山寺後，倓虛又邀請了另一律宗高僧弘一律師。弘一在湛山寺待了半年左右，為寺僧主講《隨機羯磨》和《四分律》，他自己在寺廟中帶頭嚴守戒律，為僧眾楷模。

在請持律法師到寺樹規之外，倓虛還為寺僧制定了嚴格的共住規約。《青島湛山寺共住規約》〔註29〕中明確湛山寺為：「弘揚佛法，以教闡天台，行修淨土為宗旨」。在住持制度方面：「本寺住持任期屆滿，由本寺班首和佛學會幹事會，召集本寺各執事及與本寺有關各山大德，共同組織選舉會，擇由本寺班首執事中戒乘俱急者，或十方大德中眾望素孚者，推舉數人，在佛前拈鬮，以拈出三次者為中選」。寺廟收支方面：「本寺應有工程及道場募緣事宜，須由佛學會幹事會與住持議妥後實行」；「本寺僧伽，概不出寺應赴經懺。其有延生薦亡念佛拜懺者，得就本寺或下院為之」。僧伽日行方面：「本寺僧侶若有私吃葷酒、看戲、吸煙者，出寺」；「本寺僧侶無公事不准私走檀越家，違者出寺」；「本寺僧眾，除公事外不得至各僚任意防逸或博弈遊戲，犯者重罰，不服者出寺」；「本寺僧伽，若有三五成群，雜話遊戲，造弄是非，侵害常住，攪亂清眾者，出寺」；「本寺僧伽，如有鬥爭是非，破口罵詈者，出寺」；「本寺僧伽，如有輕視耆德，惡聞規勸，妄生誹謗等事者，出寺」。

三、革新僧伽教育

僧伽教育是針對僧伽群體的專門教育，是佛教革新運動的核心內容之一。清代以來傳統的僧伽教育漸趨荒廢，僧人素質堪憂，在缺乏高素質的僧伽人才的前提下，想扭轉佛教頹敗之勢幾近空談。因此，構建能夠彰顯佛理和體現時代精神的現代僧伽教育成為民國佛教界的共識。「民國三年（1914）至民國三十年（1941），是僧教育大發展時期，各省寺院所興辦的僧教育機構近百

〔註28〕倓虛講述，大光記錄，影塵回憶錄〔M〕，北京：宗教文化出版社，2003：258。
〔註29〕參見附錄1：《青島湛山寺共住規約》。

所，遍布江、浙、閩、鄂、湘、皖、秦、冀、川等省，使僧教育由叢林教育轉向學院教育的道路。」〔註30〕

　　在興辦僧伽教育的大潮中，倓虛在北方各地創辦了十幾所佛學院（佛教學校）。對佛教教育的高度重試很可能與他在寧波觀宗寺的求學經歷有關。倓虛認為，「培養學生要比專門養一班趕經懺的好很多，因為專門趕經懺的人知識水準太差。當學生的，只要他求幾年學，受過教育有點知識，辦起事來總比那些專門趕經懺的好很多。」由倓虛興辦的佛學院有以下諸所：

興辦佛學院數據統計表〔註31〕

名　稱	地　點	開辦時間	備　註
極樂寺佛學院	哈爾濱	1924 年～1943 年	附設佛化中學
般若寺佛學院	長春	1935 年～1948 年	附設幼稚園一處、小學一處
楞嚴寺佛學院	營口	1943 年～1945 年	
湛山寺佛學院	青島	1935 年～1949 年	附設湛山精舍、成章小學
法華寺佛學院	綏化	1930 年～1945 年	初由定西發起
大悲院佛學院	天津	1947 年～1948 年	並未十分就緒
般若寺佛學院	瀋陽	1929 年～1931 年	
觀音古剎佛學院	吉林	1943 年～1945 年	
萬壽寺佛學院	瀋陽	1921 年～1923 年	該寺住持主辦，倓虛主講
彌勒院佛學院	北京	1925 年～1930 年	馬冀平、張景南發起
大興善寺佛學院	西安	1932 年～1933 年	朱子橋、戴傳賢、楊虎城等發起
觀音寺佛學院	哈爾濱	1941 年～1945 年	
華南學佛院	香港	1949 年～1955 年（後改為研究性質）	葉恭綽、王學仁、林楞真、樓兆念、黃傑雲等發起

　　在本次興辦佛學院大潮中，不乏為趕潮流而濫竽充數者，「往者諸方，見外界侵奪僧寺，即自辦僧學，以為抵制。方聞保護有令，即速速收拾」〔註32〕。這些臨時湊集的佛學院由於沒有系統的課程設置和基本的師資配置，往往在

〔註30〕單俠，民國時期佛教革新研究（1919～1949）——以革新僧伽為主要研究對象〔D〕，西安：陝西師範大學，2012：49。
〔註31〕倓虛講述，大光記錄，影塵回憶錄〔M〕，北京：宗教文化出版社，2003：273。
〔註32〕第二敬告諸山長老書〔A〕，見：海潮音文庫，第三編〔M〕，上海：佛學書局，1931：46。

舉辦兩三年後就不得不宣告終結。有鑑於此，倓虛提出跟辦學經費相比，佛學院的制度建設來得更為急迫和重要。從《私立青島湛山寺佛教學校暫行規則》〔註33〕可以瞭解到倓虛關於佛學院制度建設的基本設想。

首先，佛學院應該明確辦學宗旨，「為造就宏揚佛法人才起見，招收學僧，講研經論及宗教儀軌」而設置佛學院。佛學院要有完善的管理組織，聘請校長一人，「負管理行政之責」，另外設置「教務、訓育、事務等員各一人，秉承校長辦理各部事宜，由校長委任之。」〔註34〕佛學院還應有具有明確的招生方案和學制設置。每年招收正額生二十名，「學僧以年滿十六歲以上，四十歲以下，受具足戒者，」並額外招收附課生，隨同聽講。學院設置專科、正科和預科班，「修業期限定為三年，期滿考試成績及格者，給予畢業證書。」

其次，佛學院要配備專業的師資隊伍和課程設置，這是佛學院正常運行的重要保障。湛山寺佛教學院由倓虛和寺院理論水平較高的法師擔任講師，同時，為了彌補授課人才不足的問題，引入「坐地參方」的理念，邀請慈舟法師和弘一律師等教界高僧來寺授課，學員無需各處行腳參方就可以親近善知識。此外，湛山寺佛教學院課程涵蓋廣泛，「不僅包括佛經、戒律、論藏等佛教專業課程，還有國文、書牘、歷史、地理、心理、論理和習字等基礎知識。」〔註35〕

最後，佛學院須有嚴格的作息時間和考試流程。湛山寺佛教學院「夏令早三點起床盥洗，三點三十分至四點三十分上殿諷經祈禱，六點早齋，八點至十一點上課三小時，十一點三十分午齋，一點至四點上課三小時，四點至五點上殿諷經，六點休息。六點三十分至八點三十分自習，九點就寢。下殿或齋罷之時間，在寺內任各人經行運動或休息。冬令早三點三十分起床盥洗，餘與上同。」〔註36〕學院有全程的准入、學期和畢業考試制度，「入學試驗，於入學時行之；臨時試驗，有教員隨時行之；學期及學年試驗，每屆學期及學年終了時行之；畢業試驗，於修業期滿時行之。」〔註37〕三年期滿，考試成績全部及格者，最終由佛教學院頒發畢業證書。

因為制度相對健全，課程設置合理，加之對戒律的重視，湛山寺佛教學

〔註33〕參見附錄2：《私立青島湛山寺佛教學校暫行規則》。
〔註34〕倓虛講述，大光記錄，影塵回憶錄〔M〕，北京：宗教文化出版社，2003：270。
〔註35〕倓虛講述，大光記錄，影塵回憶錄〔M〕，北京：宗教文化出版社，2003：243。
〔註36〕倓虛講述，大光記錄，影塵回憶錄〔M〕，北京：宗教文化出版社，2003：245。
〔註37〕倓虛講述，大光記錄，影塵回憶錄〔M〕，北京：宗教文化出版社，2003：245。

院開辦以來頗受歡迎，「先後插班之學僧以超過原定學額數倍以上」〔註38〕，得到了佛教界的肯定和讚揚，「晚近海內大德，提倡僧教育，謂須建立在僧律儀上，其基礎方穩固。可謂確論。顧國中僧校依律奉行者甚少，今該校首先實行，洵無愧於學僧而真有振興佛教之望也。」〔註39〕

　　1949年，倓虛從青島一路南下，後移錫香港，住在香港荃灣弘法精舍。倓虛在弘法精舍內創辦了華南學佛院，是香港首座正式僧伽學校。學院沿用青島湛山寺佛學院辦學方式，由倓虛、定西和樂果三位法師擔任主講，課程以佛學為主，涵蓋楞嚴、唯識、止觀、淨土等法門，又涉及國學、歷史、地理和醫學等科目。主要招收由大陸流入香港的學僧，每期招收21人，先後開辦二期，雖然開辦時間不長，但為戰後香港和東南亞佛教的復興培養了眾多弘法人材。

第二節　「叢林宮觀」的教理研究

一、教理研究的廢弛

　　由於封建時期宗教管理主要體制——度牒制和和僧官制的相繼廢除，民國佛教失去了必要的准入門檻，由此帶來的直接後果就是僧團素質的普遍下降。佛教被世人視為「陳腐」、「落後」、「迷信」的象徵，其因也在於僧尼團體自身的退化和墮落。僧伽的陳腐和頑固招致了學者們強烈的不滿和批判：

> 居今之世，人事複雜。今是則昨非，明是而今非，所謂日新月異者，誠非過語。故欲周旋其間者，未有不順乎潮流，審乎時勢而行也。矧佛法固隨順世間以救度時間而非厭世者乎。願觀今之一般僧伽為何如。遁跡山崖，如桃源中人，與論普通常識，固什九茫然。即與談教理，亦強半若啞羊。縱開口，至少亦為數世紀以前之論調，至與議制度之改革，教規之整頓，則莫不縮首咋舌曰：是何等重大事，予何人也，而能肩此鉅任耶？休矣休矣。或則我慢山高，墨守積習曰：吾行吾素守吾祖規耳，多事奚為。雖然，脫使十餘萬僧伽，人人能遵祖規而行，則亦不失為清淨比丘、精進菩薩也。試觀今之僧伽，能乎否乎？任何人都能直下判斷，余無喋喋。故余於此等人，有二說焉：（一）即前者，以頭腦陳腐故，實無整頓之能力；（二）後者則謂謂頑固成性，

〔註38〕青島湛山寺佛教學校啟事〔J〕，佛學半月刊，1937，146：17。
〔註39〕湛山寺學僧之精進〔J〕，佛學半月刊，1936，130：18。

自甘暴棄，亦不算苛刻也。〔註40〕

雖然已經步入了民國，社會發生了深刻變革，但是一些僧伽仍是頭腦陳腐，只知消極避世，根本不曉與時俱進。他們或者隱居山林，不聞世事，至於改革教制，整頓教理則一副事莫不關係的態度；或者我慢山高，頑固成性，只知墨守祖先規矩，絕對不敢逾越半步。

退而言之，如果僧伽都能都恪守祖規，謹慎而行，也不失為一名合格僧人。然而，現實卻是眾多僧伽不研教理，卻把念經拜懺當做了正當工作，「不變為研究學術之妙用，耽著拜懺度鬼之生涯，不變為宏法利生之事業，受世吐罵不知羞愧，譏為迷信毫無答辯，形同啞羊。」〔註41〕僧人竟淪落至以法換財，充實口腹的境地，實為可恨。而且，這些經懺僧人並未經過系統佛學訓練，可以說根本就不懂佛法，自既未度，焉能度人？禮懺之法是要為眾人解說四諦和八正道等，令人自悟。如今只知廣建壇場，聚徒諷誦，如此趕經赴懺收人錢財和偷盜詐騙有何區別？「今我以法與人，人以財與我，是謂貿易，云何稱施？況本無法與人，徒資口給耶？縱有虔誠之功，不贖貪求之過。若復苟且將事，以希利養，是謂盜施主物，又謂之負債用；律有明文、呵責非細。」〔註42〕

二、教理研究和演講宣教

「現在人世上，不但僧伽在恐怖的地位，就是佛教亦在恐怖地位。」面對危局，僧俗四眾都曾提過各種不同的救治方案。其中，太虛法師的佛教改革方案影響尤為深遠。例如，針對民國佛教的種種症狀，太虛提出教制革命、教產革命和教理革命三大口號。就教理革命而言，太虛提出：「我認為今後的佛教應多注意現生的問題，不應專向死後的問題討論。過去佛教曾被帝王以鬼神禍福作愚民的工具，今後則應該用為研究宇宙人生真相以指導世界人類向上發達而進步。總之，佛教的教理，是應該有適合現階段的思潮的新形態，不能執死方以醫變症。」〔註43〕在中國北方宏教的倓虛，並沒有太多的參與到佛教革新的討論之中，但是卻在實際行動中踐行著自己改革方案。倓虛認

〔註40〕啟靈，讀僧伽制度論〔A〕，見：海潮音文庫，第三編〔M〕，上海：佛學書局，1931：115。

〔註41〕仁山，警告我國僧伽〔J〕，法雨月報，1931，1（1）：9。

〔註42〕章太炎，儆十方佛弟子啟〔A〕，見：海潮音文庫，第三編〔M〕，上海：佛學書局，1931：40。

〔註43〕黃夏年主編，太虛集〔M〕，北京：中國社會科學出版社，1995：412。

為「學佛真義重在行」,「何謂學佛?學佛就是由解起行,就是把所學來的佛法、佛教和研究的佛學的理論,來躬親時間,付諸實行。有實行才能證明理論值謬誤與否。所謂由聞而思,由思而修,行起解絕。」〔註44〕

(一)湛山精舍

人間佛教是民國佛教革新中的熱門話題,由太虛最早明確提出,其內涵是:「人間佛教的意思,是表明並非教人離開人類去做神做鬼,或皆出家到寺院山林裏去做和尚的佛教,乃是以佛教的道理來改良社會,使人類進步,把世界改善的佛教。」〔註45〕也就是說佛教應該改變消極避世的態度,積極參與到新社會的建設中來。倓虛本著「出世修行,入世度生」的精神,在修建湛山寺的同時,帶領居士們在市內修築了湛山精舍,作為法師講課和居士薰修之所。

青島湛山寺和湛山精舍的修築全賴於在家居士們的無私貢獻。青島開埠之後,經濟發達,人文日盛,市內各處分布著為數眾多的基督教堂,卻尋不到佛教寺院的蹤影。在湛山寺修築過程中,周叔迦、葉恭綽和陳飛青起到了推動作用,「逮民國十八年,有周君叔迦避暑來青,感於佛化之不可緩,乃創立佛經流通處,及佛學研究社。民二十年葉君恭綽消夏蒞青,亦謂救正人心,必以闡揚佛法為急務,乃倡議建築湛山寺」〔註46〕。經過葉恭綽的多次邀請,倓虛來到青島住持監修湛山寺。到達青島之後,在市長沈鴻烈和交通系眾官員的支持下,湛山寺的修築工作進展順利,僅用半年多的時間就完成了一期工程。由於湛山寺修築在太平山麓,居士們來往聽經不便,所以在建寺之初,就謀劃在市裏另築一處居士誦經之所。這樣,湛山寺就作為出家師父們薰修之所,而湛山精舍作為居士們薰修之所。

湛山精舍修築在市內的小魚山山頂,瀕臨大海,視野開闊,可以俯瞰全市。此地曾為德占時期炮臺陣地,於此蓋廟,也有化干戈為玉帛之意。最早的時候,湛山精舍是平頂洋式,上下兩層建築,每層開間為九間,後在沈市長的建議下,加蓋尖形上蓋,成為中國傳統建築樣式。湛山精舍作為湛山寺下院,由湛山寺按時派法師來精舍與諸居士講經。每到週日,倓虛會親自來到湛山精舍為居士們講授法華經,無論溽暑寒冬,人數常達百餘人,堂內無隙地。倓虛在湛山精舍為居士們先後講授了《大乘起信論》、《四十二章經》、

〔註44〕倓虛講述,大光記錄,影塵回憶錄〔M〕,北京:宗教文化出版社,2003:308。
〔註45〕釋太虛,怎樣來建設人間佛教〔J〕,海潮音,1934,15:11。
〔註46〕青島湛山寺之現狀〔J〕,人海燈,1935,20:355。

《法華經》、《藥師經》和《普門品》等經論。在講課的過程中，遇有居士請教倓虛的學佛心得，倓虛常會答覆六個字：看破！放下！自在！對於這簡單的六個字，倓虛有著自己的解釋：

> 由於世間人對所有的煩惱看不破，放不下，肯定就不自在了。看破了就能放下，放下了就得自在。眾生有執迷和無名，所以世間種種不能離苦得樂。看破就是般若德，放下就是解脫的，自在就是法身德。放下種種才是隨緣。六字乃是尺度，是測量每一件事的真理。〔註47〕

學佛可以做到看破！放下！自在！因為通過學佛，眾生可以掌握明見一切事物及道理的高深智慧，看破世間萬物都是因緣和合而成，是沒有自性的。看破之後，自然破除了執迷和無名，也就能夠真正放下。放下也就不再掛礙，隨順外緣而自由無拘束，終獲大自在。

（二）成章小學

1945年，抗日戰爭勝利之後，日本僧人隨之撤離青島，本著「以政府接受為原則」，日籍寺廟由青島市政府安排寺廟代管。

湛山寺在接收西本願寺和善導寺後，開始對寺廟進行改造。「本寺乃利用西本願寺（該寺改名為護國寺）僧僚創設私立成章小學一處，以適應社會之需要；利用善導寺（該寺改名為昭忠寺）專為抗戰烈士供設靈位，以資超薦，並將該寺委託比丘尼住持保管，此本寺運用敵產之大概情形也。」〔註48〕湛山寺因時局戰亂，失學兒童過多，將西本願寺改造為成章小學，由湛山寺住持善波和佛學會張希周、馬能萌、金萌鈺和閔光予等各位居士負責學校運行。1937年畢業考試中，成章小學六年級畢業生共四十一名，全部考入市立中學，還有兩名五年級學校也被提前錄取。成章小學的辦學成績獲得了社會的認可，當地人都願意將小孩送到成章小學，如此一來，學校不得不擴建以容納增加的學額，並有選址辦中學和大學的計劃。倓虛在回憶這段歷史時感歎：「出家在家，都以人才為重。多辦幾處學校，培養人才，造福社會，這也是出家人應盡的責任。」〔註49〕

〔註47〕倓虛講述，大光記錄，影塵回憶錄〔M〕，北京：宗教文化出版社，2003：231。
〔註48〕青島湛山寺三十五年工作報告，檔案號：A21 001 417 205.青島市檔案館館藏。
〔註49〕倓虛講述，大光記錄，影塵回憶錄〔M〕，北京：宗教文化出版社，2003：240。

（三）演講宣教

西方的科學理論是民國佛教變革面臨的重大挑戰。科學講究實證主義，任何事情都可以用觀察和實驗來驗證，即便是宗教也要得到科學的論證方為合理。在此背景下，如果僧伽還固守祖規師訓毫無進取之意，根本無力應對科學的挑戰。這就需要佛教創新弘法方式，法師演講的地點不也應該再侷限在寺院院牆之內，而是應該面向整個社會。倓虛就主動走出寺院，「經常應外埠之請去講經，如天津、濟南、黃縣、龍口、嶗山等地，都去公開講演過。除了佛學院、湛山精舍和大禮堂之外，倓虛每月還會去李村監獄說兩次法，每次帶兩個人去，分三班講說。還有青島感化所也按時去講演，讓他們明白因果報應，發心懺悔。除此之外，每年在湛山寺要放生，辦賑濟。」〔註50〕

演講要面向整個社會之外，還應該注意演講內容的現代化。演講佛法要關注世界的形勢走向，要注意觀察眾人的心理特點，要配合社會發展的趨勢。應根據聽眾的根基和實際需求調整演講的內容。例如，倓虛曾在北塘去天津的火車上同一名基督教傳教士有過激烈的辯論。傳教士質疑佛教「輪迴」和「脫生」都是些荒誕欺人的事，根本沒有憑據。倓虛為此答覆，「輪迴」兩個字是因義立名，就是輪過來回過去的意思。耶穌原在天上，為替人贖罪輪到人間，又從人間，回到天上，這就是輪迴的證據。傳教士再次提出，人脫生畜類，這有什麼憑據？倓虛為此答覆，這也以耶穌為憑據呀！耶穌他原來是神，為救世而轉生為人。一次類推，神既可以救世轉為人，人就不可以因造孽而轉為非人嗎？還有一次，一位鐘錶鋪經理批評道，和尚們一點活不幹，智慧消耗，不能替國家生產，如果都當了和尚，一動不動，這世界成什麼樣了？倓虛為此答覆，社會上各有各的職業，不可能人人都做和尚。和尚在社會中的作用就相當於鐘錶上的大軸，和尚補輪呢動，和尚一動世界就更紊亂了。和尚不為國家祈福，不去改善人心轉移風俗，你偏要勒令他做旁的事，那不是強人所難惑亂人心嗎？〔註51〕

〔註50〕倓虛講述，大光記錄，影塵回憶錄〔M〕，北京：宗教文化出版社，2003：240。
〔註51〕倓虛講述，大光記錄，影塵回憶錄〔M〕，北京：宗教文化出版社，2003：95；
　　　　108。

第五章 「幫會道門」的調適和現代變革

　　根據中國傳統宗教「壇廟祠堂」「叢林宮觀」「幫會道門」「民間信仰」四種不同類型劃分，「幫會道門」是指尚處在發展過程之中、開始擁有自己的宗教陳述（寶卷），教權制較為完整的各種新興宗教。「幫會道門」也可稱為：「秘密社會」「秘密會社」「會黨」「幫會」。早在上個世紀，一些學者從「革命史」的角度，曾就「幫會道門」組織進行了大量的研究。辛亥革命元老陶成章（1878～1912，浙江紹興人）著《教會源流考》（1910年），提出「白蓮之教盛於北，而洪門之會遍於南」的「北教南會」說，主要研究秘密會社的政治動員。清史學家蕭一山（1902～1978，江蘇銅山人）為解釋辛亥革命，做《天地會起源考》（1935年）。此後，中國近代史學者，如羅爾綱、榮孟源、陳守實等先生研究「白蓮教」「天地會」「哥老會」「洪門」「青幫」「義和團」，研究它們與中國革命史的關係，基本上是政治運動的輔助研究。〔註1〕

　　「幫會道門」包含的宗教團體數量龐大，並且幾乎每一歷史時期都會有新興「幫會道門」出現。例如，唐宋時期流行的彌勒教，宋元時期的明教、白蓮教，明清時期的羅教、八卦教，以及民國的一貫道、道院、黃道會等等。民國時期，由於傳統的封建王朝已經宣告解體，國家在宗教的管理方面有突破性的變革，「幫會道門」的發展迎來了難逢的機遇。民國時期，一眾「幫會道門」主動適應社會和政府的需要做出了一系列具有開創性的舉措，由非法秘

〔註1〕李天綱，金澤：江南民間祭祀探源〔M〕，北京：三聯書店，2017：1。

密狀態搖身一變成為了合法社會團體，盛行於繁華都市和僻野鄉村。

第一節 「幫會道門」的變革背景

在傳統社會，「幫會道門」歷來都是一股強大的難以控制的民間力量。封建王朝為了維繫穩固的統治秩序，消滅反動勢力群體，用「吃菜事魔」「燒香惑眾」「夜聚曉散」等理由將「幫會道門」列入非法民眾組織，而進行猛烈打擊。「幫會道門」中只有極少數的一部分能為政府和社會所接受，最終納入到合法宗教體系。然而及至民國時期，由於特殊的時代背景和社會因素，「幫會道門」終於擺脫了長期以來的政治束縛，以合法的宗教團體或慈善團體的名義從事各種社會公益事業，進入到快速發展階段。

一、變革的時代背景

二十世紀初期，中國思想界處於新舊思潮交鋒和爭辯的緊張氛圍之中。一方面，受到西方社會民主、科學、自由等思想啟蒙的中國知識分子大力宣揚「新思想」、「新道德」、「新文化」，猛烈抨擊「舊思想」、「舊道德」、「舊文化」，給傳承數千年的中國傳統文化以強烈衝擊。另一方面，在目睹了殘酷的歐戰之後，中國學者們開始反思和批判西方各國過分注重物質和科技取向的價值觀，試圖從東方文化中找尋重構道德倫理的方式。「海內外好古學者，感乎武力值不足恃，出而提倡東方文化者有之，國內維新志士，鑒於西學之未盡善，起而整理中華國故者有之。」〔註2〕同時，還有一些熱衷於扶乩活動的傳統人士從西方靈學中為扶乩找到了「科學」依據，「西方招魂術中有一種類似扶乩的寫板（即 planchette）與扶乩相類似，不少西方科學研究者從心理、生理和物理等現代學科出發，為寫板降神提供科學解釋。因此不少參加扶乩團體的精英並將扶乩納入靈學領域，引用那些支持靈學有科學依據的言論，以此增加扶乩的合法性。」〔註3〕在他們眼中，扶乩能夠找到「科學」依據，那麼以扶乩為重要內容的眾多「幫會道門」存在的合理性也是不言而喻的。

「幫會道門」能夠在民國蓬勃發展，還離不開政界官員們的大力扶植。

〔註2〕張仕章，中國古代宗教叢書（中國古代宗教詩歌集）〔M〕，上海：上海廣學會，1927：1～2。

〔註3〕伍廷芳，明道會要旨〔A〕，見：近代史資料（93 號）〔M〕，北京：中國社會科學出版社，1998：248～250。

民國「幫會道門」雖然仍留有明清「幫會道門」降神扶乩等傳統儀式，但是在教義上已經做出了很大的適應性調整。「晚清以來，「幫會道門」本身發生的重大變化，首先是一些下層知識分子紛紛加入以後，不僅逐漸改變了「幫會道門」的階級結構，更主要的是，在其所標榜的『三教合一』的教義中，儒家的思想影響越來越突出，因而更加適用民初軍閥官僚的政治需要。」〔註4〕1916年，袁世凱稱帝失敗離世之後，北洋政府內部失去了領導核心，這就讓袁世凱麾下的眾多軍閥、官僚們有了上升空間。北洋軍閥們發現「幫會道門」組織是一種可資利用的社會力量。「幫會道門」往往凝聚著數量龐大的信眾群體，通過「幫會道門」不僅可以實現東山再起，而且可以擴大自己的社交圈，在權力的爭奪戰中處於更加有利的位置。另一方面，爭權奪利的官場鬥爭中必然會有勝有敗，從聲勢顯赫驟然落得門庭冷落，外界環境的對比不免引起官僚們心理上的巨大變化，「幫會道門」可以為他們提供心靈上的慰藉。

二、變革的制度保障

民國時期，「幫會道門」組織能夠順利轉型得益於政府在宗教和人權方面出臺的各項法律保障。1912年，南京臨時政府頒布了《中華民國臨時約法》，其中規定「人民有言論、著作、刊行及集會結社之自由」，結社自由就成為憲法賦予的公民基本權利。由此，各種具有宗教性質的民眾結社可以援引結社自由的條款尋求相應的法律保護。

北洋政府掌權之後，同樣確認了公民有結社自由的權利，但是對於各種秘密結社堅持了分類引導的原則。1912年9月29日，北洋政府發布了《通飭嚴禁秘密結社文》：

> 結社集會之自由載在約法，凡我國民權利，但使無妨公益，無害治宏，自不能強為限制。惟自由應由法律為範圍。現在破壞已終，建設伊始，我國民之組織政事結社、政談集會以及關於公事之結社集會者，既係為改良政治、合謀公益起見，是有正當之自由，應約法之保障。若易公開為秘密，假結社集會之美名，陰為藏垢納污之淵藪，國法具在豈便姑容。查近日沿江海各地方尚有巧立會社種種名目，一切組織均取秘密既無宗旨又無政綱，惟日以號召黨徒為事。若輩假託名詞當緣誤解自由所致。……我國國體甫更，人心未定，

〔註4〕秦寶琦，中國地下社會（第三卷）〔M〕，北京：學苑出版社，2009：173。

此等秘密之集會結社若不先事預防小之則流毒社會，大之且危及國家。應由各省都督、民政長，飭軍警嚴行查訪各該地方，如有秘密組織意圖聚眾騷擾者，不問是何名稱，均即按照刑律命令解散。自經解散以後倘再秘密組織，意圖聚眾騷擾，甚或有陰謀內亂及妨害秩序各情事，則刑律列有專章盡可隨時逮捕，按法懲辦。〔註5〕

11月9日，北洋政府再次頒布了《通飭解散秘密結社集會文》：

前因各項秘密結會多有妨害秩序危及國家情事，業令各都督、各民政長分別解散及按法懲辦在案。近聞各省秘密結會之風仍未稍戢。名目繁多，宗旨毫無，並有騙取重資，設會結黨，以圖暗殺破壞大局者。現在局勢甫定，人心未定，我國民均應聯合一致，謀新治之進行，期國基之鞏固，方為正辦。且查秘密各會結集之初，多出明代遺老痛憤神州陸沉迫而為此。今民國告成，五族聯合皆如一家一人，若再圖同室操戈豈非自相殘害，以速滅亡，禍及全國，甘為罪魁。此而不懲，何以立國？應再由該都督等飭所屬民政各機關，剴切出示，設法勸諭。凡以前秘密結會如能知悔自首解散者均准予不咎既往，其有願改組社會者，但能不背法律，不饒公安自應在保護之列。我國民其共維邦本，毋蹈匪彝，以承共和幸福於無極。特此布告。〔註6〕

由上可見，北洋政府出臺法令針對的是各種既無宗旨又無政綱，在組織上又採取秘密形式的結社集會。此類結社集會固然可能存在騙取錢財、容留盜匪等非法行為，不過更為嚴重的是，由此而圖謀造反，抵制新生政權。北洋政府為了排除這些隱患，給予秘密結社兩條可行路徑：一、知悔能改，主動解散者，既往不咎；二、公開登記，不違法律者，通令保護。除此之外，「其他如上所指招搖誘惑，秘密結社各種邪教，亟當予查禁」〔註7〕

北洋政府在內政部之內設置典禮司，主管宗教事務。典禮司主掌關於禮制樂制事項、關於祀典行政事項、關於祠廟事項、關於宗教事項。〔註8〕關於

〔註5〕陸純，袁大總統書牘彙編〔M〕，臺北：文海出版社，1967：96。
〔註6〕陸純，袁大總統書牘彙編〔M〕，臺北：文海出版社，1967：99。
〔註7〕內政年鑒（第二冊）〔M〕，上海：商務印書館，1936：631。
〔註8〕中國第二歷史檔案館整理編輯，政府公報（第三十四冊）〔M〕，上海：上海書店出版社，11。

「幫會道門」的登記程序,《治安警察法》〔註9〕和《內務部關於結社集會應按治安警察法規定進行之布告》〔註10〕均有相關的規定。「宗教結社屬於公共事務之結社,必要時應該按照政治結社的步驟登記。須要在教門本部或支部組織之日起三日內,由主任人出名,按照名稱、規約、事務所,呈報於本部或支部事務所所在地的警察官署。」〔註11〕

南京國民政府上臺之後,對「幫會道門」組織採取積極引導的基本原則。不過,在宗教團體組織管理方面,南京國民政府和北洋政府都未能制定出單行法規,只能暫且援引《文化團體組織大綱》和《人民團體組織方案》〔註12〕中的相關條例。按照《人民團體組織方案》規定,「幫會道門」大多歸入社會團體大類之下的宗教團體或者慈善團體,同時,「幫會道門」必須在國民黨黨部的指導和政府的監督之下組織或運作。

第二節 「幫會道門」的教制創新

清末時期,因長期受到官府的嚴密監督和大力圍剿,「幫會道門」不得不以地下秘密的形式存在,幾乎沒有系統的教制可言。進入民國之後,客觀環境的變化為「幫會道門」創造了生存空間。「幫會道門」主動適應社會環境,服從政府部門監管要求,不斷調整和完善「幫會道門」制度。組織制度方面,「幫會道門」逐漸取消傳統的家長制,轉而建立分工明確,責任清晰的科層制,為在更大範圍的傳播和協作提供了組織基礎。權力結構方面,「幫會道門」施行分權制和監督制,有效限制首領(會長)的權力,並且取消世襲體制改為民主選舉。此外,一些「幫會道門」建立了層次分明,整齊劃一的教階制度,進一步保障了教團的有序發展。

一、健全組織制度

一門宗教如果想要將數量龐大的信仰群體有效的聯合起來,離不開合理的組織結構。在封建社會,被政府列入「邪教」範圍之內的「幫會道門」,大

〔註9〕 蔡鴻源,民國法規集成(第十四冊)〔M〕,合肥:黃山書社,1999:7。
〔註10〕 蔡鴻源,民國法規集成(第十四冊)〔M〕,合肥:黃山書社,1999:14。
〔註11〕 唐雁超,民國新興道門的生長環境極其演變〔D〕,濟南:山東大學,2010。
〔註12〕 中國第二歷史檔案館編,中華民國史檔案資料彙編,第五輯,第一編政治(二)〔M〕,南京:江蘇古籍出版社,1991:133~134。

多是以零散和秘密的形式存在。以明代著名「幫會道門」羅教（無為教）為例。羅教的創教人羅清尚在世時，羅教就已經在北京、山東、河南等地發展起了數量龐大的信徒群體，並通過大運河上的漕運水手們將羅教傳播到江南地區。可是，羅教自始至終都並沒有建立起全國性的統一組織，各地分支堂點之間相互獨立，各自為政，並沒有上下級的隸屬關係。不過，這種零散的組織結構也有著獨特的優點，讓處在政府嚴密監管下的「幫會道門」擁有超強的生命力和多變的可能性。在教主和核心組織遭到查處的情況下，其餘各處分支組織仍然可以另立門戶，以新的名義包裝之後繼續存在。

民國時期，「幫會道門」在組織制度方面，相對於「前輩們」有了顯著完善。首先，民國時期規模型的「幫會道門」一般會採取「總會—分會—支會」三級組織，選擇在北京、南京、上海等核心城市設置總會，作為傳教之樞紐，同時在各省市設置分會、在基層設置支會，推進一區一地布教事宜。全國總會內部按照科層制管理原則設置各個職能部門，每個科室的功能都有清晰的劃分，每一層次的職權都有明確的規定。其次，民國時期「幫會道門」的會長不再一定是從底層崛起的傳奇型、道德型、魅力型的精神領袖，一些官員和商人開始擔任會長職務。第三，「幫會道門」的總會對分支組織的控制能力有了實質性提升。總會根據區域教務實際情況設置分支機構，各分會、支會的設立均應遵照總會的組織大綱及其相關章程，報總會及各級政府備案後才可籌辦。分支機構管理人員均由總會派遣或任命，其會務和財物概況須定期向總會彙報，接受總會的監督。

二、改組權力結構

在封建社會，「幫會道門」創教者的身世往往具有傳奇色彩，他們往往是在經歷了千難萬險之後，突然間獲得神秘接引，終得悟道解脫。這也就注定創教者多為卡里斯瑪式的人物，他們是「幫會道門」的精神領袖，也是最高領導，受到信眾群體的絕對崇拜。在這種集權結構之下，「幫會道門」的領導權根本無法分割，也很難用制度進行限制，「幫會道門」內部一切事務均由創教者一人最終決定。這樣的話，創教者的個人品質和能力會直接影響到「幫會道門」的盛衰存亡。在權力傳承方面，創教者逝世之後，一般是由子孫或身邊親屬世襲首領的位置，然後代代相傳。

民國時期，「幫會道門」在權力結構方面有重大調整，開始從集權結構向

制約結構方向轉變。在這期間雖然仍有少數「幫會道門」繼續沿襲集權型的
管理方式，但是大多數的「幫會道門」開始引入科層制改造傳統管理方式。
以中國黃道會為例。黃道會是由前清「安清道」（又名「青幫」，俗稱「家裏」）
部分成員組織建立的親日新興教門〔註13〕。1937年，日本軍部聯絡員許斐（又
稱許飛）聯合上海青幫常玉清組織成立黃道會，全稱「東亞黃道和平會」。東
亞黃道會在上海成立後，組織了多次暗殺抗日人士事件，故意造成恐怖局面。
1938年8月，公共租界工部局就日軍縱容黃道會造成恐怖局面，搗亂租界治
安向日方提出抗議，並發布了通緝令，如果常玉清跨入蘇州河以南必予逮捕
法辦。此後，常玉清攜黃道會成員由上海潛逃至南京，東亞黃道會隨之解散。
〔註14〕1938年11月4日，中國黃道會華北本部（後改名為中國黃道會本部）
在青島成立，伊達順之助（中文名：張宗援）任總裁，姚作賓（時任青島特別
市社會局局長）等任分會長，實際權力掌握在伊達順之助手中。

中國黃道會本部章程

第三章組織

第七條木會設總裁一人，會長一人，副會長二人，幹事若干人，監察二人。

第八條總裁、會長、副會長由會員推戴之，幹事、監察由會長選任之。

第九條總裁為會長之指導，會長總理會務，副會長輔助會長辦理會內一切
事務，會長缺席時由副會長代行其職權。幹事承會長之指示辦理會務，監察專
司監察會務並得建議以備會長之採擇。

第十條本會置最高顧問二人，名譽顧問及顧問若干人由會長推薦，以總裁
之名義敦聘之。

第十一條本會設總務、企劃、宣傳、調查四科但因事務之繁簡得由會長增
減之。每科設科長一人由會長選任幹事充任之，各科之辦事細則另定之。

第十二條本會為維持治安及增進勞工福利社勞工福利局，其組織及事業
另定之。

第四章分會

第十三條凡華北各省市縣酌設分會其組織及職權如左（下）

一、分會設分會長一人，幹事若干人，受本部之指導監督，辦理各項地區

〔註13〕青幫分子投敵的確實不少，但都是個人自己的行動，整個青幫並未被日本侵
略者所利用。

〔註14〕參閱：邵雍，常玉清其人〔J〕，檔案與史學，1995，1：64。

之會員等級並推行會務等事項。

　　二、分會之章則及人員之待遇由本會編定之。

　　通過《中國黃道會本部章程》可以瞭解其組織架構情況。黃道會在權力結構方面與傳教「幫會道門」相比，有了明顯改變。中國黃道會一改「幫會道門」家長制的管理模式，開始嘗試科層制。會長的產生方式不再沿用世襲制，而是採用民主推舉的形式，這就使得權力依附於職位而非個人。黃道會的高級領導層設置總裁一人，會長一人，副會長二人，使權力得到一定程度的分化。按照章程規定，會長是黃道會的實際領導者，但是必須接受總裁的指導，同時在高級領導層外另設置監察二人，高級顧問二人，均可對會長形成權力制約和監督作用。

三、完善教階體系

　　教階制度也稱為教階體制，是神職人員的等級和教務管理的組織體制。在所有教階制度中，基督宗教的教階制度最為豐富和完備。初期的天主教沒有職業的傳道人，任一教徒都可以向群眾講道，也就沒有教會組織可言。進入二世紀之後，伴隨信眾人數的增多，為了管理教會財產，有效的開展宣教工作，天主教開始建立教會組織。最初設立的教職是主教，後來在主教之下分設長老和助祭。大約二世紀中葉，各地教會逐漸由主教領導，主教制開始確立。四世紀時，天主教已經可以在羅馬境內自由傳教，信徒數量迅速增加，教會組織仿照羅馬政治組織的形式，呈現出明顯的等級特色。羅馬各城區開始設立主教，管理本城區的教會事務，更高一級的省會則有大主教，可以任免轄區內的一切主教，而在政治或宗教中心設有總主教。〔註15〕天主教最終形成了以教宗為首的聖統制，主體包括主教、司鐸、執事三個品位，主教可以細分為：教宗、宗主教、大總主教、樞機、首席主教、都主教、總主教、教區主教、其他主教；司鐸細分為：總鐸、主任司鐸、副本堂；執事細分為：執事和修生。

　　在完善程度上雖不如基督宗教，不過，中國「幫會道門」也都會有一套自己的教階體系。以清代八卦教（別名清水教、儒理教）為例，在第四代教首劉省過掌教期間，健全了「內安九宮，外立八卦」的組織體系，並建立起一套完整的教階制度。劉姓教首位居中央宮，實行家族世襲制，其餘八宮分別以

〔註15〕參閱：李天祐，基督教的教階制度及其主要派別〔J〕，蘭州學刊，1984，4：70～71。

乾、坤、坎、離、震、巽、艮、兌八卦為名。八卦卦長均由教首委任，也實行家族世襲制。卦長之下設立六爻，爻長稱為指路真人。指路真人下設開路真人，擋來真人，總流水，流水，點火，全仕，傳仕、麥仕、秋仕等教階。

到了民國時期，「幫會道門」通過申請登記的形式，獲得了政治上的合法地位。為了保障內部有序和高效運轉，「幫會道門」需要設立一套從上到下的完備詳細的教階制度。由此，一些「幫會道門」在沿襲明清以來的傳統教階制度的基礎上，做出了細節上的完善。以救世新教為例，救世新教的教階制度分為品級和職級兩類。

教士品級由上及下分為九種級別：道級、德級、仁級、義級、禮級、誠級、正級、敬級、信級。每一級別有相應之標誌：一級日、二級月、三級星，四級雲，五級霞、六級山、七級川、八級林、九級石；其質用金銀銅三種，一至三為金質，四至六為銀質，七至九為銅質。

職級分為九職七級，九種職別為：（一）教統，副教統；（二）督教，副督教；（三）領教，副領教；（四）教師，副教師，助教師；（五）各院院掌，副院掌；（六）各部部掌，副部掌；（七）各科科掌，副科掌；（八）各科科士，助科士；（九）各會會長，副會長。七種級別為：（一級）教統，副教統；（二級）督教，副督教，各會會長，副會長，各院院掌，副院掌，教師；（三級）領教，副領教，各部部堂，副部堂，副教師；（四級）各科科掌，副科掌，助教師；（五級）各科科士；（六級）助科士；（七級）雇用職。

各教職以教統、副教統主持全教教務教務，及總會事務。督教、副督教主持分會事務，及分會範圍內之教務。領教、副領教主持支會事務，及支會範圍內之教務。教師、副教師、助教師等為授教演教之專任者。會長、副會長等係單獨教務事務所組設之會，或臨時發生之教務所、事務所組設之會，為特務之專任者，其職責另以教師辦事規則，及各會辦事規則定之。

第三節 「幫會道門」的教義演進

中國「幫會道門」的歷史悠久，從東漢末年的五斗米道，隋唐時期的彌勒教到宋元明清時代的明教、白蓮教。在漫長和曲折的歷史過程中，「幫會道門」形成了一套自成體系的宗教理論，其問世的時間，大約在明末清初。這套宗教理論體系概況起來就是：無生老母創世、救世說，三世三佛與彌勒下

生說，入教避劫說，真主至上與真空家鄉即太平盛世理想以及簡明易行的儀式與修持等。〔註16〕進入民國之後，「幫會道門」在教義方面有了現代演進。「幫會道門」不再著重宣揚創世、救世、避劫之說，而是致力於挖掘教義中與現實社會有益部分，大力弘揚中華文化和自覺投身慈善事業。

一、從「三教合一」到「五教合一」

論及三教則「南北朝時，即有儒釋道三教之目（北周衛元嵩撰《齊三教論》七卷，見《舊唐書》肆柒《經籍志》下）。至李唐之世，遂成固定之制度。如國家有慶典，則召三教之學士，講論於殿庭，是其一例。故自晉至今，言中國之思想，可以儒釋道三教代表之。」〔註17〕在中國，儒釋道三教格局大致形成於漢末，到了南北朝時期已經出現了明確的「三教」之論。三教是聖人之教，是得到官方認可的正統合法宗教。三教格局確立之後，各種「幫會道門」為了論證自身的合法性，或是宣稱本門隸屬於三教中的某一派別，或是聲稱本門兼採儒釋道，主張三教合一。

事實上，一些較早成立的「幫會道門」與儒釋道之間是存在較深的淵源關係，但在發展過程中逐漸偏離了原初的教義傳統，最後演變成為異端和邪教。白蓮教可以說是中國歷史上最著名的「幫會道門」之一，可是白蓮教是一個統一的教派還是一類教派的統稱呢？白蓮教和白蓮宗又是怎樣的關係？考證白蓮教的源頭，學者們往往會追溯到東晉釋慧遠倡導的彌陀淨土信仰。慧遠一生嚮往彌陀淨土，曾率弟子在廬山雲臺精舍阿彌陀佛像前立誓，共期往生彌陀淨土。詩人謝靈運欽服慧遠之行，乃在東林寺前為其開池種蓮，此為白蓮社之由來。南宋初年，茅子元慕慧遠蓮社遺風，「乃撮集《大藏》要言，編成《白蓮晨朝懺儀》，作為法界眾生禮佛懺悔，祈生安養，後往澱山湖，創立白蓮懺堂，同修淨業。述《圓融四土三觀選佛圖》，開示蓮宗眼目。」〔註18〕此為淨土宗之一派——白蓮宗的形成。元末時期，白蓮宗和彌勒會融合在一起修成白蓮教，由於一大批白蓮教徒參與了元末起義並成為骨幹力量，白蓮教成為了官府眼中邪教的「標籤」。也就是說，「如果說歷史上確有白蓮教的

〔註16〕濮文起，秘密教門：中國民間秘密宗教溯源〔M〕，南京：江蘇人民出版社，2000：3。

〔註17〕陳寅恪，馮友蘭中國哲學史下冊審查報告〔A〕，見：金明館叢稿二編〔J〕，上海：上海古籍出版社，1980：250。

〔註18〕楊訥編，元代白蓮教資料彙編〔M〕，北京：中華書局，1989：85。

話，那是專指南宋茅子元創立的白蓮宗，屬於佛教淨土系統，因白蓮宗並未以此自稱，故屬於外人指稱；後世意義上的『白蓮教』，乃明清王超對於各種主要含有彌勒救世思想的民間教派的攻訐之詞」〔註19〕。

及至明代，另一著名「幫會道門」──羅教（無為教）登上了歷史舞臺。與白蓮教不同，羅清在創設羅教時糅合了儒釋道三教精神，呈現出兼綜三教的趨勢。在此後的繼承和發展下，羅教逐漸形成了一套完整的思想體系，這就是以無生老母為最高崇拜，以真空家鄉為理想境界，以龍華三會與彌勒佛為信仰核心，主張三教歸一，注重內丹修煉。〔註20〕嘉靖年間，林兆恩倡導三教合一，直接將其教門命名為「三一教」。「林兆恩的三教合一論是一種以陽明心學為基礎，以儒家的綱常人論為立本，以道教的修身煉性為入門，以佛教的虛空本性為極則，以世間法與出世法一體化為立身處世準則，以歸儒宗禮為宗旨的三教同歸於心（天然自足的本心）的思想體系。」〔註21〕

近代以來，隨著中西方文化之間的交流和碰撞，「幫會道門」在教義方面堅持與時俱進，順應新的社會和宗教環境，將儒、釋、道三教合一發展為儒、釋、道、回、耶五教合一。道院即借扶乩活動揭出「五教同源」之說：

> 老人設道施教，與天地終始，與日月同明。自有歷史，即有乎道，自有人類，即設乎道。斯道何道？即太虛元神之始祖也。若儒釋道耶回，各徒之所謂道者，柔無差異。惟以各教所興之時，或土地風俗，或世代治亂，互有不同，故其立說制規，稍有所異耳。究其精微之真旨，實不出乎，老人之大道也。〔註22〕

道院認為，各教在源頭上是一致毫無分別的。各教之所以興盛乃是因為大道淪喪。儒、釋、道、耶、回五種宗教，均為「正人心而續道統也」。但是，由於「因時之制，因地之宜」，最終出現不同的宗教團體。道院捨棄了此種狹隘的門戶之見，復歸大道之源，「老人乃有復傳先天人天一貫之真理，合五統六，而收束各教各道之人心。化千百萬門戶為一道路，化千百萬道術為一祖，是乃世界之真精神。」

〔註19〕劉平，「白蓮教」質疑：無時不在抑或子虛烏有〔J〕，四川大學學報（哲學社會科學版），2020，3：110。

〔註20〕濮文起，秘密教門：中國民間秘密宗教溯源〔M〕，南京：江蘇人民出版社，2000：65。

〔註21〕林國平，林兆恩與三一教〔M〕，福州：福建人民出版社，1992：53。

〔註22〕謝冠能等編，道德精華錄續編，卷一〔M〕，南京：紅卍字會分會，1928：191。

　　雖然，民國時期眾多「幫會道門」都主張融儒、釋、道、回、耶五教為一體，不過在具體教義建構過程中卻各有側重。例如，有將五教納於儒教的萬國道德會，「融合孔、道、佛、基、回五教精義，納於孔子大同之說。」有以道教為正宗的先天道，「先天道者，以儒、釋、道三者為基礎，而以道教為正宗。」還有以道教為正心的道院，「貫通五教合一，唯以道之正心，誠意係先天無為法，屬於自然而教係後天有為法，故稱為道院，蓋言道而不言教。」

二、發展公益慈善事業

　　民國時期，「幫會道門」能夠一改傳統形象，成功轉型的一個關鍵點便是將發展公益慈善事業作為自己的使命之一，而對於慈善事業熱衷，則在很大程度上受到了基督宗教的啟發。

　　清末以來，基督宗教特別是基督教發現從事公益慈善事業是獲取地方百姓信任，緩解同中國社會的緊張關係，從而推進傳教工作順利開展的重要手段。1898 年，德國佔領青島之初，膠澳城區的醫療和教育等基礎配套設施基本處於空白狀態。為了改善殖民地的生活條件，膠澳總督府鼓勵各個教會組織積極投身於新開闢殖民地的各項社會事業之中，「在嚴格保護平行地位的情況下，盡所有力量促進傳教使團在當地人民中的文化活動。在廣大地區的所有德國傳教使團為華人開設的學校和醫院一律減免其所有賦稅。」〔註 23〕各教會也以實際行動響應總督府的號召，承擔了殖民地教育和醫療等大量的社會工作。例如，最早在青島開設的華人學校是由傳教士承擔教學任務的，德華教師學校和德華書院分別由柏林會和同善會創辦和運行，面向華人群體的花之安醫院和福柏醫院都是由同善會負責建造和運營的。

　　對於公益慈善事業的投入，為基督宗教贏得了良好的口碑，也緩和了殖民初期相對緊張的統治關係。「傳教士們在積極努力地完成他們所承擔的各種使命，這是一個可喜的現象。他們對老百姓的影響必然被認為是造福社會的。中國人的某些偏見通過善意的解釋和教誨而煙消雲散。在某些軍事戰略和經濟開發中難以避免地出現不公正，通過傳教士們溫和而耐心的工作被緩和了。」〔註 24〕在看到良好的社會效應之後，「幫會道門」也積極投身公益慈善

〔註 23〕青島市檔案館編，青島開埠十七年：《膠澳發展備忘錄》〔M〕，北京：中國檔案出版社，2007：144。
〔註 24〕青島市檔案館編，青島開埠十七年：《膠澳發展備忘錄》〔M〕，北京：中國檔案出版社，2007：144。

事業，以此來改變「迷信」、「落後」、「反動」的負面社會印象，為合法化和長遠發展奠定基礎。

（一）道院和紅卍字會

民國時期，在所有「幫會道門」之中，道院和「紅卍字會」系統對於公益慈善事業的投入最為專業和用心。道院創設於山東濱縣，1916 至 1917 年間，當時的濱縣知事吳福林（字幼琴，道名福永，江蘇武進人）、駐防營營長劉紹基（字綿蓀，道名福緣，安徽鳳陽人）和縣署科員洪士陶（字亦巢，道名解空，江蘇如皋人）、周錫德（字曉涵，道明吉中，河南商城人）等人都深信扶乩，公暇之餘去大仙祠，向神請示在行政上所遭遇的難題。〔註 25〕由此四人所組成的私密信仰團體因而形成。1917 年，劉紹基由濱縣調任濟南之後，開始召集同僚和舊時好友在濟南開壇，並向當地同善社學習坐法門徑。1921 年，由江蘇淮安人杜秉寅（字賓谷，道號默靖，前清拔貢、道臺）、劉紹基、洪士陶聯合庚申傳經 48 弟子，在濟南南關上新街成立道院。道院附設有專門的慈善機構──紅卍字會，它與道院的關係，按道院自己的解釋是體用關係，道院以道德為體，紅卍字會以慈善為用，「先有道院，後有紅卍字會，前者為修道之所，專修內功。後者為道體慈用，致力外行，名異而實同。」〔註 26〕1921年，道院北京總院在內政部申請備案登記，成為合法宗教團體。

紅卍字會是道院之內具體籌劃和實施慈善事業的附屬機構。紅卍字會的慈善事業可以分為永久和臨時兩種。永久慈善事業範圍廣泛，包括興辦中小學校、育嬰堂、貧兒習藝所、孤兒院、恤養院、醫院、殘疾院、貸濟所、恤嫠局、恤產局、平民工廠、粥廠、施診施藥所、防疫所、施棺所。〔註 27〕臨時慈善事業大多為災難發生後的緊急援助，包括救濟和賑災兩種。救濟是指在戰區實施的醫療收留等工作，「對於歷次兵災，總、分各會聯合救濟隊組織，恪守國際戰時公法之旨，馳赴戰區救濟，不分國際，不論種族，無不實施救濟與收容、醫療、掩埋等工作。」〔註 28〕賑濟是指在災後實施的

〔註 25〕陳明華，民國新宗教的制度化成長──以世界紅卍字會道院為重心的考察（1921～1937）〔D〕，上海：復旦大學，2010：58～59。

〔註 26〕中國市政協會青島分會，青島指南〔M〕，1947：183。

〔註 27〕濮文起，民國時期的世界紅卍字會〔J〕，貴州大學學報（社會科學版），2007，2：92。

〔註 28〕濮文起，民國時期的世界紅卍字會〔J〕，貴州大學學報（社會科學版），2007，2：93。

撥款撥糧等工作。

青島道院成立於二十世紀三十年代，在山東省屬於成立較晚的一處分院〔註29〕。1934年，青島道院開始在市區內的魚山路，修建大規模之會所，佔地二十餘公畝，連建築費約二十萬元左右，將來工竣遷入，殿宇皆仿舊式，屋頂覆以琉璃瓦，殊為宏壯，除湛山寺外，無與比倫者。〔註30〕道院會長又曰「院掌」，凡欲入會者，須經「院掌」審查百口，認為潛心向道、始為之傳授道法。會員有「特等」、「名譽」、「普通」之別，初入會時，特等繳入道費五百元，名譽繳一百元，普通繳三十八元四角，只此一次，以後即不再繳，但可隨意捐納。男會員千餘人，女會員五百餘人（另有女會員分會）。

青島紅卍字會實行會長制，設會長一人，責任會長二人，副會長二人。會長、副會長人員均由會員大會推舉產生。青島紅卍字會內部共分為六股：總務股、儲計股、防災股、救濟股、慈業股、交際股，每股設主任幹事一人，副主任幹事兩人，尚承會長、副會長辦理各自部內一切事務。另外，每股下設若干科室，每科室設幹事若干人，商承各主任幹事辦理各自股內一切事務。〔註31〕青島紅卍字會成立後，活躍在周邊區域的救濟和賑災現場。1931年，山東政府主席韓復榘率軍抵達掖縣討伐劉珍年，劉負隅頑抗，兩軍對峙長達兩個月之久，當時「戴扉以戰，撤屋為薪，居民驚慌奔逃，或奔如駭鹿，或蜷如伏鼠。」青島紅卍字會各組織就擠兌前赴掖縣，分赴各鄉設廠收容難民，並施粥、施衣。戰爭停止後，救濟隊入城，發現「盈衢塞巷，痛哭覓死者慘不忍睹。蓋牆屋盡撤，薪木悉毀。資糧扉履，徵發無餘，實無以為生也。」1933年，黃河爆發特大洪水，造成黃河下游南北兩岸決口50餘處，淹沒山東、河南、河北和江蘇四省30餘縣，死亡一萬餘人。洪災發生後，青島紅卍字會派隊親自趕赴災區，攜款和藥物一萬五千元捐忘災區，並與1933年10月成立救濟隊具體開展施賑工作，青島道院亦捐款2516元賑濟災區。

〔註29〕另有說法認為青島道院成立於1922年7月，原址在新泰路。1935年遷至魚山路新址。

〔註30〕李森堡主編，青島指南〔A〕，見：張研，孫燕京編，民國史料叢刊，史料地理（836）〔M〕，鄭州：大象出版社，2009：242。

〔註31〕張家惠，國民政府時期青島慈善事業研究（1929～1937）〔D〕，青島：中國海洋大學，2009：55。

紅卍字會青島分會救濟工作簡明表（1939 年度）

項　別	被救人數	支出經費
學校	七十人	每年一千九百八十二元
施診治療	二萬四十人	每年二千二百元
施藥	三千人	一百五十元
施寒衣	二千人	一萬二千二百三十三元
施粥	不詳	不詳
施米	七千人	一萬六千九百五十一元

（二）理門

　　理門也稱理教，「緣三教者皆以一相貫，儒曰執中貫一，釋曰萬法歸一，道曰抱元守一，所謂『在理』一門，實合三教而一之。」〔註 32〕理門的創始人為楊祖，名澄證（另有誠征、存仁等說法），萊州府即墨縣人（今青島即墨區人），其身世頗有神秘色彩，關於出生年份就有萬曆壬寅年（1602 年），泰昌元年（1620 年），天啟元年（1621 年）等不同記載。相傳他是明末山東進士，翰林院庶吉士，但是《明清進士提名碑錄索引》中找不到沒有相應記載。楊祖的創教始末更是眾說紛紜，莫衷一是，大體可分為三類：第一類說法將楊祖塑造為反清志士，第二類說法則是充滿了神秘色彩的聖宗五度的傳說，第三類說法講楊祖是一位由儒入道、虔誠修行的龍門派道人。〔註 33〕

　　理門團體，或稱公所、善堂、理教會，遍及華北各地。1901 年在芝罘路成立了青島最早的理門組織——積善堂。30 年代之後，理門進入快速發展時期，截止至 40 年代末，青島市區內有理門公所 10 處，均隸屬於芝罘路積善堂公所，另外郊區尚有公所 5 處。〔註 34〕

青島理門團體統計表

名　稱	地　址	成立年份	事業概況	管理者	執事人數
正善堂	漢縣路 6 號	1926 年	勸誡煙酒	馬子祥	23 人
如善堂	福建路 12 號	1935 年	勸誡煙酒	田清松	1 人

〔註 32〕華北宗教年鑒〔A〕，見：黃夏年編，民國佛教期刊文獻集成（第 94 卷）〔M〕，
　　　　　北京：中國書店出版社，2006：507。
〔註 33〕張愛華，上海理教研究〔D〕，上海：上海師範大學，2004：6。
〔註 34〕另據《青島指南》記載，青島理門奉祀「觀音菩薩」，為道家龍門派之別支。

同善堂		1933 年	勸誡煙酒	周德荃	1 人
戒煙酒堂	永安鄉樂家街 133 號	1933 年	勸誡煙酒	周德荃	2 人
修真堂	益都路 119 號	1937 年	勸誡煙酒	劉維畝	6 人
致善堂	海泊河路積慶里內 24 號	1930 年	勸誡煙酒，辦慈善事業	張家林	6 人
得善堂	周村路 62 號	1931 年	勸誡煙酒	趙明章	10 人
善善堂	李村玉皇廟 17 號	1936 年	勸誡煙酒	李祥鶴	7 人
德善堂	黃島路 32 號	1913 年	勸誡煙酒	孫鶴亭	2～3 人
積善堂	芝罘路*里內 2 號	1900 年	勸誡煙酒	周德荃	10 人

　　理門奉行三教合一，「奉佛教之法，修道德之行，習儒教之禮」，其教義系統異常龐雜。不過，對於普通信眾的要求簡單，只需每日敬誦五字真經。同紛繁複雜，難以掌握的深奧教義相比，理門的戒律體系也是清晰易行。理門講究八戒四禁。八戒是指：戒貪、戒欲、戒殺、戒妄、戒煙、戒酒、戒香、戒像。四禁是指：禁吹打念唱。理門的八戒在不同時期和不同地域有各不相同的表述，但是戒煙戒酒是所有理門分支共同堅守的兩大教條。就戒煙而言，煙之一字，首為鴉片捲煙，餘如嗎啡藥丸，以及煙葉鼻煙，亦稱為煙。若不止衛生，貪無益之嗜好，自累口腹，或貪含有惡劣性之物，或飲含有微生物之水，其毒與煙同，皆得引以為戒。〔註35〕就戒酒而言，酒之一字，首為糟釀，餘如猛烈性質之飲料，皆目為酒，醉心聲色貨利，醉心爭鬥使氣，皆屬酒狂一類，應引以為戒。〔註36〕社會大眾對於理門的瞭解一般也是關於煙酒，將其稱之為「戒煙戒酒會」，教眾以儒釋道三教始祖為信仰之對象，實為最道地之三教混一派。故就教言教，雖無中心哲理維繫信徒，然入其教者，不吸煙不飲酒，專辦地方公益，不作奸犯邪行，實為其最大之優點。〔註37〕

　　當然，民國時期「幫會道門」之中，並非只有紅卍字會和理門注重發展公益慈善事業。事實上，這一時期的「幫會道門」幾乎都設置有相應的公益

〔註35〕華北宗教年鑒〔A〕，見：黃夏年編，民國佛教期刊文獻集成（第94卷）〔M〕，
　　　　北京：中國書店出版社，2006：27。
〔註36〕華北宗教年鑒〔A〕，見：黃夏年編，民國佛教期刊文獻集成（第94卷）〔M〕，
　　　　北京：中國書店出版社，2006：27。
〔註37〕魏鏡，青島指南〔M〕，青島：膠東書社，1933：443。

慈善部門，興辦的公益慈善事業也是門類眾多，覆蓋廣泛。由於公益慈善事業帶有的正面標籤，一些「幫會道門」甚至以「慈善團體」作為公開的招牌，暗地裏開展宗教活動。

以融宗教和慈善於一身的悟善社為例。悟善社成立於民國八年，其源頭可以追溯到河南民間扶乩團體——廣善壇，在傳入北京之後才組建成立悟善總社。1920 年，直皖戰爭爆發之後，復臨大旱，悟善社以慈善團體的名義，開展救濟賑災活動，贏得了較好的聲譽。1925 年，悟善社呈文北洋政府內務部，在原有悟善社基礎之上準備成立宗教團體「救世新教」，請求予以備案登記。

> 惟前呈宗教團體四字尚嫌寬泛，亟應確立名稱以一視聽而便勸
> 導，當此文化凌夷，紀綱失墜，殘賊人道，重困民生，本教應時勢
> 而出，因擬定名曰救世新教，即於悟善社內設立救世新教總會，各
> 省區推設分支會，以宗教為體，以慈善為用，以廣勸世人共進道德
> 為目的，闡萬化同源之真理，擴有教無類之宏規。〔註 38〕

1928 年，因為「設壇開乩，妖言惑眾，提倡迷信不遺餘力」，悟善社遭到南京國民政府函令查禁，隨即宣布改設北平公益慈濟會，以慈善團體的身份繼續開展慈善事業。其實，南京國民政府只是取消了「悟善社」這個名號而已，悟善社背後的宗教實體——救世新教一直處於正常運行之中。1930 年，北平社會局重新組織社會團體登記工作。為了贏得合法性，救世新教向北平社會局呈請，選擇以「慈善團體」登記在案。

需要特別指出的是，同悟善社相類似，民國時期很多「幫會道門」在運作過程中都保留了傳統扶乩活動。由於扶乩活動是信眾瞭解神意，從而實現與神靈溝通的神秘方式，「幫會道門」便可以借助扶乩來增強領導核心的神聖性，當然也可以為教團活動尋找合法性依據。具體到公益慈善方面，「幫會道門」經常會啟請老祖、呂祖、濟佛等「仙佛」臨壇訓誡，勸說信眾們廣修布施、積德行善。

> 濟佛臨齊院訓曰：世人最喜歡的，就是便宜二字罷啦！但是欲
> 佔便宜，須要知道真假。真正便宜，自己有益，於人無損，不但無
> 損，且又有益。這總算是真便宜哩！若是自己佔了便宜。他人必受
> 損傷。既然受了損傷，便不能甘心忍受，不能忍受，也必要千方百
> 計，爭此便宜。你爭我爭，非鬧得兩敗俱傷，不算完事。者豈不是

〔註 38〕《救世新教教義第二章第三節——本教緣起》，《靈學要志》第三卷第二期。

欲佔便宜，反受了損傷嗎？我怎麼說這話呢？今有最便宜不過的一件事。是哪件事呢？就是前日師命大家集資購藥的事。這雖然是件小事。而有數端的美利。一則諸放所費無多，可得無量的功德。二則諸方能多集一分資財，即可多備一分藥餌，能多備一分藥餌，則可多救一分窮黎。三則卍會慈務方殷，財政困難，諸方能分擔一分藥資，卍會即可多救一分生靈。一舉而三全其美，這豈不是不費之惠，最便宜的事嗎？框諸方少有一番應酬，即費十元八元之多，其實也不過落個虛好看罷了，何如將此資財聚在一塊，成此義舉呢？我為無數災黎，在諸方面前討分人情。願諸方看我的薄面，踊躍輸將，就算我沾光了。

「幫會道門」對傳統扶乩活動的倚重有利於增強教團的凝聚力，但也為後期的發展埋下了隱患。日本學者中村元對救世新教後期「積滯難伸」評論道：「其根本的癥結所在，殆係乩示的逐漸衰退與沒落，反而使教統權高高樹立於教團組織之上，中國民眾遂對乩示所擁有的魔力重加體認與評估，繼而對其整個教義與功能均產生了懷疑。」〔註39〕當扶乩的魔力被質疑和被揭開之後，這些以扶乩為核心的「幫會道門」的整座大廈也就轟然倒地了。

〔註39〕〔日〕中村元編，余萬居譯，中國佛教發展史〔M〕，臺北：天宇出版事業股份有限公司，1984：818。

第六章　民國時期〔註1〕宗教政策解析

　　民國時期是中國歷史上最為複雜和動盪的時代，也是中國社會急劇轉型的時代。在宗教政策方面，南京臨時政府、北洋政府和南京國民政府不再沿用封建王朝的傳統模式，開始借鑒西方國家的宗教管理方法，政教分離和信仰自由成為處理宗教事務的兩大原則。雖然也出現過侵害公民信仰自由的事件，不過，宗教信仰得到了前所未有的尊重，已經成為公民個人的私事，成為了公民個人可以自由選擇的問題。

第一節　「奉旨祭陵」到「民族掃墓」

　　民族國家是一個在國際政治生活中備受關注的熱門術語。民族國家的淵源最早可以追溯到1648年簽訂的《威斯特伐利亞和約》（Peace of Westphalia）。《威斯特伐利亞和約》的簽訂象徵著三十年戰爭的結束，國際關係中的國家主權、國家領土與國家獨立等原則也得到了確認。「在歐洲，當以上帝為核心的神學宇宙觀瓦解、基督教共同體被顛覆之後，現代化的世俗生活需要想像一個新的共同體，這就是現代的民族國家。」〔註2〕民族國家滿足了啟蒙運動之後歐洲社會對於「自由」和「平等」的想像和渴望，新的政權形式不再以國王和王朝的利益為國家的最高利益，而是將本民族的利益置於至高位置。共同的起源、語言和生活習俗將人們緊密的聯繫在所謂的「民族共同體」之中，人們找到了新的歸屬感，大家的身份也從王朝國家的臣民變為民族國家的公民。

　　1912年1月1日，中華民國臨時政府在南京宣告成立，標誌著「民族

─────────────

〔註1〕民國時期是指從1912年至1949年。
〔註2〕許紀霖，現代中國的自由民族主義思潮〔J〕，社會科學，2005，1：96。

國家」在中國從理念走入現實。中華民國通過憲法的形式,宣告繼承滿清以來中華固有之疆域範圍。不過,清朝的滅亡帶來了傳統的王權統治秩序的解體,出現了共同體認同危機,新生的共和政體不得不面對新的問題:在傳統文化遭到捨棄之後,是否需要塑造新的民族身份認同?新的民族國家應該建立在怎樣的基礎之上?

為了重建民族文化認同,維繫整個中華民族的團結和統一,在康有為及其弟子等人的鼓動下,北洋政府開始推動孔教國教化運動。1913 年 6 月 22 日,北洋政府發布大總統尊崇孔聖令,「我中國之尊孔子,始於漢武帝,擯黜百氏,表章六經,自是學說遂統於一尊。顧孔學博大,與世推移,以正君臣為小康,以天下為公為大同。」〔註3〕1914 年 2 月 20 日,大總統發布崇聖典禮令。典禮令分為七章,分別為:世爵、世職、祭祀費、廟官、林廟、府官、附則。典禮令基本延續了清朝的祭孔舊制:「衍聖公膺受前代榮典,均仍其舊」;「衍聖公俸,依公爵舊制」;衍聖公每年祭祀公費仍由國家支付;「聖廟執事官,按舊設品額」;「衍聖公舊有府屬員役,仍依舊制,自行選充」。〔註4〕

1913 年,北洋政府為了制定新憲法專門成立了憲法起草委員會(簡稱憲草會),孔教為國教問題是憲草會討論的重要議題之一。為了將孔教設立為中華民國的國教,議員陳銘鑒在憲草會第二十一次會議中提出了「以孔教為國教」的議案,被列入憲草會議事日程。此後,憲草會第二十二次會議和第二十三次會議圍繞「以孔教為國教」議題進行了專門討論。兩次會議中討論的焦點可以概括為以下幾點:一、孔教是否屬宗教?二、以孔教為國教是否與信仰自由有衝突?三、以孔教為國教是否與共同政體不合?四、以孔教為國教是否不利於民族團結?支持和反對雙方就以上焦點問題分別發表了自己的意見,在最後的表決中,「以孔教為國教」議案並未獲得超過三分之二的贊同票,也就意味著議案未獲通過。

「以孔教為國教」的提案不僅遭到了憲草會部分委員們的反對,也引起了教界人士們的普遍抗議。太虛在 1913 年出版的《佛教月報》上發表了《信教自由與國教》〔註5〕的文章:

〔註3〕中國第二歷史檔案館編,中華民國史檔案資料彙編,第三輯,第十編文化〔M〕,南京:江蘇古籍出版社,1991:1。

〔註4〕中國第二歷史檔案館編,中華民國史檔案資料彙編,第三輯,第十編文化〔M〕,南京:江蘇古籍出版社,1991:10。

〔註5〕黃夏年主編,民國佛教期刊文獻集成,第六卷〔M〕,北京:全國圖書館文獻

信教自由，所以息宗教之爭也。宗教之爭，烏乎起？曰：起於不能發揮真理以憑人民之自由信仰也。俾人民不能自由信仰，非必禁止人民之信教也，特尊一教為國教，則已足生人民對於他教歧視之心。故今日提議尊孔教為國教，不啻根本推翻信教自由，引起宗教上之爭論也。

異哉！陳煥章等，謂尊孔教為國教，不妨害信教自由之約法乎！

1916 年 8 月 1 日，袁世凱逝世之後，遭到解散的國會重新恢復集會，以《天壇憲草》為基礎，重新議定民國憲法。孔教是否屬宗教？以孔教為國教是否與信仰自由有衝突？以孔教為國教是否與共同政體不相合？這些問題再次成為了議員們爭論的焦點。1917 年 5 月 14 日，憲法會議審議大會中，第十一條修正案：「中華民國人民有尊崇孔子及信仰宗教之自由，非依法律不受制限」獲得通過。第十九條第二項「國民教育，以孔子之道為修身之本」不能提出。

「以孔教為國教」的議題最終以失敗而收場。其實，以康有為為代表的一批文人試圖以儒教思想為基礎組建一種新的宗教——孔教，再將孔教確立為中華民國的國教，這樣儒教思想就能成為維繫民族國家共同體的文化主體。然而，「這種儒教民族主義不但沒有緩和民初的政治和精神危機，反而進一步加劇了危機本身，因為它很快地蛻變為官方民族主義，種種政治化的祭孔和讀經都成為軍閥威權主義的工具。」〔註6〕

1928 年，南京國民政府取代北洋政府執掌全國政權之後，也面臨著與北洋政府類似的問題——應該如何維繫民族國家的團結和統一。不過，在宗教政策方面，南京國民政府堅持貫徹政教分離的原則，反對任何將孔教國教化的企圖，致力於構建以公共祭祀為代表的新型「民族之神」。

「民族之神」意指民族共同體成員之間共享的神靈信仰系統。構建「民族之神」的過程也是發掘民族共同體起源的歷史記憶或神話，並通過公共儀式來不斷強化此種意識的過程。「社會記憶與社會意義的創造息息相關，社會群體通常要藉著一些過去的重大事件來形構對於自身的意象，並且不斷利用公共的共同儀式來強化他們與此「集體過去」的聯繫。因此，歷史意識形態對於社會群體的符號性建構與社會凝聚力的創造，殆有舉足輕重的決定性作用。」〔註7〕

縮微複印中心，2006：343。
〔註6〕許紀霖，現代中國的自由民族主義思潮〔J〕，社會科學，2005，1：101。
〔註7〕Paul Ricoeur, Phenomenology and the Social Sciences, ed., by J. Bier (The Hague:

　　1928 年，南京國民政府制定並頒布了《神祠存廢標準》。在《標準》之中，南京國民政府認為先哲類神靈應當繼續保存並發揚。先哲類的範圍有：（甲）對於民族發展確有功勳者；（乙）對於學術有所發明，利溥人群者；（丙）對於國家社會人民有捍衛禦侮，興利除弊之事蹟者；（丁）忠烈孝義，足為人類矜式者。〔註8〕具體包括伏羲氏、神農、黃帝、嫘祖、倉頡、后稷、大禹、孔子、孟子、公輸班、岳飛、關羽等。按照南京國民政府的劃分標準，伏羲氏、神農、黃帝、嫘祖、倉頡、后稷、大禹都是屬於對民族發展確有功勳者，也即是中華民族的「民族之神」。

　　以黃帝陵祭祀為例：在中國古史系統中，黃帝本是一個荒渺難稽的傳奇人物。司馬遷在《史記》開篇《五帝本紀》之中將黃帝由神話人物塑造成為歷史人物，成為中華民族的人文始祖。

> 　　黃帝者，少典之子，姓公孫，名曰軒轅。生而神靈，弱而能言，幼而徇齊，長而敦敏，成而聰明。軒轅之時，神農氏世衰。諸侯相侵伐，暴虐百姓，而神農氏弗能征。於是軒轅乃習用干戈，以征不享，諸侯咸來賓從。而蚩尤最為暴，莫能伐。炎帝欲侵陵諸侯，諸侯咸歸軒轅。軒轅乃修德振兵，治五氣，藝五種，撫萬民，度四方，教熊羆貔貅貙虎，以與炎帝戰於阪泉之野。三戰，然後得其志。蚩尤作亂，不用帝命。於是黃帝乃徵師諸侯，與蚩尤戰於涿鹿之野，遂禽殺蚩尤。而諸侯咸尊軒轅為天子，代神農氏，是為黃帝。天下有不順者，黃帝從而征之，平者去之，披山通道，未嘗寧居。

> 　　東至於海，登丸山，及岱宗。西至於空桐，登雞頭。南至於江，登熊、湘。北逐葷粥，合符釜山，而邑於涿鹿之阿。遷徙往來無常處，以師兵為營衛。官名皆以雲命，為雲師。置左右大監，監於萬國。萬國和，而鬼神山川封禪與為多焉。獲寶鼎，迎日推筴。舉風後、力牧、常先、大鴻以治民。順天地之紀，幽明之占，死生之說，存亡之難。時播百穀草木，淳化鳥獸蟲蛾，旁羅日月星辰，水波土石金玉，勞勤心力耳目，節用水火材物。有土德之瑞，故號黃帝。

Martinus Nijhaf, 1978), pp. 45～46. 轉引自：沈松僑，我以我血薦軒轅——黃帝神話與晚清的國族建構》〔A〕，見：「發明過去、想像未來：晚清的『國族』建構」小型學術討論會文集〔C〕，臺北：中央研究院近代史所，1997：11。

〔註8〕中國第二歷史檔案館編，中華民國史檔案資料彙編，第五輯，第一編文化（一）〔M〕，南京：江蘇古籍出版社，1991：498。

「在司馬遷為黃帝編織的血緣網絡中，黃帝高距在頂端，既是顓頊、帝嚳、堯、舜四帝的祖先，又是夏、商、周三代諸王以及眾諸侯的祖先；不僅如此，他還被推廣成為後世帝王及諸侯的祖先。華夏各姓氏都可以在司馬遷編織的血緣網絡上找到相應的位置，甚至處於邊緣地帶的異族也都可以掛到這張網絡上。」〔註9〕例如，「越王句踐，其先禹之苗裔，而夏后帝少康之庶子也」；「匈奴，其先祖夏后氏之苗裔，曰淳維」；「昔黃帝有子二十五人，或內列諸侯，或外分荒服，昌意少子，受封本土，國有大鮮卑山，因以為號」。

兩漢之後，隨著大一統帝國制度的確立，黃帝所具的政治性格日愈強烈，其為帝王典範的意涵也愈形顯豁。王莽篡權，起九廟，首立「黃帝太初祖廟」，其廟規制宏大，「東西南北各四十丈，高十七丈，餘廟半之」。唐代宗大曆年間，復於黃陵所在地——坊州（今陝西黃陵縣）置廟，「四時享祭，列於祀典」。宋元兩代，時有修廟，祭陵之舉，降及明清，黃帝祭禮，尤為崇隆，「春秋有時祭，三年有大祭」。

民國時期，黃帝信仰脫離了「皇統」的束縛而被納入到「民族共同體」之中。國民黨元老于右任在《黃帝功德記》中論道：「黃帝公孫軒轅氏，實吾中華民族之元祖。吾中華民族有此生息昌大之疆土，有此博大悠久之文化，有此四千餘年震爍世界之歷史，翳維黃帝，為國族之神。」1935年，南京國民政府鑒於民族前途危急，將清明節定為「民族掃墓節」。從此清明節不僅只是一家一戶祭祖和掃墓的日子，也成為增強民族凝聚力和向心力，共同抵禦外辱的國家公祭節日。從1935年開始，南京國民政府每年都會委派代表赴陝西黃陵縣參加黃帝陵祭祀，「致祭於中華民族始祖黃帝軒轅氏之靈」，國內各省份也會結合地方具體情況，祭祀本地域內的民族英雄。例如，浙江省在民族掃墓節選擇祭祀民族英雄岳飛，福建省選擇祭祀抗倭名將戚繼光，湖南省則選擇祭掃炎帝陵和舜帝陵。

從「奉旨祭陵」到「民族掃墓」，雖然同樣都是在祭祀黃帝，但活動主題卻發生了重大改變。封建王朝「奉旨祭陵」，以告即位為主，此外還有告禳災除患、親政復儲、萬壽晉徽、先人後事等，希望「惟神昭鑒，祐我邦家」。南京國民政府組織「民族掃墓」意在築牢民族團結，除追憶先人之功德之外，更是為了勉勵後人，團結一致，共同禦敵，謀求中華民族之復興也。

〔註9〕李憑，黃帝歷史形象的塑造〔J〕，中國社會科學，2012，3：19。

第二節 「叢林宮觀」的規範化管理

民國時期，中國社會生活面貌發生了很大的轉變，中國傳統宗教類型「叢林宮觀」也在時刻面臨著新的衝擊和挑戰。「尤其是佛教寺產的歸屬問題在中國歷史上一直缺乏全面的法律規定，這為民初屢屢發生地方官吏、社會士紳、學校師生、鄉村民眾等打著反宗教、反迷信的旗號侵佔寺廟權益創造了機會。」〔註10〕為了對「叢林宮觀」進行規範化管理，北洋政府和南京國民政府先後頒布了一系列的法律、法規以及行政規章。

民國時期宗教方面法律法規匯總表

頒布時間	名　稱	頒發機構	備　註
1913 年 6 月	《寺院管理暫行規則》	北洋政府內務部	
1915 年 10 月	《管理寺廟條例》	北洋政府內務部	
1921 年 5 月	《修正管理寺廟條例令》	北洋政府	取代《管理寺廟條例》
1921 年 5 月	《著名寺廟特別保護通則》	北洋政府內務部	
1928 年 9 月	《寺廟登記條例》	南京國民政府內政部	
1928 年 9 月	《廢除卜筮星相巫覡堪輿辦法》	南京國民政府內政部	
1928 年 12 月	《神祠存廢標準》	南京國民政府內政部	
1929 年 1 月	《寺廟管理條例》	南京國民政府	取代《寺廟管理條例》
1929 年 12 月	《監督寺廟條例》	南京國民政府	
1930 年	《令禁止幼年剃度》	南京國民政府內政部	
1932 年 9 月	《寺廟興辦公益慈善事業實施辦法》	南京國民政府內政部	
1935 年	《佛教寺廟興辦慈善公益事業規則》	南京國民政府內政部	取代《寺廟興辦公益慈善事業實施辦法》
1936 年 1 月	《寺廟登記規則》	南京國民政府內政部	取代《寺廟登記條例》

這些管理宗教的法律、法規以及行政規章，按照涉及範圍和具體內容不同，大致可以分為以下三類：

〔註10〕紀華傳，民國初期的佛教政策及寺院財產管理〔J〕，世界宗教研究，2018，6：59。

一、場所登記制度

「叢林宮觀」場所的登記是政府管理宗教事務的基礎和依據。只有掌握了管轄範圍內「叢林宮觀」的歷史、財產、法物、地理位置、僧道的數量以及個人情況等真實信息後，政府才能對「叢林宮觀」進行有效管理。

1913 年，即民國成立次年，北洋政府內政部因「各地方寺院之創建及其住守教徒附屬財產之一切關係，多無確切冊籍可考，遇有事項發生，概難知其底蘊，實於管理前途多所障礙」，而考慮實施寺廟登記工作。為此內政部專門制定了《各省、區、縣寺院調查表》和《各省、區、縣寺院財產調查表》，通令各省一體遵照，分別填列。不過，由於國內戰亂，政局不穩等原因，此項登記並未在全國範圍內推行開來，最終收到各省提交的登記表也寥寥無幾。

1928 年，北伐戰爭勝利前夕，南京國民政府內政部發布了《寺廟登記條例》，要求對全國範圍內的寺廟和僧道進行摸底式的調查統計。《寺廟登記條例》一共分為十八條，登記範圍廣泛，「凡為僧道住持或居住之一切公建、募建或私家獨建制壇廟、寺院、庵觀」〔註11〕。登記內容包括三部分：「一、人口登記，二、不動產登記，三、法物登記。」〔註12〕寺廟人口以僧道為限，「寺廟內之雇傭或寄居人等不在登記之列」〔註13〕，「未成年人不得登記為僧道。」〔註14〕寺廟不動產的定義為：「寺廟本身建築物及其附屬之土地房屋」。寺廟法物的定義為：「宗教上、歷史上或美術上有重要關係之佛像、神像、禮器、樂器、經典、雕刻、繪畫及其他保存至一切古物而言。」〔註15〕不過，此次寺廟登記工作進展也並不順利，主要因為僧道文化水平有限，無法按照政府的要求提交登記材料。有鑑於此，南京國民政府對於《寺廟登記條例》作了適應性的調整，重新發布了《寺廟登記規則》及表格樣式，以此取代《寺廟登記條例》。首先，《寺廟登記規則》增加了登記分為總登記和變動登記二

〔註11〕張研、孫燕京主編，民國史料叢刊續編（47）〔M〕，鄭州：大象出版社，2012：12。

〔註12〕張研、孫燕京主編，民國史料叢刊續編（47）〔M〕，鄭州：大象出版社，2012：12。

〔註13〕張研、孫燕京主編，民國史料叢刊續編（47）〔M〕，鄭州：大象出版社，2012：14。

〔註14〕張研、孫燕京主編，民國史料叢刊續編（47）〔M〕，鄭州：大象出版社，2012：14。

〔註15〕張研、孫燕京主編，民國史料叢刊續編（47）〔M〕，鄭州：大象出版社，2012：14。

種,總登記每十年一次,變動登記每年舉行一次。《登記條例》只是規定了「寺廟之不動產或法物有增益或減損時,應隨時聲請登記。」〔註16〕其次,《登記條例》只錄入僧道人員,雇傭或寄居人等不在登記之列,而《登記規則》則要求在登記寺廟人口時,「其他住在人等應附帶聲報」。〔註17〕最後,《寺廟登記條例》列明瞭四種登記表格,分別為:《寺廟登記總簿》,《寺廟人口登記簿》,《寺廟不動產登記簿》,《寺廟法物登記簿》;《寺廟登記規則》則將登記表格增加至七種,分別為《寺廟概況登記表》、《寺廟人口登記表》、《寺廟財產登記表》、《寺廟法物登記表》、《寺廟登記證》、《寺廟變動登記表》、《寺廟變動登記執照》,使得登記工作更加簡單、清晰、易操作。

二、財產和團體管理制度

「及至清末,廢科舉,興學校,當時因惑於財力不足,復有倡廢廟興學議者,一唱百和,全國風靡。然刁狡之徒,則僅假興學名義,侵奪寺廟財產,其弊不可勝言。」民國政府成立之後,縱使憲法明確規定人民有信教和保有財產之自由,但是,各地占廟逐僧的事件屢有發生。為了應對由廟產興學運動所引發的眾多爭訟糾紛,民國政府著手出臺宗教團體管理制度。

1913年6月,北洋政府內務部正式頒布了《寺院管理暫行規則》〔註18〕,就寺院管理問題做出了官方規定。按照《寺院管理暫行規則》內容所述,本條例出臺的本意在於:「一方為不得強取寺院財產之制限,一方為寺院財產變賣抵押贈予之制限」。規則頒布之後,地方政府以各種理由推脫,「惟是爭議習成,因緣複雜,有出於教會之意見紛歧者,有出於教俗之是非各執者,有經司法行政官廳決定而纏抗不休或延未執行者」,使得《寺院管理暫行規則》的執行情況異常緩慢。內務部為此不得不屢次致電各省,飭屬保護寺院財產,「廟產或由於教徒之募集,或由於人民之布施,其所有權未經讓與以前,當然屬諸寺廟,應由該部通飭地方官吏對於寺廟財產責成該管官切實保護。除僧侶熱心公益,自願捐輸,仍準稟明立案外,均應嚴禁侵佔,違者依

〔註16〕張研、孫燕京主編,民國史料叢刊續編(48)〔M〕,鄭州:大象出版社,2012:107。

〔註17〕參閱:郭華清,國民黨政府的宗教管理政策述略〔J〕,世界宗教研究,2005,2:26。

〔註18〕中國第二歷史檔案館編,中華民國史檔案資料彙編,第三輯,第十編文化〔M〕,南京:江蘇古籍出版社,1991:693。

法治罪。」〔註19〕

　　1915年，北洋政府出臺了頗為嚴厲的《管理寺廟條例》，計分總綱，寺廟財產，寺廟僧道，寺廟註冊及罰則五章，共三十一條、關於寺廟之界限，寺廟之註冊，以及出風等等，均有詳細規定。不過，這一法令並未在國會獲得通過，而且內容龐雜，適用困難，雖然公布施行，但是各省並未遵照辦理。1921年，北洋政府以《管理寺廟條例》為基礎，作了增訂刪修之後，頒布了《修正管理寺廟條例》。《修正管理寺廟條例》延續了《管理寺廟條例》的基本精神和內容，但是作了細節性修改，將管理條例的三十一條刪改為二十四條。其中明顯的修改有：1. 將「寺廟財產，不得抵押或處分之，但為充公益事項必要之需用，稟經該管地方官核准者，不在此限」修改為「寺廟財產，不得藉端侵佔，並不得沒收或提充罰款」，這樣地方政府不能再藉口公益事項而侵佔廟宇。2. 捨棄了「寺廟註冊」一章五條的全部內容，盡在第七條中提及「寺廟須向地方官署呈請註冊，其應行註冊事項及關於註冊之程序，由內務部另以規則定之。」〔註20〕以此淡化對寺廟的管理色彩。3. 關於教規事項全部刪除，不再列入。

　　1928年，南京國民政府上臺前後，國內爆發了第二次大規模的廟產興學運動。同年 5 月，在南京召開的全國教育會議上，以中央大學邰爽秋教授為代表的一批學者發表了《「廟產興學」運動宣言》，這項議案不僅贏得與會者的贊同，而且得到了內政部長薛篤弼的肯定。薛篤弼認為，同以經懺佛事為信仰主流的漢傳佛教相比，基督教對於社會進步大有裨益。因此，佛教和道教應該主動貢獻豐厚的廟產興辦教育，從而更好的服務社會發展。邰爽秋和薛篤弼等人「廟產興學」的主張遭到了佛教界的強烈抗議。太虛、圓瑛、仁山等佛教領袖為此專門組織成立了中國佛教會，以應對「廟產興學」的衝擊。在佛教界人士之普遍抵抗下，南京國民政府認識到「摧殘佛教，無疑摧殘民眾對政府的信心，並動搖邊疆民族向心力」〔註21〕加之長達五年的「非基督教運動」剛剛平息，於是發布了第64號訓令〔註22〕，以此表明

〔註19〕中國第二歷史檔案館編，中華民國史檔案資料彙編，第三輯，第十編文化〔M〕，南京：江蘇古籍出版社，1991：698。

〔註20〕中國第二歷史檔案館編，中華民國史檔案資料彙編，第三輯，第十編文化〔M〕，南京：江蘇古籍出版社，1991：699。

〔註21〕東初：《中國佛教近代史》（上）臺北：東初出版社，1992年版，第132頁。

〔註22〕東初：《中國佛教近代史》（上）臺北：東初出版社，1992年版，第132～133頁。

政府保護宗教信仰自由的態度。

> 據本府秘書處轉陳中央執行委員會秘書處函開：「案准貴處函，奉常務委員交下張委員之江，鈕委員永建，為請求實行信仰自由，取消反對基督教及反對各教等口號提案一件。奉諭送中央黨部，轉抄同提案，函達查照，等由；準此，查十六年五月十三日中央政治會議第九十三次會議，關於伍委員朝樞提出上海餘日章等，請求保護宗教一案，曾經決議諮國民政府訓令民眾不可誤解，打倒帝國主義，而以排外排教之性質，利用任何勢力，壓迫和侵害中外人民信仰之自由等語在案，是本黨對於信教自由，已由明白之主張。凡關於宗教事件，自可查照該決議案辦理，似無再行核之必要。准函前因，除函覆政治會議外，相應函覆貴處，即希查照，轉陳為荷；等由。理合轉陳鑑核」等情。據此，除分行外，合行抄發原稿提案，令仰查照辦理，並轉飾所屬，一體知照，此令。

1929 年 1 月，南京國民政府參考北洋政府時期的《修正管理寺廟條例》，頒布了《寺廟管理條例》〔註23〕。因為起草時間倉促，《寺廟管理條例》有著諸多的缺點和不足之處，例如：1. 要求寺廟根據主持情況（有僧道主持者、無僧道主持者、地方公共團體主持者）成立廟產保管委員會，負責處置寺廟財產。實質上，寺廟僅有財產管理之空名，一切變更或處分寺廟財產均須服從委員會的決議，為地方政府侵佔廟產提供了法律依據。2. 僧道不法或有違反黨治的行為，固然應該予以懲治，但是不應該以此作為廢止或解散寺廟的根據。3. 《寺廟管理條例》並沒有寺廟財產的明細解釋，致使部分寺廟的法物、佛像等古蹟遭到偷盜和變賣。

《寺廟管理條例》頒布之後，各地廟產的糾紛不斷沒有緩解，反而卻愈演愈烈。南京國民政府遂在同年 12 月重新制定了《監督寺廟條例》以取代《寺廟管理條例》。不過，《監督寺廟條例》只是規定了寺產管理的一些基本原則，內容極其簡略，各地在實際操作過程中還是會遇到許多不明的情況和問題。單單就《監督寺廟條例》第四條「荒廢之寺廟由地方自治團體管理之」為例。關於此條，各地向內政部提出了諸多疑問。中國佛教會常委太虛

〔註23〕中國第二歷史檔案館編，中華民國史檔案資料彙編，第五輯，第一編文化（二）〔M〕，南京：江蘇古籍出版社，1991：1017～1019。

等呈請，無人承繼之寺廟似應由佛教會徵集諸山意見，遴選住持管理。〔註24〕江蘇民政廳呈為荒廢寺廟能否變賣。〔註25〕安丘縣教育局呈稱，荒廢之寺廟由地方自治團體管理之。如地方無自治團體而荒廢寺廟之財產完全為私有佔據者，可否提充教育經費。〔註26〕江浦縣呈稱，竊查監督寺廟體力第四條載，荒廢之寺廟由地方自治團體管理之，又查司法院解釋監督寺廟條例二十則中第十五則內載同條例第四條所稱之地方自治團體系指區公所、鄉鎮公所、坊公所等而言，則荒廢寺廟由區鄉鎮坊公所管理已無疑義。惟荒廢寺廟之原屋地基在甲區，而其田產由在乙區，則管理之權應將奚屬。如原屋地基坐落何區無法證明，又將如何辦理。〔註27〕對此，內政部个得不屢次就呈文作出單獨補充解釋。

三、興辦慈善和公益事業管理制度

南京國民政府規定寺廟必須每年分兩次向政府繳納興辦公益慈善事業的款項用於民眾教育、濟貧救災、育幼養老、公共衛生等公益慈善事業。至於出資標準，《寺廟興辦公益慈善事業實施辦法》做出了詳細規定：每年寺院財產總收入 500 元以上 1000 元未滿者出 2%，1000 元以上 3000 元未滿者出 4%，3000 元以上 5000 元未滿者出 6%，5000 元以上 10000 元未滿者出 8%，10000 元以上者出 10%。因這個出資標準受到爭議，後來南京國民政府批准中國佛教會擬具的《佛教寺廟興辦慈善公益事業規則》。該規則規定：100 元未滿者出 1%，100 元以上 300 元未滿者出 2%，300 元以上 500 元未滿者出 3%，500 元以上 1000 元未滿者出 4%，1000 元以上者概出 5%。實際上，提高了年收入少的寺廟的出資標準，降低了年收入多的寺廟的出資標準。

總的說來，民國時期是一個社會動盪、戰亂頻發的時期。為了維護社會穩定，有效解決宗教問題，北洋政府和南京國民政府針對「叢林宮觀」頒布了十餘部宗教法律法規，並且就一些管理條例進行了多次修訂。雖然，這些

〔註24〕為準內政部諮解釋監督寺廟條例令仰知照由〔J〕，青島市政府市政公報，1931，20：10。

〔註25〕為準內政部諮解釋監督寺廟條例令仰知照由〔J〕，青島市政府市政公報，1931，20：10。

〔註26〕為準內政部諮解釋監督寺廟條例令仰知照由〔J〕，青島市政府市政公報，1931，16：11。

〔註27〕為準內政部諮解釋監督寺廟條例疑義除分令外仰知照由〔J〕，青島市政府市政公報，1934，20：134。

法律法規在內容方面還不盡完善，存在諸多缺點和不足之處，並且也沒有很好地起到保護和規範「叢林宮觀」的實際作用，不過，開啟了用法律的方式規範宗教事務的先河，將宗教事務納入到規範化管理的軌道，仍然具有其歷史進步意義。

第三節 「外來宗教」的指導與清理

「外來宗教」是一個與「本土宗教」相對的概念，是指起源於域外，並已傳入本域的各種宗教信仰。本章節中，清末民國時期青島的「外來宗教」主要包括基督宗教和日本殖民時期遺留下來的日系宗教諸派系。嚴格來說，佛教和伊斯蘭教也應該納入到「外來宗教」的範圍之內。不過，佛教中國化程度比較高，已經逐漸成為中國宗教文化的主流，因此將其歸類為「中國傳統宗教」而非「外來宗教」；伊斯蘭教傳入青島時間較晚，僅有一處不大的禮拜處所，並未引起政府部門的足夠重視，所以暫且不論。

一、指導基督宗教

基督宗教的管理問題一直是中國政府不得不面對的棘手事務。清朝時期，中央朝廷對於基督宗教的態度前後有過多次反覆。順治和康熙朝對基督宗教整體上比較寬容，傾向於借助耶穌會士編修曆法、引進西方先進的科學技術。雍乾嘉道時期，因為中西「禮儀之爭」的負面影響，清王朝開始採取禁止基督宗教在華傳播的政策。鴉片戰爭後，基督宗教憑藉西方列強與中國簽訂的不平等條約（黃埔條約》、《天津條約》和《北京條約》）強勢傳入中國。1912年，中華民國成立之後，基督宗教在華組織仍然可以沿襲前清各條約的政策，傳教士們繼續享受治外法權的保護。

北洋政府執政時期，未能出臺基督宗教管理的專項法令，顧及到國際關係的影響，對基督宗教採取了不干涉發展的政策。雖然，袁世凱有將「孔教國家化」的企圖，但是並沒有提出取消其他宗教的合法地位。在袁世凱就任中華民國臨時大總統後，北京的基督教團體為此特地舉辦了規模盛大的慶祝禮拜活動。袁世凱在接見傳教士代表時提出：「你們基督教可以做很多事情幫我們的忙，可以鼓勵你們的人協助教育無知的（中國）人明白當前狀況的真實意義，以便給我們帶來昌盛的前途。我已作出一項決定，那就是在全國將

有宗教自由」。〔註28〕此時，基督宗教與中國政府關係較為融洽，尚處於在華傳教的「黃金時期」。

　　南京國民政府執政之後，發現基督宗教在中國擁有強大影響力，「耶教亦宗教之一，固不敢謂其盡善，但耶教徒蹤跡所至，不憚梯山航海，披荊斬棘，冒險猛晉，或設學校，或設醫院，雖極荒穢之區，一經彼教整理，即可變為淨土，極頑固之俗，一經彼教誘導，則可逐漸改良，所以我國信耶教者婦女多知放足，兒童多能讀書，是其明徵，其組織之嚴密，願力之宏毅，與年俱進，尤堪驚異，而其國勢亦隨其宗教而膨脹。」〔註29〕因此，基督宗教可能會成為推動中國社會發展的積極力量，但也可能會成為瓦解民族共同體認同的消極因素。

　　從處理涉及基督教青年會紛爭中，能夠看出南京國民政府對基督宗教的複雜態度。1884 年，英國商人喬治‧威廉在英國倫敦創辦基督教青年會。青年會致力於號召青年群體從事改良社會的事業，在成立之後，很快便得到了社會各界的認可和支持。1876 年，基督教青年會傳入中國，並在上海成立了中國第一個青年會組織。進入二十世紀後，基督教青年會在中國進入快速發展時期。1900 年，青年會北美協會幹事路威士在上海正式組成了上海市基督教青年會。1901 年，全國已有市會三處，校會四十處，外籍幹事六人，中國籍幹事二人。1922 年，基督教青年會在全國擁有市會四十處，會員由五萬三千八百餘人；校會有二百處，會員由二萬四千一百餘人。外籍幹事有就九十五人，中國籍幹事有八十七人。〔註30〕

　　1929 年，各地方黨部陸續提出，青年會「為帝國主義文化侵略之工具，麻醉青年，嘲譏革命」，〔註31〕呈請中央取締基督教青年會。上海特別市執委會宣傳指導科在舉行第五次科務會議時，通過了《防禦帝國主義文化侵略辦法》，指責青年會「雖以德智體群四育相標榜，實際則宣傳基督教旨，誘

〔註28〕徐峰，南京國民政府宗教政策研究〔D〕，濟南：山東師範大學，2001：5。
〔註29〕中國第二歷史檔案館編，中華民國史檔案資料彙編，第五輯，第一編文化（二）〔M〕，南京：江蘇古籍出版社，1991：1072。
〔註30〕參閱：顧衛民，基督教與近代中國社會〔M〕，上海：上海人民出版社，1996：363。顧長聲，傳教士與近代中國〔M〕，上海：上海人民出版社，1981：301～302。
〔註31〕中國第二歷史檔案館編，中華民國史檔案資料彙編，第五輯，第一編文化（二）〔M〕，南京：江蘇古籍出版社，1991：1030。

惑青年，顯係帝國主義者文化侵略之機關，應由中國教育機關一律收歸自辦」〔註32〕。江蘇、湖北、湖南、江西、山東和南京、青島5省2市也先後出臺類似的地方性政策。〔註33〕

1929年10月28日，中央民眾訓練部向中央秘書處提案，認為基督教青年會在廣大青年群體中具有很大號召力，但卻游離在政府管轄範圍之外。

> 查各地青年會之組織，全屬我國民眾集團，而其性質則是以宗教為名，行文化侵略之實。按其近來，常以似是而非之宗教理論，曲解或附會我總理遺教，更其明證。倘任其宣傳，毫不過問，殊失本黨於訓政時期訓練全民之旨，是該會所轉各節尚不無見地，似有由各該地黨部參加指導之必要。茲擬具指導青年會之辦法如下：（一）通令各省市黨部轉飭各縣市黨部，凡當地設有青年會者，即由當地黨部隨時派員指導；（二）各地黨部通知所在地青年會，凡舉行一切會議，均須預為通知，屆時由黨部派員出席指導，或藉此機會，以便宣傳黨義；（三）凡青年會開會，須遵照民眾團體開會儀式（如讀總理遺囑，懸黨國旗，唱黨歌等）辦理。綜上所述辦法，是否有當，敬請公決。〔註34〕

國民黨常會在經過討論之後，決定將此議案交給三名基督徒委員孫科、王正廷、孔祥熙研究再議。1930年2月10日，中央秘書處覆函中央民眾訓練部：前准呈擬各地黨部指導青年會之辦法一案，當經中央第六十八次常會推孫科、王正廷，孔祥熙三委員研究，嗣準提出審查報告，擬具意見三項：

> （一）各地青年會亦屬民眾團體之一種，當此訓政時期，所有民眾團體既應受本黨之指導，則青年會亦應受本黨的指導。

> （二）各地青年會又為含有宗教性國際性之團體，與其他一般民眾團體完全受本黨各地黨部指導組織者不同，各地黨部直接指導之辦法，若用於青年會實有不適宜之處，且恐惹起許多意外之糾紛，故認定本黨之指導青年會，有另定辦法之必要。

〔註32〕李傳斌：基督教與近代中國的不平等條約〔M〕長沙：湖南人民出版社，2011：240。

〔註33〕張化，國民政府的基督教政策及在上海的實施〔J〕，上海文化，2017，8：92。

〔註34〕中國第二歷史檔案館編，中華民國史檔案資料彙編，第五輯，第一編文化（二）〔M〕，南京：江蘇古籍出版社，1991：1023。

（三）其辦法應由中央訓練部與全國基督教青年會商妥定後再由中央訓練部提交中央常會決定之。〔註35〕

由此可見，中央秘書處同意基督教青年會應接受國民黨指導的提案，不過，認為中央民眾訓練部提交的具體指導辦法尚有欠妥之處。基督教青年會作為一個國際性的宗教團體，有其特殊之處，不能直接照搬一般民眾團體的指導辦法。按照中央秘書處的意見，中央民眾訓練部主動與青年會商洽，但是並未形成一致意見，「本案經余課長前往青年會商洽，未得結果，目前似尚無辦法辦理。職課以為只要軍事平定後，指導青年會亦屬易事，故昨提處務會議決定，『俟軍事平定後再辦』。」〔註36〕

最終，南京國民政府擬定了《指導基督教青年會辦法》，對待基督教青年會的態度從切實監督轉變為澄清肯定：「民國七年，基督教青年會已將行政權與經濟權完全收回；外人之資助者，全係公益性質；雖有外人為幹事者，其去留須服從董事會；雖冠有基督教指明，其實基督教徒占最少數，多半係青年學生、農工同胞、軍警政工作人員等。」

根據《指導基督教青年會辦法》內容要求，指導辦法如下：

（一）各地青年會舉行集會時，均須預先通知當地高級黨部，高級黨部接到通知後，酌情派員赴會指導。

（二）青年會所辦學校，每星期須舉行總理紀念週一次，當地高級黨部須派員出席講演。

（三）各地青年會須設置黨義研究會，當地高級黨部須派指導員隨時指導。

可以明顯看出，南京國民政府內部對於基督宗教的態度是不一致的。反基督宗教的一方認為，基督宗教是西方列強侵略中國的工具，荼毒百姓，影響穩定，應該予以徹底清除。親基督宗教的一方則提出，無論是就宗教信仰自由而言，還是考慮到妥善處理國際關係和條約體系，都應給予基督宗教以尊重和保護。幾經爭論之後，雙方達成了部分一致意見：政府應該貫徹宗教信仰自由的政策，但是需要對基督宗教進行規範的管理，讓基督宗教服從中

〔註35〕中國第二歷史檔案館編，中華民國史檔案資料彙編，第五輯，第一編文化（二）〔M〕，南京：江蘇古籍出版社，1991：1024。

〔註36〕中國第二歷史檔案館編，中華民國史檔案資料彙編，第五輯，第一編文化（二）〔M〕，南京：江蘇古籍出版社，1991：1026。

國國家和人民利益的需要。

二、清理日系宗教

　　不同於對待基督宗教的態度，南京國民政府對於日本殖民時期遺留下來的日系宗教勢力的清理異常果斷和徹底。1945 年 8 月 15 日，日本天皇宣布無條件投降後，南京國民政府開始逐步接收日偽資產。12 月 29 日，中國陸軍總司令部通電各地，「日產以政府接受為原則。日方廟產應由當地政府接管，如須維持廟容應由地方政府指派住持。」〔註37〕1946 年 5 月，行政院制定並頒布《地方政府接收處理日人寺廟祠宇注意事項》。

地方政府接收處理日人寺廟祠宇注意事項

　　一、收復區日人寺廟祠宇□接收處理除法令已有規定外，依本注意事項辦理之。

　　二、凡日人寺廟祠宇應由地方政府一律接收並登記保管。

　　三、凡日人寺廟祠宇內有關神權迷信之神像木主及法物等均應予撤除。

　　四、前項接收之寺廟祠宇依左列情形分別辦理：

　　甲、利用原有廟宇變更名稱或加以改造之日人寺廟祠宇如係公產仍歸公有，如係私產應由所有權人提出確切證件依法審議覆發遞之。

　　乙、日人新建寺廟祠宇其土地權屬於公有者應一律收歸公有。

　　丙、日人新建寺廟祠宇其土地權屬於私有者應依照收復區土地權利清理辦法第五條之規定辦理。

　　丁、日人寺廟祠宇係利用原有民房改建者，應依法清理歸還。

　　五、地方政府接收處理日人寺廟祠宇均應隨時將接收情形及處理辦法專案諮報內政部備核。

　　青島市範圍內分布有西本願寺、妙心寺、善導寺、東本願寺、蓮長寺、曹谿寺、大光寺六處佛教寺廟，天理教、金光教、稻荷教會七處神道教寺廟，青島神社一處，督教教會兩處，共計十七處日方廟產。在處理日方廟產的過程中，青島市政府雖有《注意事項》可以作為憑據，但是因其內容過於簡約，仍致利益各方矛盾頻發。

　　青島市政府最早計劃將七處日本佛教寺廟全部交由青島湛山寺接收保

〔註37〕檔案號：B0021 003 00377，青島市檔案館館藏。

管。但是，其他佛寺和道觀對於此項決議並不滿意，白雲洞道士王輔臣因此致信市長：

> 今天《青島公報》載有社會、教育、佛教會三方於二月五日接受敵人寺產並分配用途。白雲洞道人王輔塵兩上社會局呈文，該局並未批示，只准湛山和尚接受。其中黑幕蔑視道教，固有道教敗類自召，然佛教諸公亦難泯除私心。全佐受凝真觀、明霞洞、棋盤石，本派各廟之重託，代領一廟，今成泡影，殊覺顏面無關。願懇慈座主持正義，為道教放以曙光。上增道祖在天職光榮，則全佐亦不負所託矣。至地點不必固定，無論何處均可。〔註38〕

青島市政府均衡考慮，重新劃撥日籍寺院，1946 年 3 月 18 日市長李先良簽署《通知》：

> 查本市敵產廟宇，共計西本願寺等七處，前由湛山寺暫行接收看管，除蓮長寺被焚、房屋倒塌外，其餘六處、為維持廟融、并公允分配計，茲派湛山寺僧人代管善導寺及西本願寺二處。白雲洞道士代管曹谿寺、大光寺二處。卜清宮道士代管東本願寺一處。華嚴寺僧人代管妙心寺一處。〔註39〕

僅過十天之後，太虛、章嘉和李子寬代表中國佛教會整理委員會致電李先良市長，「查敵產佛教寺院交由宗教相同僧侶接受，四種處理辦法，似較妥善。據電前情，相應函請貴政府查照，准將青島敵產佛寺七處仍教湛山寺負責管理，以宏佛化，無任拜禱。」此後，青島市政府在覆函中以「查本市敵產廟宇，已由本府會同敵產處理局及中央信託局遵照中央法令分配於湛山寺、華嚴寺、白雲洞、太清宮等寺院分別代管」〔註40〕為由，拒絕了中佛會的請求，仍然維持了既有的分配方案。

第四節　「民間信仰」與破除迷信運動

中國「民間信仰」歷史悠久，但是將其視為一個獨立的宗教類型卻是西

〔註38〕將敵佛廟七處交湛山寺，檔案號：B0021 003 00377，青島市檔案館館藏。

〔註39〕檔案號：B0021 003 00377 135，青島市檔案館館藏。

〔註40〕青島市政府函覆本會為敵產廟宇交湛山等寺代管由〔J〕，海潮音，1946，27（7）：33～34。

方現代學術影響下的結果。明清之前，學者辨教，「三教」而已。三教人士將民眾的祭祀、崇拜行為斥為「私祀」、「淫祀」，統稱為「民間宗教」。耶穌會士來華後，對於民眾崇拜行為的看待，和正統儒家對淫祀的鄙視接近，將其稱為「迷信」〔註41〕（superstition）。荷蘭漢學家高延（Jan Jakob Maria de Groot）在《中國的宗教系統》（The religion system of China）中認為：中國的『民間宗教』，是儒、釋、道三教之外的獨立宗教，別成一教。這類觀點，為 20 世紀大多數中外學者認可，『民間宗教』的概念開始為人們接受。〔註42〕

二十世紀以來，「民間信仰」遭遇了毀壞性的打擊，從中國社會最普遍的信仰形式轉變成為「落後」、「愚昧」、「原始」的象徵，而遭到了普遍的禁止。對於「民間信仰」的清理，是在高舉「破除迷信」和「啟迪民智」的口號下推進的。知識分子們在一定程度上發現了「民間信仰」對於國家社會產生的消極影響。例如，嚴復認為如果人們按照傳統的迷信思想，「樂天任教」或「諂鬼禱祈」，不去努力奮鬥，那麼中國在「天演」中將必然會「亡國」。相反的，如果我們以積極的態度，奮發「爭存」，實行「鼓民力」、「開民智」、「新民德」，即禁止吸鴉片和婦女纏足，提高人民的健康水平；廢除科舉，學習西方資產階級的文化科學知識；設立議院，實行資產階級的平等、自由，等等，只要這樣做了，那麼我們的民族和國家就可以轉貧弱為富強，站立於世界之上。不過，嚴復對於宗教的批判並不徹底，雖然他對國人的迷信行為多有不滿，但是並不認為可以因此而廢除宗教，宗教「於人心有至靈之效」，因而它有「維持社會之功」。〔註43〕

辛亥革命前後，一批批新式報刊如雨後春筍般湧現出來，它們除了介紹、宣傳近代自然科學知識和資產階級的政治學說外，還刊載了一些介紹無神論思想的文章。其中，比較具有代表性的有《無鬼說》、《革天》、《風水論》、《續無鬼論》等等。這些文章的共同點是利用西方的自然科學成果來批判中國傳統社會中的鬼神、靈魂、符咒、風水理論，以此衝破迷信思想的網羅，啟迪同

〔註41〕應該特別指出：在正統儒家看來，民間宗教存在「淫」、「私」、「邪」等問題，是一種有待改造的異端存在。但是「迷信」一詞，則有貶低民間宗教的意思，意味著民間宗教成為「落後」、「愚昧」、「原始」的象徵，成為科學的對立面。
〔註42〕參閱：李天綱，金澤：江南民間祭祀探源〔M〕，北京：三聯書店，2017：3～6。
〔註43〕參閱：牙含章，王友三主編，中國無神論史〔M〕，北京：中國社會科學出版社，2011：727～731。

胞之智慧。

　　民國成立之後，知識分子們延續了清末以來對「民間信仰」的批判，而且更加尖銳和徹底。為了破除迷信，陳獨秀曾專門撰寫了《偶像破壞論》、《有鬼論質疑》等文章。對於迷信思維核心──有鬼論，以邏輯分析的方式駁斥種種迷信邪說。如果「鬼之為物，玄妙非為物質所包」，那麼如何才能做到「鬼之形使人見，鬼之聲使人聞」？「鬼若有質」，那麼為何「不占空間之位置」，「且為他質之障礙」？「鬼若無質」，那麼為何「有衣食男女之事，一如物質的人同耶」？「鬼果是靈」，那麼為何「仍保其物質生存時之聲音笑貌乎」？在陳獨秀看來，如果鬼神之存在得不到證明，那麼一切宗教都是騙人的偶像。「阿彌陀佛是騙人的；耶和華上帝也是騙人的；玉皇大帝也是騙人的；一切宗教家所尊重的崇拜的神佛仙鬼都是無用的騙人的偶像，都應該破壞。」〔註44〕陳獨秀還批判宗教具有維持社會之功的思想。他認為真正的道德建立在真實合理的信仰之上，「偶像倘不破壞，人們永遠只有自己騙自己的迷信，沒有真實合理的信仰」。〔註45〕

　　在這場反「迷信」運動中，知識分子和政府均扮演了重要角色。不過，相對於知識分子們的單純訴求，政府的企圖則複雜得多。他們力圖實現的也是一箭雙雕的政策，即通過破壞那些作為阻礙他們與農民接觸的勢力的象徵──廟宇，以實現對農民產生教育的效果。同時，又能通過沒收廟產寺產，將其轉為學校或者地方的教育經費。〔註46〕1928年到1929年期間，在當時的南京國民政府直接統治下的江蘇、浙江、安徽等省，由以國民黨地方黨部為中心的「革新」勢力發動了抨擊迷信、邪術，拆除廟宇、神像等一系列的破壞活動，也就是所謂的「破除迷信運動」。作為破除迷信運動實際推動者的地方黨部認為，「破除迷信」是國民黨「訓政」階段的必然要求。

　　　　現值訓政開始，首當啟迪民智！而啟迪民智之方，又當以破除
　　迷信為其前提！吾國民眾，向來迷信甚深！迎神賽會，往往舉市若
　　狂！而崇拜偶像，更見其愚妄可憫！〔註47〕

〔註44〕陳獨秀，獨秀文存〔M〕，上海：上海亞東圖書館，1922：227。
〔註45〕陳獨秀，獨秀文存〔M〕，上海：上海亞東圖書館，1922：229。
〔註46〕〔日〕三谷孝著，李恩民等譯，秘密結社與中國革命〔M〕，北京：中國社會
　　　　科學出版社，2002：193。
〔註47〕〔日〕三谷孝著；李恩民等譯，秘密結社與中國革命〔M〕，北京：中國社會
　　　　科學出版社，2002：169。

　　不過，地方黨部在破除迷信運動的背後還隱藏著更為複雜的政治企圖。南京國民政府上臺之後，在中央政府—省政府—縣政府三級地方統治系統之外，又設立了中央黨部—省黨部—縣黨部三級政黨指導體系，形成了黨政雙軌制的權利管理方式。在縣一級，縣長的職位下設有一到兩個科，多數情況下，同時分別設置公安、財政、建設和教育等局。科長以及科裏的官員同縣長秘書一起，直接接受縣長指揮，發揮輔佐職能。作為後者的各個局，是實際執行縣政管理的部門，各局的局長，由於一般是在當地的住民中任命，因而相對於縣長是以「半獨立」的形式存在的，而縣長對其則沒有有效的領導權。這樣的地方權力格局導致的一個後果就是：縣政府不可能站在改變當地舊的統治秩序的立場上的，反而會是在姑息維護舊的統治秩序方面發揮作用。在此背景下，地方黨部試圖通過推動「破除迷信運動」來打破阻礙他們與農民接觸的勢力的象徵——廟宇，以加強對於地方社會的控制。

　　地方黨部推動的破除迷信運動在實施過程中並未照顧到當地的傳統習俗和鄉民心態。他們激進和瘋狂的毀廟除神行為，遭到了教界人士和地方勢力的強烈抵制，也把想要啟蒙的農民變成了自己的敵人。眼見運動的發展超出了預期，南京國民政府為此出臺了專門政策，來緩和日益緊張的對抗關係。「關於神祠之存廢，寺廟之管理，因未有何項標準條例，以致各級黨部與民眾每多引起糾紛，屢呈中央請示辦法者，頗為不鮮」〔註48〕，因此於1928年制定並頒布《神祠存廢標準》（簡稱《標準》）。

　　《標準》是在接受西方思想基礎上，對中國民間社會流行的眾多信仰的重新分類和認識。按照《標準》的規定，應該保存或廢除的神明的區分是「參考中國經史以及各種宗教典籍，經過仔細研究」後決定的。但是以歷史和科學意義的有無來作為決定標準而進行的神鬼存廢劃分，卻並沒考慮各種神祠在現存農村社會中存在的實際意義如何，而只是根據標準制定者的主觀意見（他們堅持認為同「民權」與「科學」牴觸的東西就應該一概排斥）而做出的，從而，對於農村的現實而言，這只能成為一個徒具形式而毫無內容的東西。〔註49〕《標準》頒布之後，地方黨部的行動不非沒有收斂，反而有愈演

〔註48〕中國第二歷史檔案館編，中華民國史檔案資料彙編，第五輯，第一編文化（一）〔M〕，南京：江蘇古籍出版社，1991：495。

〔註49〕〔日〕三谷孝著，李恩民等譯，秘密結社與中國革命〔M〕，北京：中國社會科學出版社，2002：197。

愈烈之勢。他們將《標準》的出臺視為南京國民政府對於自己行動的認可，從此破除迷信運動有了法律的支撐。一些運動尚未殃及的地區，甚至在《標準》頒布之後，開始發動本區域的破除迷信運動。

結　語

一、變革（reform）還是復興（revival）

　　霍姆斯·維慈（Holmes Welch）在其著作《中國佛教的復興》（The Buddhist Revivalin China）最後一章中提出了全書總括性問題：復興（revival）的含義是什麼？他質疑西方著述中普遍提及的中國佛教在十九世紀中期至二十世紀中期經歷過一場復興是否真的存在？當然，我們可以借機追問，這　時期的中國宗教是否經歷過一場復興？

　　對於「復興」一詞，維慈有自己的理解。嚴格說來，「復興」這個詞應該是指已衰落或消亡的東西恢復到它原有的形式，就像末日審判所有死者都會復活一樣。可是，十九世紀中期至二十世紀中期的中國佛教恢復了哪些昔日的要素呢？唐朝時期佛教的教義論爭迭起，政府強力支持，公眾熱心參與在此時沒有得以恢復。佛教創造性的藝術和精巧的手藝在此時沒有得以恢復。佛教建築數量和僧團人數在此時沒有得以恢復。唐宋寺院生活的淨化、道德和管理在此時沒有得以恢復。因此，維慈認為十九世紀中期至二十世紀中期的中國佛教所復興的大部分要素都是新的。這些要素包括：在家信徒聚會和相互講經的會社、診所、孤兒院和學校，上海的廣播電臺，獄中工作，以及與國外佛教徒一道為發起普世教會運動所作的努力。僧團的新要素包括：佛學院、佛教會和一些僧人想改變規章的興趣，這些規章包括過午不食，結夏安居和依戒臘高低排序等小乘習慣。〔註1〕如此而言，十九世紀中期至二十世紀

〔註1〕〔美〕霍姆斯·維慈著；王雷泉等譯，中國佛教的復興〔M〕，上海：上海古籍出版社，2006：217～218。

中期的中國佛教實際上經歷的是一場革新而非復興。維慈甚至擔心這些革新可能會導致中國佛教逐漸失去自己的特徵，而一步步走向消亡。

維慈對中國佛教的判斷是建立在他的親身調查和學術基礎之上，有其合理性。正如維慈所言，中國佛教在十九世紀中期至二十世紀中期經歷了一次變革而非復興。青島佛教的歷史也可以印證維慈的判斷。此時，湛山寺在住持倓虛的領導下，做出了一系列現代性的變革。比如：興辦湛山寺佛學院培養僧才，修築湛山精舍作為在家居士共修的場所，組建成章小學收留失學兒童，甚至是走出寺院到外埠，到李村監獄說法等等。但是，在維慈看來，這些活動展現出來的都是一些新的要素，並非是恢復了中國佛教既往的傳統。也只有建立和合僧團的部分內容是對傳統的沿襲，但是也並未恢復到唐宋時期的水平。

「叢林宮觀」是上述的情況，「幫會道門」也不能例外。民國時期「幫會道門」為了適應新的政治和社會環境主動謀求變革，力圖證明自己的存在是合理合法並且對於社會是有積極的進步作用。並且在這一過程中，相較於「叢林宮觀」而言，「幫會道門」取得了顯著的轉型效果，更好的融入到現代社會。不過，也不能因此得出結論：「幫會道門」得以復興。因為復興是指昔日要素得到恢復和重生，而變革則只是發生了新的改變。「幫會道門」的變革也是引入了新的要素，很難找到昔日傳統的恢復。

清帝頒布退位詔書之後，擁有準國教地位的「壇廟祠堂」系統開始面臨尷尬的存續局面。在中國的傳統文化遭到進步學者們的強烈批判的背景下，所謂傳統文化核心的「壇廟祠堂」很難逃脫這種攻擊。康有為及其弟子們曾設想從「壇廟祠堂」系統內單獨抽出「孔教」這一現代教會，以此尋求「壇廟祠堂」的現代生存之道。「西方的例子證明，教會和國家能夠和平共處，人民在促進社會進度的同時也可以有宗教信仰。」〔註2〕不過，這種努力也隨著袁世凱稱帝的失敗而化為灰燼。「民間信仰」則因為其分散性的原因，甚至連適應性的調整都未實現，便在社會的普遍抨擊下逐漸衰退。所以，如果說中國佛教只是經歷了一場變革，並未實現真正復興，那中國宗教更是如此。

最後，維慈對於中國佛教未來發展的推論有待商榷。維慈提出，「如果共產主義者沒有取得勝利，中國佛教將會如何呢？我認為它的命運將決定於三

股不可遏制的趨勢：居士支持的減少、寺院經濟的惡化和脫離修道。」〔註3〕
維慈是在上世紀六十年代做出的這種推論。至於正確與否，可以將臺灣佛教
作為可借鑒的分析對象。實際上，二十世紀下半葉佛教在臺灣的發展並未出
現維慈擔心的三股趨勢，也並沒有逐漸走向消亡。伴隨現代化的進程的推進，
接受西方科學思想的人們沒有完全喪失對宗教的敬畏感。興辦幼稚園、才藝
班、佛教大學等教學機構，佛教成為臺灣私人教育的重要力量。利用佛教出
版社、佛教報紙、影音傳媒、電視弘法等現代傳播方式，佛教在臺灣社會走
入人間。運作大慈育幼院、仁愛之家、慈濟醫院等慈善機構，佛教在臺灣人
眼裏成為樂善好施的代名詞。佛教僧眾數量甚至一度占到臺灣總人口的二分
之一，成為臺灣最為重要的宗教之一。

二、宗教：獨特的地方文化認同

　　將清末民國時期青島地區的宗教變革放置在整個國家範圍內進行審視的
話，便會發現，青島宗教有其特殊性和代表性。

　　青島宗教是一種區域性（regional）宗教，在中國有著類似殖民經歷的沿
海城市中又具有一定的代表性。在這些城市之中，雖然華人群體是當地居民
的主要組成部分，但是各種外來的宗教文化卻又影響深遠，甚至超越本土宗
教成為地方宗教生活的主流。因此，當中國政府在二戰後最終收回主權，希
望構建新型國族認同的時候，區域認同和國族認同，區域宗教和民族
（national）宗教之間的矛盾便集中展現出來。為了應對亟待處理且關係複雜
的宗教問題，民國政府嘗試借鑒西方各國先進的宗教管理方法。在堅持政教
分離和信仰自由的前提下，民國政府致力於清理殖民時期的宗教影響，規範
基督宗教團體發展，並發動了破除迷信運動，以全面整頓地方宗教秩序。借
助於日益高漲的民族情緒，民國政府在將基督宗教團體納入管理的過程中，
取得了明顯的成效。不過，在整頓地方宗教秩序的嘗試中，因為基層利益群
體的抵制，中央政府不得不反覆調整政策，並未實現預期目標。

　　對於青島宗教而言，無論是異族管理還是中央管理都是一種外來因素對
地方宗教秩序的改造。這種介入型的改造不可任意為之，必須建立在對地方
文化瞭解和尊重的基礎之上。以青島地方宗教符號——青島口天后宮為例。

〔註3〕〔美〕霍姆斯·維慈著，王雷泉等譯，中國佛教的復興〔M〕，上海：上海古
　　　　籍出版社，2006：218。

青島口天后宮舊稱「天妃宮」，修築於明代，是青島市區內最早的宗教古建，素有「先有天后宮，後有青島市」之稱。清末民國時期，青島口天后宮幾經浮沉 1898 年租借青島之後，膠澳總督府開始按照全新的思路進行城市規劃。天后宮所處的前海岸一帶被劃為歐洲人生活居住區，華人住房和店鋪全部被拆除移建，換之以總督府、基督教堂和彌愛爾大教堂等德式風格建築。但是，拆移天后宮的行為卻遭到了華商群體和地方百姓的抵制，「青島開埠之始，市政權操諸外人，華商稍能自振代表同業以參與市政者，僅傅炳昭、丁敬臣、包幼卿、周寶山、成蘭圃與存約數人而已。德人議移天后宮，存約與傅炳昭等力爭之乃止。」〔註4〕最終，德國總督府出於對華人群體信仰問題的尊重，而不得不放棄最初方案，表達了對於地方文化的尊重。1915 年，日本臨濟宗妙心寺開始在青島傳教，初入青島之時。因沒有固定場所，妙心寺占據青島口天后宮設置傳教所。時至今日，天后宮已更名「青島民俗博物館」，仍然固五百年前一樣，屹立於青島口。1927 年，南京國民政府上臺之後，曾專門制定了《神祠存廢標準》，以廢除過濫的偶像崇拜，清理地方信仰。不過，屬於應清理的淫祠範圍內的青島口天后宮並未因此受到任何連累，反而因其作為中華文化的象徵日益獲得文人群體的青睞，「青市內房屋多屬西式，為此廟則純粹中式，於綠樹紅樓之中別饒風光」。〔註5〕

　　時至今日，天后宮已更名「青島民俗博物館」，仍然同五百年前一樣，屹立於青島口。

〔註4〕趙琪修，袁榮等纂，膠澳志〔M〕，臺北：成文出版社，1968：1324。
〔註5〕李森堡主編，青島指南〔A〕，見：張妍，孫燕京編，民國史料叢刊，史料地理（836）〔M〕，鄭州：大象出版社，2009：88。

徵引文獻

一、中文文獻

（一）檔案資料

1. 青島市檔案館館藏檔案，卷宗號：A0018；A0020；A0023；B0020；B0021；B0023；B0027；B0033；B0034；B0038。

2. 青島市博物館、中國第一歷史檔案館、青島市社會科學研究所編：《德國侵佔膠州灣史料選編（1897～1898）》，濟南：山東人民出版社，1986 年版。

3. 青島市檔案館編：《膠澳租借地經濟與社會發展：1897～1914 年檔案史料選編》，北京：中國文史出版社，2004 年版。

4. 青島市檔案館、中國第一歷史檔案館編：《膠州灣事件檔案史料彙編》，青島：青島出版社，2011 年版。

5. 青島市檔案館編：《青島近代城市史論文集》，青島：青島出版社，2011 年版。

8. 青島市檔案館編：《中國收回青島檔案史料彙編》，青島：青島出版社，2012 年版。

9. 青島市檔案館編：《青島回歸話滄桑》，青島：青島出版社，2012 年版。

10. 青島市檔案館編：《膠澳商埠檔案史料選編》，青島：青島出版社，2015 年版。

11. 青島市檔案館編：《帝國主義與膠海關》，北京：檔案出版社，1986 年版。

12. 青島市檔案館編：《青島開埠十七年：〈膠澳發展備忘錄〉全譯》，北京：中國檔案出版社，2007 年版。

13. 青島市檔案館編：《日本入侵青島檔案──紀念抗日戰爭勝利 70 週年》，青島：青島出版社，2015 年版。

14. 中國第一歷史檔案館編輯部編，義和團檔案史料續編〔M〕，北京：中華書局，1990 年版。

15. 民國叢書續編編輯委員會：《內政年鑒》（共四冊），上海：上海書店出版社，2012 年版。

16. 中國第二歷史檔案館整理編輯：《政府公報》，上海：上海書店出版社，1998 年版。

17. 中國第二歷史檔案館編：《中華民國史檔案資料彙編》（共五輯），南京：江蘇古籍出版社，1991 年版。

18. 青島市政協文史資料委員會、青島市檔案局編：《日本入侵青島檔案》，青島：青島出版社，2005 年版。

（二）地方資料文獻

1. 即墨市史志辦公室點校：明，萬曆版《即墨志》，北京：中國和平出版社，2005 年版。

2. 即墨市史志辦公室點校：清，乾隆版《即墨縣志》，北京：中國和平出版社，2005 年版。

3. 即墨市史志辦公室點校：清，同治版《即墨縣志》，北京：中國和平出版社，2005 年版。

4. 山東省地方史志編纂委員會編：《山東省志》（少數民族志，宗教志），濟南：山東人民出版社，1998 年版。

5. 張一志編：《山東問題彙刊》，臺北：文海出版社，1921 年版。

6. 謀樂：《青島全書》，青島：青島印書局，1912 年版。

7. 謀樂：《山東德邑村鎮志》，1901 年版。

8. 趙琪修，袁榮等纂：《膠澳志》，臺北：成文出版社，1968 年版。

9. 倪錫英：《青島》，上海：上海中華書局，1936 年版。

10. 葉春墀：《青島概要》，上海：上海商務印書館，1922 年版。

11. 青島特別市社會局禮教科：《青島指南》，青島：青島新民報印務局，1939

年版。

12. 魏鏡:《青島指南》,青島:平原書店,1933 年版。

13. 青島市政協文史資料委員會編:《青島文史資料》(第九輯),1992 年版。

14. 青島晚報編:《琴島鉤沉》,青島:青島出版社,1999 年版。

15. 黃肇頴:《嶗山續志》,濟南:山東省地圖出版社,2008 年版。

16. 黃宗昌:《嶗山志》,青島:新民印書局,1934 年版。

17. 周至元:《嶗山志》,濟南:齊魯書社,1993 年版。

18. 周至元:《嶗山名勝介紹》,濟南:山東人民出版社,1959 年版。

19. 藍水:《嶗山志》,1996 年版。

20. 青島市嶗山文化研究會編:《嶗山餐霞詩選》,青島:中國海洋大學出版社,2005 年版。

21. 青島市嶗山文化研究會編:《嶗山研究》第一輯,青島:中國海洋大學出版社,2006 年版。

22. 青島市嶗山文化研究會編:《嶗山研究》第二輯,青島:中國海洋大學出版社,2008 年版。

23. 嶗山縣政協文史資料研究委員會編:《嶗山餐霞錄》(第一輯),1986 年版。

24. 嶗山縣政協文史資料研究委員會編:《嶗山餐霞錄》(第二輯),1987 年版。

25. 嶗山區史志辦整理:《太清宮志》,北京:方志出版社,2009 年版。

(三) 論著 (含譯著)

1. 司馬遷:《史記》,北京:中華書局,2014 年版。

2. 班固:《漢書》,北京:中華書局,1962 年版。

3. 莊子:《莊子》,北京:中華書局,2010 年版。

4. 鄔國義等撰:《國語譯注》,上海:上海古籍出版社,1994 年版。

5. 李山譯注:《管子》,北京:中華書局,2009 年版。

6. 司馬光:《資治通鑒》,北京:中華書局,1956 年版。

7. 王溥:《唐會要》,北京:中華書局,1955 年版。

8. 釋慧皎:《高僧傳》,北京:中華書局,1992 年版。

9. 釋德清:《憨山老人夢遊集》,清順治十七年毛褒等刻本。

10. 陳寅恪:《金明館叢稿初編》,北京:三聯書店,2001 年版。

11. 黃夏年主編:《太虛集》,北京:中國社會科學出版社,1995 年版。

12. 太虛:《太虛大師全書》,北京:宗教文化出版社,2005 年版。

13. 湯志鈞編:《康有為政論集》,北京:中華書局,1981 年版。

14. 阿泰爾特著,青島市檔案館編譯:《青島城市與軍事要塞建設研究:1897~1914》,青島:青島出版社,2011 年版。

15. 托爾斯藤・華納著,青島市檔案館編譯,近代青島的城市規劃與建設〔M〕,南京:東南大學出版社,2001 版。

16. 孫瑞芹譯:《德國外交文件有關中國交涉史料》(第一卷),北京:商務印書館,1960 年版。

17. 余凱思著,孫立新譯:《在「模範殖民地」膠州灣的統治與抵抗 1897~1914》,濟南:山東大學出版社,2005 年版。

18. 赫爾曼・費希爾著,雷立柏譯:《傳教士韓寧鎬與近代中國》,北京:新星出版社,2015 年版。

19. 中華續行委辦公調查特委會編:《1901~1920 年中國基督教調查資料(原中華歸主修訂版)》,北京:中國社會科學出版社出版社,2007 年版。

20. 張研,孫燕京主編:《民國史料叢刊》,鄭州:大象出版社,2009 年版。

21. 沈雲龍主編:《近代中國史料叢刊》,臺北:文海出版社,1973 年版。

22. 黃夏年,淨因主編:《大藏經精選標點本》,北京:九州圖書出版社,1999 年版。

23. 黃夏年主編:《民國佛教期刊文獻集成》,北京:全國圖書館文獻縮微複印中心,2006 年版。

24. 張貴永主持:《教務教案檔》(第六輯,一),臺北:中央研究院近代史研究所,1974 年版。

25. 李剛已輯錄:《教務紀略》,上海:上海書店出版社,1986 年版。

26. 中華續行委辦公調查特委會編:《1901~1920 年中國基督教調查資料》(原中華歸主修訂版),北京:中國社會科學出版社出版社,2007 年版。

27. 蔡鴻源:《民國法規集成》,合肥:黃山書社,1999 年版。

28. 陸純:《袁大總統書牘彙編》,臺北:文海出版社,1967 年版。

29. 倓虛講述,大光記錄:《影塵回憶錄》,北京:宗教文化出版社,2003 年版。

30. 連警齋：《郭顯德牧師行傳全集》，上海：廣學會，1940 年版。

31. 李天綱：《金澤：江南民間祭祀探源》，北京：三聯書店，2017 年版。

32. 王崗、李天綱編：《中國近世地方社會中的宗教與國家》，上海：復旦大學出版社，2014 年版。

33. 顧頡剛：《秦漢的方士與儒生》，上海：上海古籍出版社，2005 年版。

34. 黃松：《齊魯文化》，瀋陽：遼寧教育出版，1991 年版。

35. 戴立勇：《現代性與中國宗教》，北京：中國社會科學出版社，2008 年版。

36. 高明見：《道教海上名山：東海嶗山》，北京：宗教文化出版社，2007 年版。

37. 路遙：《山東民間秘密教門》，北京：當代中國出版社，2000 年版。

38. 王守中：《德國侵略山東史》，北京：人民出版社，1988 年版。

39. 廉立之，王守中：《義和團資料叢編——山東教案史料》，濟南：齊魯書社，1980 年版。

40. 牙含章、王友三主編：《中國無神論史》，北京：中國社會科學出版社，2011 年版。

41. 葉雋：《主體的遷變：從德國傳教士到留德學人群》，上海：上海外語教育出版社，2008 年版。

42. 孫立新、蔣銳主編：《東西方之間——中外學者論衛禮賢》，濟南：山東大學出版社，2004 年版。

43. 劉善章、周荃主編：《中德關係史譯文集》，青島：青島出版社，1992 年版。

44. 王金林：《日本神道研究》，上海：上海辭書出版社，2007 年版。

45. 楊曾文：《日本佛教史》，杭州：浙江人民出版社，1995 年版。

46. 楊曾文：《日本近現代佛教史》，北京：崑崙出版社，2011 年版。

47. 釋東初著，《中國佛教近代史》，臺北：東初出版社，1992 年版。

48. 王曉峰：《偽滿時期日本對東北的宗教侵略研究》，北京：社會科學文獻出版社，2015 年版。

49. 李金強、劉義章編：《烈火中的洗禮——抗日戰爭時期的中國教會》，香港：宣道出版社，2011 年版。

50. 林存光：《歷史上的孔子形象：政治與文化語境下的孔子和儒學》，濟南：齊魯書社，2004 年版。

51. 鄧子美:《傳統佛教與中國近代化——百年文化衝撞與交流》,上海:華東師範大學出版社,1994 年版。

52. 秦寶琦:《中國地下社會》,北京:學苑出版社,2009 年版。

53. 濮文起:《秘密教門:中國民間秘密宗教溯源》,南京:江蘇人民出版社,2000 年版。

54. 邵雍:《中國會道門》,上海:上海人民出版社,1997 年版。

55. 楊訥編:《元代白蓮教資料彙編》,北京:中華書局,1989 年版。

56. 林國平:《林兆恩與三一教》,福州:福建人民出版社,1992 年版。

57. 顧衛民:《基督教與近代中國社會》,上海:上海人民出版社,1996 年版。

58. 羅榮渠:《現代化新論:世界與中國的現代化進程》,北京:北京大學出版社,1993 年版。

59. 村上重良:《國家神道》,北京:商務印書館,1992 年版。

60. 小栗棲香頂著,陳繼東、陳力衛整理:《北京紀事、北京紀遊》,北京:中華書局,2008 年版。

61. 道端良秀:《日中佛教友好二千年史》,北京:商務印書館,1992 年版。

62. 三谷孝著,李恩民等譯:《秘密結社與中國革命》,北京:中國社會科學出版社,2002 年版。

63. 馬克斯·韋伯著,康樂、簡美惠譯:《新教倫理與資本主義精神》,桂林:廣西師範大學出版社,2010 年版。

64. 彼得·貝格爾著,高師寧譯:《神聖的帷幕:宗教社會學理論之要素》,上海:上海人民出版社,1991 年版。

65. 彼得·伯格編著,李駿康譯:《世界的非世俗化:復興的宗教及全球政治》,上海:上海古籍出版社,2005 年版。

66. 衛禮賢著,王宇潔、羅敏、朱晉平譯:《中國心靈》,北京:國際文化出版公司,1998 年版。

67. 尉禮賢著,王宇潔等譯:《青島的故人們》,青島:青島出版社,2007 年版。

68. 柯偉林著,陳謙平等譯:《德國與中華民國》,南京:江蘇人民出版社,2006 年版。

69. 吉爾伯特‧羅茲曼：《中國的現代化》，上海：上海人民出版社，1989 年版。

70. 安東尼‧吉登斯著，李康譯：《社會學》，北京：北京大學出版社，2009 年版。

71. 安東尼‧D‧史密斯著，龔維斌譯：《全球化時代的民族與民族主義》，北京：中央編譯出版社，2002 年版。

72. 休‧希頓‧沃森著，吳洪英譯：《民族與國家：對民族起源與民族主義政治的探討》，北京：中央民族大學出版社，2009 年版。

73. 楊慶堃著，范麗珠等譯：《中國社會中的宗教：宗教的現代社會功能及其歷史》，上海：上海人民出版社，2006 年版。

74. 伊利亞德著，晏可佳等譯：《宗教思想史》，上海：上海社會科學院出版社，2011 年版。

75. 杜贊奇著，王福明譯：《文化權力與國家》，南京：江蘇人民出版社，1996 年版。

76. 杜贊奇著，王憲明等譯：《從民族國家拯救歷史：民族主義話語與中國現代史研究》，南京：江蘇人民出版社，2009 年版。

77. 尤爾根‧哈貝馬斯著，曹衛東譯：《包容他者》，上海：上海人民出版社，2002 年版。

78. 祿是遒著，王定安譯，李大綱校：《中國民間崇拜，中國眾神》，上海：上海科學技術文獻出版社，2009 年版。

79. 稻葉君山：《清朝全史》，上海：上海社會科學院出版社，2006 年版。

80. 山折哲雄：《日本人的宗教意識》，臺北：立緒文化事業有限公司，2000 年版。

81. 霍姆斯‧維慈著，王雷泉等譯：《中國佛教的復興》，上海：上海古籍出版社，2006 年版。

82. 明恩傅著，午晴、唐軍譯：《中國鄉村生活》，北京：時事出版社，1998 年版。

83. 列文森著，鄭大華等譯：《儒教中國及其現代命運》，北京：中國社會科學出版社，2000 年版。

（四）期（集）刊論文

1. 王雷泉：《對中國近代兩次廟產興學風潮的反思》，《法音》1994 年第 12 期。

2. 陳嘉明：《現代性與現代化》，《廈門大學學報（哲學社會科學版）》，2003年第 5 期。

3. 田海：《中學西傳的典型個案：19 世紀「儒教」（Confucianism）一詞的發明》，《上海師範大學學報（哲學社會科學版）》，2016 年第 4 期。

4. 王寧：《〈五藏山經〉記述的地域及作者新探》，《管子學刊》，2000 年第 3 期。

5. 何幼琦：《〈海經〉新探》，《歷史研究》，1985 年第 2 期。

6. 孔祥吉：《戊戌變法時期第二次公車上書述論》，《求索》，1983 年第 6 期。

7. 戚其章：《民間秘密結社與近代反洋教運動》，《社會科學研究》，1985 年第 4 期。

8. 韓行方、房學惠：《勞乃宣致羅振玉書札十六通（7)》，《文獻（季刊)》，1999 年第 4 期。

9. 胡衛清：《華北中華基督教團研究》，《文史哲》，2014 年第 5 期。

10. 邵雍：《常玉清其人》，《檔案與史學》，1995 年第 1 期。

11. 唐志勇：《日偽「新民會」始末》，《山東師大學報（社會科學版)》，1994 年第 3 期。

12. 嚴昌洪、黎霞：《抗戰期間日本對華文化侵略述論》，《中南民族大學學報（人文社會科學版)》，2005 年第 4 期。

13. 李天祐：《基督教的教階制度及其主要派別》，《蘭州學刊》，1984 年第 4 期。

14. 許紀霖：《現代中國的自由民族主義思潮》，《社會科學》，2005 年第 1 期。

13. 王克奇：《齊魯宗教文化述論》，《東嶽論叢》，2003 年第 4 期。

14. 郭華清：《國民黨政府的宗教管理政策述略》，《世界宗教研究》，2005 年第 2 期。

15. 郭華清：《南京國民政府的宗教管理政策論析》，《廣州大學學報（社會科學版)》，2007 年第 2 期。

16. 許紀霖：《共和愛國主義與文化民族主義》，《華東師範大學學報（哲學社會科學版)》，2006 年第 4 期。

17. 王志軍：《馬克思的宗教批判：理解模式與實質》，《現代哲學》，2007 年第 6 期。

18. 林延清：《李天后與「國本之爭」》，《東嶽論叢》，2008 年第 1 期。

19. 趙聖濤：《乾隆後期清水教案考》，《聊城大學學報（社會科學版）》，2010 年第 5 期。

20. 李天祐：《基督教的教階制度及其主要派別》，《蘭州學刊》，1984 年第 4 期。

21. 謝立中：《「現代性」及其相關概念詞義辨析》，《北京大學學報（哲學社會科學版）》，2001 年第 5 期。

22. 密素敏：《從檔案資料看民國時期的救世新教》，《世界宗教研究》，2011 年第 5 期。

23. 紀華傳：《民國初期的佛教政策及寺院財產管理》，《世界宗教研究》，2018 年第 6 期。

24. 張化：《國民政府的基督教政策及在上海的實施》，《上海文化》，2017 年第 8 期。

25. 劉平：《「白蓮教」質疑：無時不在抑或子虛烏有》，《四川大學學報（哲學社會科學版）》，2020 年第 3 期。

26. 孫建中：《近代山東基督教教區研究》，復旦大學碩士學位論文，2009 年。

27. 李道道：《日本宗教的光與影——初探明治維新新時期國家宗教與民眾宗教之互動》，慈濟大學碩士學位論文，2013 年。

28. 李強：《明治初期日本政府基督教政策的演變（1868~1873）》，東北師範大學碩士學位論文，2013 年。

29. 馮笑寒：《淺析神道教與日本文化》，黑龍江大學碩士學位論文，2012 年。

30. 張家惠：《國民政府時期青島慈善事業研究（1929~1937）》，中國海洋大學碩士學位論文，2009 年。

31. 張愛華：《上海理教研究》上海師範大學碩士學位論文，2004 年。

32. 王永會：《中國佛教僧團發展及其管理研究》，四川大學博士學位論文，2001 年。

33. 徐峰：《南京國民政府宗教政策研究》，山東師範大學碩士學位論文，2001 年。

34. 單俠：《民國時期佛教革新研究》，陝西師範大學博士學位論文，2012 年。

35. 馬莉：《民國政府的宗教政策研究》，中央民族大學博士學位論文，2007 年。

36. 陳明華：《民國新宗教的制度化成長——以世界紅卍字會道院為重心的考察（1921～1937）》，復旦大學博士學位論文，2010 年。

37. 王志軍：《論馬克思的宗教批判》，黑龍江大學博士學位論文，2005 年。

二、外文文獻

1. 《史料日本的歷程，近代篇》，東京：吉川弘文館，1967 年版。

2. 笹山晴生等編：《詳說日本史史料集》，東京：山川出版社，2007 年版。

3. 神祇院總務局監輯：《最新神社法令要覽》，東京：京文社。

4. 末木文美士：《日本宗教史》，東京：岩波書店，2006 年版。

5. 富阪基督教中心編，女性基督徒與戰爭〔M〕，東京：富阪基督教中心，2002 年版。

6. 浦川和三郎，切支丹の復活，前編〔M〕，東京：國書刊行會，1979 年版。

7. 戶村政博編，神社問題とキリスト教〔M〕，東京：新教出版社，1976 年版。

8. 日本學術振興會編纂，條約改正關係：打日本外交文書，第一卷〔M〕，東京：日本國際協會，1941 年版

9. 金田隆一，昭和日本基督教會史：天皇制と十五年戰爭のもとで〔M〕，東京：新教出版社，1966 年版。

10. Peter L Berger：《The Desecularization of the world: Resurgent Religion and World Politics》, Michigan：Wm. B. Eerdmans Publishing Company, 1999.

11. P. Josef Freinademetz S.V.D：《sein Leben und Wirken》.

12. Robert Coventry Forsyth：《The Sacred Province of China》, Shanghai：Chritian Literature Society, 1912.

13. Samuel H.Leger：《Education of Christian Ministersin China: a historical and critical study》, Shanghai：Union Theological Seminary, 1925.

14. Schrecker john E：《Imperialism and Chinese nationalism：Germany in Shantung》, Cambridge, Mass：Harvard University Press, 1971.

15. Michael Banton：《Anthropological Approaches to the Study of Religion》, London and New York：Routledge Press, 2004.

16. George Steinmetz：《The Devil's Handwriting：Precoloniality and the German Colonial State in Qingdao, Samoa, and Southwest Africa》，Chicago：University Of Chicago Press, 2007.

17. Charles Tailor：《A Secular Age》，Cambridge, Mass：Harvard University Press, 2007.

18. John J. Heeren：《On the Shantung Front：A History of the Shantung Mission of the Presbyterian Church in the U.S.A., 1861～1940 in Its Historical, Economic, and Political Setting》，New York：Board of foreign missions of the Presbyterian church in the United States of America, 1940.

19. Mechthild Leutner, Klaus Mühlhahn：《「Musterkolonie Kiautschou」：Die Expansion des Deutschen Reiches in China》，Berlin：Akademie Verlag, 1997.

20. Kee, Albu, Lindberg, Frost, and Rober：《Christianity：a social and cultural history》，New Jersey：Prentice Hall, 1998.

附錄一：青島湛山寺共住規約

第一條　本寺弘揚佛法，以教闡天台，行修淨土為宗旨。

第二條　本寺住持，定為十方選賢，不收剃度徒弟，亦不專傳法子。

第三條　本寺遵依佛制、半月半月誦戒，每星期間講四分律兩次及菩薩
　　　　戒一次，以便遵行。

第四條　本寺為造就宏法人材，特附設佛學專校，依第一條宗旨為授課
　　　　標準，其規則另定之。

第五條　本寺以僧伽為持法，主理內務，以佛學會居士為護法，佐理外
　　　　務。

第六條　本寺住持任期三年，連選得連任一次。

第七條　本寺無退居之待遇，其住持卸任後，欲久住者，須任講席，或
　　　　作班首執事分擔職務。與寺有功者，無論任何職務，都有養老
　　　　待遇，另訂之。

第八條　本寺住持任期屆滿，由本寺班首和佛學會幹事會，召集本寺各
　　　　執事及與本寺有關名山大德，共同組織選舉會，擇由本寺班首
　　　　執事中戒乘俱急者，或十方大德中眾望素孚者，推舉數人，在
　　　　佛前拈鬮，以拈出三次者為中選。

第九條　本寺應有工程及道場募緣事宜，須由佛學會幹事會與住持議妥
　　　　後實行。

第十條　本寺僧伽，概不出寺應赴經懺。其有延生薦亡念佛拜懺者，得
　　　　就本寺或下院為之。

第十一條　本寺護法齋主來山作道場者，概不受經價及襯錢之名，所有
　　　　　資助均歸布施入公，其經師經單，由本寺照例發給。

第十二條　本寺每月收支，須作公開報銷，俾會寺當務者周知。

第十三條　本寺住持及班首執事，須清白乃心，靖恭厥職，以紹隆佛法，
　　　　　護持常住為己任。每就職之初，均須宣誓，以表虔誠。

第十四條　本寺僧伽均須遵守佛戒及本寺各項規約。如有犯根本大戒及
　　　　　夜不歸宿者，出寺。

第十五條　本寺僧俗若有私吃葷酒、看戲、吸煙者，出寺。倘有重病，
　　　　　非酒不療者，不在此限。

第十六條　本寺僧伽無公事不准私走檀越家，違者出寺。

第十七條　本寺僧眾，除公事外不得至各僚任意放逸或博弈遊戲，犯者
　　　　　重罰，不服者出寺。

第十八條　本寺僧伽，若有三五成群，雜話遊戲，造弄是非，侵害常住，
　　　　　攪亂清眾者，出寺。

第十九條　本寺僧伽，如有鬥爭是非，破口罵詈者，出寺。其有對罵或
　　　　　交拳相打者，不論曲直，一律出寺。

第二十條　無論僧伽，若有侵損常住米麵財物等，及私自將寺物送人者，
　　　　　如數賠償已，出寺。

第二十一條　本寺僧伽，如有輕視耆德，惡聞規勸，妄生誹謗等事者，
　　　　　　出寺。

第二十二條　本寺僧眾，不聽執事人約束調遣者罰，不服者出寺。

第二十三條　本寺僧眾，出入須到客堂告假銷假，違者罰。若在外放逸，
　　　　　　執事知而不舉者，同罰。

第二十四條　十方僧俗到寺，如有行蹤詭異，言辭閃爍者，即須從細查
　　　　　　問，以免匪徒託跡，致釀禍端。若顢頇失察者，知客受罰。

第二十五條　早晚二時功課及應供威儀，不整肅者罰。

第二十六條　齋食時，不得談笑爭座及未結齋先起，亦不得自攜碗入廚
　　　　　　取食及無公事吃二堂飯，違者罰。

第二十七條　廚房粥飯屬大眾共有，須同甘苦，不許別處私食及私留鮮
　　　　　　美自食，違者罰。

第二十八條　不論大殿鍾鼓等法器及各殿內法器，無故亂打，動大眾念
　　　　　　者罰。

第二十九條　庫房執事，凡交執，須一一對眾點明交付新執，違者罰。

第三　十條　亡僧遺物應量輕重，重者歸常住；輕者應羯磨現前僧，除
　　　　　　賞勞已，餘者不得誤用，宜公賣之，設齋供眾念經，與其
　　　　　　懺罪，違者罰。

第三十一條　本寺既無恆產，全賴當地善緣維持，概不許外來諸山長老
　　　　　　及居士等住於寺內募緣。本寺僧伽，上自住持下至清眾，
　　　　　　亦不許私自募緣，違者重罰，不服者出寺。

第三十二條　本寺僧伽，若有在外偷行嗜好或犯清規者，及外來遊僧假
　　　　　　借本寺名義，招搖募緣，擾害地面者，由佛學會居士，會
　　　　　　同住持，設法禁止，或驅逐出境。

第三十三條　本規約未盡事宜，得參酌百丈清規處理之。

附錄二：私立青島湛山寺佛教學院暫行規則

第一章　總綱

　　第一條、本校為造就宏揚佛法人才起見，招收學僧，講研經論及宗教儀
　　　　　　軌，定名曰私立青島湛山寺佛教學校。

　　第二條、本校以湛山寺西院講堂宿舍為校址。

　　第三條、本校經費，概由青島佛學會擔負，以佛學會職員會為本校董事
　　　　　　會。

第二章　組織與編制

　　第四條、本校設校長一人，負責理行政之責，由湛山寺住持兼任之或特
　　　　　　請大德專任之，設教務、訓育、事務等員各一人，秉承校長辦
　　　　　　理各部事宜，由校長委任之。

　　第五條、本校修業期限定為三年，期滿考試成績及格者，給予畢業證書。

　　第六條、本校暫設專科、正科、預科各一班，俟經費充裕後，再謀增廣。

　　第七條、各科正額二十名，額外得收附課生，隨同聽講。

　　第八條、本校學僧以年滿十六歲以上、四十歲以下，受具足戒者為合格。

第三章　課程與時間

　　第九條、本校課程定為：佛經、戒律、論藏、國文、書牘、歷史、地理、
　　　　　　心理、論理、習字。

　　第十條、本校除星期例假，以便沐浴理髮洗濯衣服外，概不放寒暑等假。

　　第十一條、本校自春季始業，至冬盡為一學年。

第十二條、本校定自國曆四月一日起至九月底止，為夏令；自十月一日
　　　　　起至翌年三月底止，為冬令。

第十三條、本校所定食息工作時間：夏令早三點起床盥洗，三點三十分
　　　　　至四點三十分鐘上殿誦經祈禱，六點早齋，八點至十一點上
　　　　　課三小時，十一點三十分午齋，一點至四點上課三小時，四
　　　　　點至五點上殿誦經，六點休息。六點三十分鐘至八點三十分
　　　　　鐘自習，九點就寢。下殿或齋罷至實踐，在寺內任各人經行
　　　　　運動或休息。冬令早三點三十起床盥洗，餘與上同。

第十四條、星期日除停止授課外，其誦經齋法一如平日。

第四章　考試及成績

第十五條、本校考試分下列四種：

　　一、入學考試，於入學時行之。

　　二、臨時試驗，由教員隨時行之。

　　三、學期及學年試驗，每屆學期及學年終了時行之。

　　四、畢業試驗，於修業期滿時行之。

第十六條、本校學僧成績，每屆學年終了時，報告董事會審核。

第五章　待遇及規則

第十七條、本校教職員，純為義務制，但酌情給予津貼。

第十八條、本校學僧免收學膳宿各費，以各科正額為限，應用課本及紙
　　　　　筆墨硯，校內發給。

第十九條、本校學僧除隨導師出外演講佛法，或奉命出外佈道及赴佛學
　　　　　會誦經外，概不得任意外出。

第二十條、本校學僧除遵守佛戒外，並須遵守本寺本校一切章則。

第二十一條、本校學僧遇有應赴經懺，限於本寺及佛學會，此外概不前
　　　　　　往。上項經懺得由客堂選派各科學僧及全寺僧眾參加。

第二十二條、本校講堂、自修室、宿舍、圖書室規則，另定之。